経営倫理学の新構想
―プラグマティズムからの提言―

サンドラ・B. ローゼンソール
ロージン・A. ブックホルツ
著

岩田　浩
石田秀雄
藤井一弘
訳

文眞堂

Rethinking Business Ethics

A Pragmatic Approach

by

Sandra B. Rosenthal
Rogene A. Buchholz

Copyright © 2000 by Oxford University Press, Inc.
Japanese translation rights arranged with
Oxford University Press, Inc. New York

謝　　辞

　本書の執筆に関して感謝しなければならない数人の人々がおられる。まず，われわれは，経営倫理学のラフィン・シリーズ（the Ruffin Series in Business Ethics）の編者，R. エドワード・フリーマンに謝意を表する。われわれの最初の申し出に対する彼の情熱的な反応は，われわれがそのプロジェクトを推し進めるうえでの励みになった。さらに，彼（フリーマン），パトリシア・ワーヘイン，ウィリアム・フレデリック，およびピーター・アックスの各位は，この原稿の完成草稿に目を通し，改善のための洞察に満ちた示唆を与えてくれた。

　われわれはまた，1年間にわたって2人同時のサバティカルを与えてくれたロヨラ大学に謝意を表する。そのサバティカルは，他のプロジェクトのために認められたものではあったが，本書のアイデアを芽生えさせる機会をわれわれに提供してくれることになった。

目　次

謝辞……………………………………………………………………… i
序………………………………………………………………………… v

第1部　今日における経営倫理学の概念的枠組み……………… 1

1　道徳的多元主義と意思決定する自我……………………… 3
2　価値の創発と道徳的推論の性質……………………………23
3　規範と経験の分離……………………………………………43
　　──実在かあるいは幻想か──
4　プラグマティズムを持たないネオ・プラグマティズム……63
　　──ローティをめぐる一考察──

第2部　多様な道徳的環境の中のビジネス………………………85

5　文化的環境の中のビジネス…………………………………87
　　──概念的枠組みの変化──
6　自然環境の中のビジネス……………………………………103
　　──道徳的枠組みの統一に向けて──
7　科学技術的環境の中のビジネス……………………………120
8　公共政策的環境の中のビジネス……………………………142
9　グローバルな環境の中のビジネス…………………………168

第3部　企業の性質………………………………………………183

10　プラグマティズムと企業に関する今日の経営倫理学の
　　パースペクティヴ……………………………………………185

| 11 | 企業のプラグマティックな理論……………………………………221
| 12 | コーポレート・リーダーシップ……………………………………241

訳者あとがき………………………………………………………………256
事項索引……………………………………………………………………260
人名索引……………………………………………………………………265

序

　この研究の出発点は，古典派アメリカン・プラグマティズムとして知られている哲学的運動である。この運動の展開は，アメリカ哲学の中でひとつの歴史的な時代を表象している。それは，ある特定の時間枠にわたり，またその運動に寄与した5人の主要な人物——チャールズ・パース，ウィリアム・ジェイムズ，ジョン・デューイ，C. I. ルイス，およびG. H. ミード——の学説を含んでいる。しかしながら，その運動の意義を理解しようとするには時間がかかり，また厄介であった。プラグマティズムの意味と重要性をめぐる混沌とした状態の中で，その運動への関心は徐々に衰退し始めたのであった。

　最近になって，プラグマティズムへの関心は，2つの相互に関連した方向から急速に高まってきた。第1に，次のような認識が強まってきたことである。すなわち，それは，プラグマティズムは，今日の主流派の哲学とみなされるものよりも先に現れていたにもかかわらず，その主流派の哲学の諸問題とジレンマを予期していたし，またそれらの問題やジレンマが引き起こす難局を乗り越えて行くための枠組みをも提供するといった認識である。なぜなら，プラグマティズムは，哲学的伝統を支配するほとんどすべての仮説と，これらの仮説が生み出す類の代替案に対する圧倒的な非難攻撃に事実上携わっているからである。かくして，それは，今日しばしば「主流派の」哲学とみなされるものの仮説，代替案，ジレンマ，そして難局に対する新奇の解決策を提供するのである。これら新奇の解決策は，伝統的な代替案の折衷的総合化として理解することはできない。ミードが，古典派アメリカン・プラグマティストの諸著作に普くさまざまな様式でこだましている，また用語の適切な修正を施すことで彼らが探究する諸問題に関連した標準的な代替案のほぼ

すべてに当てはまりうる，ある言説の中で非常にうまく警告しているように，「合理主義と経験主義のいずれかが実在に関する物語全体を語ろうとする限り，両者の間には決して解消されえない古い仲たがいが存在する。**そしてまた，その物語を両者の間で分かつことはできないのだ**」。このプラグマティックな見識のラディカルな新奇性は，それが聞き入れられ理解されるのに長期間の困難な苦しい闘争を要した原因の1つであるとともに，現今の哲学シーンに新しい活力を与える潜在性の源泉の1つでもあるのだ。

　古典派アメリカン・プラグマティズムの現今の活力に関する第2の理由は，生に対するそのユニークな関連性である。なぜなら，プラグマティズムの基本的な争点は，人間存在の全領域にまたがるからである。古典派アメリカン・プラグマティストにとって特別な関心事であった，これらの基本的な争点は，最近の哲学のほとんどが屈してきた思想の貧困さを認識し始めている内外の人達からますます注目されてきている。かくして，このプラグマティズムが切り開く新たな経路は単なる知的な運動ではなく，われわれ自身とわれわれが生きている世界とを理解し，未来に対するわれわれの選択の指針を提供するうえで決定的に重要なものなのである。プラグマティズムのユニークな焦点の含意は，社会思想や政治思想，フェミニストの哲学，および環境倫理学のような領域では既に注目され始めてきた。

　本書は，経営倫理学を再考するための1つの概念的枠組みとして古典派アメリカン・プラグマティズムが提供するヴィジョンを使用するつもりである。そして，このプラグマティズムの立場の範例的な新奇性が経営倫理学に内在する基本的な諸争点を縫うようにして進行する様態を描き出し，古い代替案を切り取り，それらの代替案を超えて前進していくための建設的な新たな方向性を提供するつもりである。そのようなヴィジョンは，プラグマティストの誰か一人の学説を通してではなく，彼らの諸著作全体を通して最もうまく明るみに出されうる。したがって，以下の考察では，われわれは，その共通の概念的枠組みを明らかにし，そしてそれを利用するために，これら著作全体の中を自由に渉猟するつもりである。

　以下の本文で明らかにされることは，古典派アメリカン・プラグマティス

トの学説の歴史的分析ではない。もっとも，その議論のほとんどは，彼らの諸著作全体において発見しうる以上のものとしてではなく，むしろそこで発見しうることの総合として提出されるのではあるが。しかしながら，時には，特定の諸学説は，その著作全体に存在する明白な学説の総合や展開とはみなされえない。なぜなら，これらの特定の諸学説は，そこに存在するものによって鼓舞され，その全体の精神を獲得し促進しようともくろまれたものではあるけれども，利用されてきた厳密な形としてそこでは見つけられないからである。事実，古典派アメリカン・プラグマティズムのまさしく核心には，多様な諸学説それぞれを通してある特定期間活気を帯びてきたにもかかわらず，その期間やそれら特定の学説の範囲内には限定されないようなユニークな哲学的ヴィジョンを活気づける１つの哲学的精神——哲学的鼓動——があるのだ。プラグマティズムの現在の解釈は，決してこの精神から逸脱しないのである。[3]

本書は，まず今日の経営倫理学における伝統的な倫理論の利用，経営倫理学が包摂する暗黙の道徳的多元主義，ならびにさまざまな視点で機能してはいるが，当然視されたままで決して明らかになっていないいくつかの基本的な諸仮説について一瞥を加える。これは，伝統的な諸仮説やこれらが生み出す標準的な代替案の観点では理解されえない根本的に異質なアプローチとしてプラグマティックな立場を展開するための舞台を設定するであろう。第１部の最初の３章は，プラグマティズムの概念的枠組みをその種々の関連のある諸次元において概観する。第４章は，ローティのネオプラグマティズムとここで利用される古典派プラグマティズムとの対比に焦点を当て，彼の立場がいかにして，また何ゆえ，古典派プラグマティズム全般の重要な諸特徴，ならびにこの古典派プラグマティズムの方法によって特に経営倫理学に提供されるユニークな枠組みを発展させるのではなくむしろ否定するのかを暴くことにする。この章は，ローティの名前が経営倫理学界においてプラグマティズムと最も頻繁に関連づけられるという事実に照らしたとき，不可欠であるように思われる。さらに，これら２つの立場の対比は，それまでの諸章で展開されたプラグマティズムの重要ないくつかのテーマについての意義に鋭い

焦点を向けるための機会をも提供する。

　第2部は，ビジネスが機能する多様な道徳的コンテクストに焦点を当てる。第5章は，生産と消費の理解と，ますます高まる環境への関心の重要性とに影響を及ぼしてきた一般的な文化的概念の移行についての道徳的含意を調べる。第6章は，ビジネスを自然環境との関係性の中で論じ，第1部で展開された哲学的立場が経営倫理学にとっての枠組みであると同様に，1つの環境倫理でもあることを示す。第7，第8，そして第9章は，それまで展開された理論的構造のパースペクティヴからビジネスを科学技術的，公共政策的，および国際的環境の中で考察することにする。

　第3部は，これらの哲学的基盤に基づいて，企業の性質を扱う。第10章では，われわれは企業に関するプラグマティックな理解に目を向ける。というのは，この見方は他の現今の経営倫理学的パースペクティヴと関係するからである。第11章は，企業のプラグマティックな理論を提供し，その諸特徴を纏め上げ，さらに展開していく。なぜなら，これら企業の諸特徴はさまざまな問題との関わりの中で明確になってきたからである。事実，第5章から第11章のすべては，ある意味で，企業に浸透している関係的および道徳的な次元を明らかにするために企業の性質——そして，企業が多数のタイプの環境にどのように埋め込まれているか——を再考することを含んでいるのである。第12章は，ビジネスにおける道徳的リーダーシップの問題と，そのようなリーダーシップが将来の経営リーダーの教育に対して有する含意について論じる。

　1．G. H. Mead, *The Philosophy of the Present* (La Salle, Ill.: Open Court, 1959), p.98, 強調はわれわれ引用者による。
　2．ローゼンソールは，これら5人の代表的な古典派アメリカン・プラグマティストの立場は1つの体系的かつ統一的な運動を形成する，と別の所で論じたことがある (*Speculative Pragmatism*, Amherst: The University of Massachusetts Press, 1986; Paperback edition, Peru, Illinois: Open Court Publishing Co., 1990.)。
　3．有益に用いられたプラグマティズムとは，ローゼンソールの *Speculative Pragmatism* の中で展開されたものである。またその立場のいくつかが古典派アメリカン・プラグマティストの諸著作において見出されるものの一展開であるとの見方は，これらのプラグマティストの明白な主張に関するその詳細な展開を通じて支持されている。

第 1 部
今日における経営倫理学の概念的枠組み

1
道徳的多元主義と意思決定する自我

　経営倫理学のテクストで見られる倫理学の理論への通常のアプローチは，大まかな形式であれ，あるいは時にはかなり詳細な形であれ，目的論的倫理学（teleological ethics）のより一般的な種類の代表としてジェレミ・ベンサムとジョン・スチュアート・ミルの諸著作に基礎を置く功利主義の理論と，倫理的意思決定への義務論的アプローチ（deontological ethics）の代表として定言的命法に関連するカント派の倫理学を提示するというものである。さらに，これらのテクストは，通常，ジョン・ロールズの平等主義（egalitarianism）とその対抗にあるロバート・ノージックのリバタリアニズム（自由至上主義）を検討しながら，正義に関するいくつかの諸観念を提示することへと歩を進める。これらのテクストはまた，一般に，権利の議論と時には徳の理論のある種のバリエーションをも含んでいる。

　このアプローチでわれわれが思い浮かべるものは，一種の倫理学のごた混ぜ状態（ethical smorgasbord）である。そこでは，考慮中の倫理的問題に何らかの光明を投じて，正当な決定に導くように思われるさまざまな諸理論からの選択が行われる。しかし，われわれは，ある状況で適用するための理論をどのようにして決定すべきか，これらの異なる諸理論を適用するに際しどんな指針を利用すべきか，ある問題にとって最適な理論をどんな規準で決定するのか，異なる諸理論の適用が全く異なる方向の行為に帰する場合どうすべきか，といったことをどのようにしても正確に言い表すことはできない。さらには，諸理論とそれらに対応する諸原則との間の前後の切り替えは，全体としての倫理的企業にとって，どんな意味合いを含んでいるというのか。

これら経営倫理学の教科書の著者達は，通常，そうした問題を認識してはいるが，しかしそれを徹底的に扱っているわけではない。例えば，トム・ドナルドソンとパトリシア・ワーヘインは，帰結主義の諸理論，義務論，および彼と彼女が人間性の倫理学と名づけるもの——それは徳の倫理の一変種であるように思われる——を提示した後，次のように述べている。

> 事実，これら３つの道徳的推論の方法は，それぞれ，人間の道徳的経験に直面する諸問題の全範囲に適用できるほど十分に広範である。どの方法が他のそれよりも優れているかという問題は，たとえあるとしても，別の機会に残して置かねばならない。この論文の意図は，伝統的な倫理論の周到な研究——代用などありえない何らかのもの——に取って代わることではなく，この本の以下の叙述の中で生じるビジネスの倫理的諸問題を分析するのに役立つであろう，基本的な倫理的推論様式を読者に紹介することである。[1]

他の著者達は，その問題を別の様式で扱っているが，しかしおそらく最も示唆に富むものは，マニュエル・ベラスケスの著名な教科書にある以下の彼の言葉である。

> したがって，われわれの道徳性は，３種の主要な道徳的考慮を含むことになる。そのそれぞれがわれわれの行動のある道徳的に重要な諸局面を強調するのであるが，しかしそのうちのどれ１つとして道徳的判断に際して考慮されなければならない諸要因をすべてとらえているというわけではない。功利主義の基準は，社会的福祉の総計をもっぱら考慮するが，個人や個人の福祉がいかに分配されるかといったことを等閑視する。道徳的権利は，個人を考慮するが，福祉の総計や分配に関わる考察を軽視する。正義の基準は，分配の問題を考慮するが，社会的福祉の総計や個人それ自体を等閑視する。これら３種の道徳的考慮は，互いに還元されえないけれども，すべて，われわれの道徳性にとって欠かせないパーツであるように思われる。すなわち，功利主義的考慮が決め手となる道徳的諸問題が存在する一方で，決め手となる考慮が個人の権利か関係者間の分配の正義かのいずれかであるような別の諸問題も存在する。……われわれは，現時点では，功利主義的考慮が対立している権利や正義の基準に対する些細な侵害を凌駕するほど『十分に大きなもの』になるときを，あるいは正義に関する考慮が対立している諸権利への侵害を凌駕するほど『十分に重要』になるときを，正確に決めることができる包括的な道徳理論を何ら持ち合わせていない。道徳哲学者らは，そのような判断

を下すための絶対的規則に合意することはできなかった。しかしながら，これらの事柄に関してわれわれを指導しうる大まかな規準はいくつか存在する。……しかし，これらの規準は大雑把であり，かつ直観的である。**それらは，倫理学が道徳的推論に投じうる光が届くかどうかの範囲である**。[2]

　これらの言明は，当然のことをやむをえず言っているように見えるが，実際には，先に提起した問題を巧みに避けている。この何度も繰り返される対立した諸理論や諸原則は，そのそれぞれが当初は倫理的諸問題への普遍的アプローチを意味していたが，ビジネスや他の組織で責任ある地位に就く人々に対立した複数のシグナルを提供し，時には倫理的責任に関する定見のない行動を彼・彼女らにやらせてしまうのである。例えば，有徳な人々による最善の意図でなされた行為は，それにもかかわらず誤った方に導かれるかもしれないし，また意図以外の何らかのものによってもっぱらそう判断されうることもある。そのうえ，ある道徳的規則の特定のケースへの適用は，世間のコモン・センス（常識）が非道徳的であると判断する行動の類すべてを正当化するために悪意に満ちた諸個人によって利用されうる。規則は意図を審判するように思われるが，悪い意図は規則を悪用できるのだ。

　功利主義とカントの定言的命法との間の移行，あるいは正義の諸理論と権利との間の移行は，せいぜい倫理学への1つの非反省的ないし皮相的なコミットメントと，1つの道徳的観点を含むにすぎない。これらの諸理論は，状況が命ずるように思われるとき，随意に応用されたり，無視されたりはしえない。なぜなら，それらの諸理論はそれぞれ，それが基礎づけられるところの哲学的枠組み，すなわちその豊饒さや合理的根拠を規定する1つの枠組みへのコミットメントを伴うからである。また，これらの枠組みは，しばしば対立した状態にある。

　カントの義務論的倫理学が基礎づけられる哲学的基盤は，行為功利主義や規則功利主義が基礎づけられる哲学的基盤とは全く異なる。ある時にはカント主義者になり，また別の時にはベンサム主義者になるということは，哲学的枠組みを随意に移動することである。この移行は，「形而上学的椅子取りゲーム（metaphysical musical chairs）」[3]と非常にうまく命名されたものになっ

てしまう。この種の哲学的精神分裂症を回避する試みは，ある哲学者達をして，道徳的諸原則はそれらの哲学的支柱から分離されうると言わしめた。こうして，単独の支配的な枠組みに還元されたり，またはそこから抽出されたりはしえない多様な道徳的諸原則が存在することを主張する，単独の道徳理論が保持されうることになるのだ。この見方がおそらく言わんとすることは，道徳的に考えることと哲学的に考えることとはもはや両立可能な努力ではない，ということである。

道徳的多元主義

　これらすべての事例でわれわれが実際に扱っているものは，道徳的多元主義である。したがって，われわれは，そのようなアプローチがその領域に提起する諸問題のすべてに関わることになる。道徳的多元主義とは，すべての倫理的問題状況に適切に応用されうる正しきものに関する単一の道徳原則も支配的理論も存在しないという見識である。そこには，より少ない諸原則を引き出しうる単一の一元的な原理など存在しない。どんな諸価値や諸原則が包含されるかによって，異なる道徳的諸理論が起こりうる。道徳的多元主義は，一般に，(1) 関連をもった原則はそれぞれ，どんな場合でも考慮される，もしくは (2) ある原則はある種の関心領域ないしは関心局面で機能し，別の原則は別種の関心領域ないしは関心局面で機能する，といった倫理問題への2つの異なるアプローチを擁護する。

　道徳的多元主義によると，正しい行為（the correct act）とは，諸規則や諸原則や諸理論の適切なバランスの下に包摂されるものであるが，しかしこれらの諸理論のいずれにも，いつある特定の理論を使用するかを決める指針などはありえない。というのも，各々の理論は自己閉鎖的ないしは絶対的であるからである。どんな原則や規則も，さまざまな原則や規則間の選択の基礎となる道徳的推論に対していかなる指針も提供することはできない。ある所与の状況でどの理論が適当であるかとか，異なる諸理論の適用が全く異な

る方向の行為に帰する場合どうするか，といったことに関する決定を下すのは何であるのか。今や道徳的推論の核心になっている，この選択のための基礎，つまり道徳的意思決定のための基盤そのものは，神秘的であり，また哲学的解明の範囲の埒外にとどまっている。

　ベンサムとカントの一元的な諸理論の間には表面上根本的な差異があるにもかかわらず，ここでの考察にとって有意味な顕著な類似性が存在する。カントとベンサム両者にとって，それが定言的命法であれ，あるいは最大多数の最大幸福であれ，ある行為の価値は，ある規則を例証する中でもっぱら見出されるものである。もっと突っ込んで考えてみると，道徳的多元主義にとって諸原則間の適切なバランスを決める機械的な方法は存在しないにとどまらず，道徳的多元主義や一元論いずれにとっても，ある特定の行為がある所与の状況である規則に該当するかどうかを決めるための機械的方法も存在しないことは，明白になる。根源的に目新しい類の状況に対処しなければならない場合，つまり古い決定に頼れない場合，この問題は一層顕著になる。哲学的支柱を欠いた道徳的多元主義の結末，および状況の新奇性に対処するための，したがって規則と伝統の両者を再構成するための学習を行なわない道徳的学習の結末は，道徳的不毛状況（moral sterility）である。デリーとグリーンは，経営倫理学の広範な考究を行なった後，「倫理的推論に関する諸理論をめぐる緊張関係がうまく把握されないでいる」し，またこのことが倫理的意思決定の理解をも妨げている，と結論づけているが，こうした彼らの結論は別に意外ではない。[6]変化や新奇性への対応という１つの継続的過程の中でわれわれが規則や伝統を再構成し，さまざまな諸原則の中から選択する，その理由と方法を説明するには，もっと深遠な統一的なレベルに達しなければならないのである。

　妥当な道徳理論と同じく，妥当な多元主義は，確固たる哲学的根拠を必要とするが，しかしそのような多元主義は，それ自体本質的に多元主義的であるような哲学的根拠を必要とする。そのような多元主義には，併せて，道徳的に考えることについての根源的に新たな理解がなければならない。哲学的理論は，一貫した全体性，１つの世界観を形成する。かくして，道徳的推論

の性質を再考するというプラグマティックな過程では，他の重要な諸要素が同様に再考される。また，さまざまな伝統的な立場はそれらが明白に信奉するものをめぐって相互に対立しているとはいえ，複数の立場からなる複数の集団をある意味で類似したものにする基本的な仮説は存在する。その重要な仮説の1つが，自我の性質に関する仮説である。

　自我に関する長年の関係性を断絶した見解，すなわちコミュニティの非関係的な基本的要素としての自我という見解が，倫理的伝統を支配している。事実，ロールズやノージック両者のような多様な正義をめぐる現今の見解は，理論的にはコミュニティから隔離して，またはそれに優先して考慮されうる個々の原子論的自我を前提としている。同様に，カントとベンサムの対立の中に現れる，個人とコミュニティとの対立は，関係性を断絶した自我の見解を前提とする。道徳的状況のプラグマティックな理解は，ここで展開されるには，徹底した自我の関係的理論に与して，上記のような深く掘り固められた仮説の痕跡を一掃することを必要とする。

　徳の倫理学に目を向けた場合，アリストテレスの徳の理論は，明らかに，彼の目的論の囲いを否定するより最近の徳の倫理学とはある意味で全く掛け離れている。しかしながら，徳は伝統の教え込みから生ずるのであり，したがって徳の倫理学は，役割や行動習慣を生み出した当の伝統を評価し再構成するために，これらの役割や習慣の教え込みを回避したり追い越したりする創造的なエージェントとして自我を理解することを提起していない。かくして，われわれは改めて，ラディカルな創造的傾向性を引き出すために自我の性質を再考することに取りかかる。この点で，関係的〔存在〕としての自我と創造的〔存在〕としての自我という〔2つの〕見解はやや矛盾した印象を与えるとの異議が生ずるかもしれないが，しかし明確に，これら2つの特徴は自我に関するプラグマティックな再考の中で機能しているのである。

個我，個性，およびコミュニティ

個人

　自我に関する見解は，倫理学に関する多くの論点に対して意味をもつ。これらの論点について自我に関わる最も重要な問題は，自我は隔離されうる「原子論的」な個別的実体であるのか，あるいはそのまさしく本性において社会的コンテクストの一部であるのか，というものである。関係性を断絶した個人観は，伝統的な思考の中に強固に定着しており，実際にかなり当然視されている。単独の，あるいは原子論的な諸個人が存在し，そして彼・彼女らが自分達の目的のために形成すべく選択する道徳的主張（moral claims）を除いて，それらの主張をいかなる共同体（associations）とも別個に所持するという見解は，フランス革命やアメリカ革命の哲学的基礎であった。その見解は，明らかに，アメリカ革命に結びついた見識であるジョン・ロックの社会契約論に組み込まれている。ロールズによる社会契約論の現今の見解は，ロックや他の伝統的な社会契約論者の原子論的な仮定に根ざしている。これらの仮定はまた，企業の性質を諸個人の自発的な共同として理解するための基礎でもある。

　外縁的な結びつきは，諸個人が相互にある契約を結ぶときや，あるいは自分達自身の個人主義的な目標をより容易に達成するために他の集合手段を通じて集まるときに，確立されるかもしれないが，これらの結束は，諸個人の個々の自我，個々の意志，個々の利己的欲望の総計を上回る継続的努力に根をおろすことはできない。人間あるいは自我の原子性という，この受容された，疑問視されない，仮定された見解は，チャールズ・テイラーによって，伝統的な個人主義的ないしは利害集団的自由主義や伝統的な保守派の自由放任主義経済学のような多様な立場の共通の基礎である，と指摘されている。[7]そのような原子論的な見解は，個人を何らかの政府規制のような共同体主義的束縛（communitarian constraints）と真っ向から戦わせる。ひとたび個

人が隔離されうる単位とみなされるようになれば，個人とそのコミュニティは，最終的に折り合いのつかない緊張関係の中で互いに対抗することになる。

　本質的に社会的なものとしての自我というプラグマティックな見解は，個人主義と集産主義の両極端を生み出す原子論的見解を否定する自我を理解するための1つの方法である。プラグマティックな見解によると，社会的コンテクストでの協働行為にとって必要とされる適応と調整において，人間有機体はその行為の展開に際し他者のパースペクティヴを取得し，そうすることで，そこには意味のコミュニティを規定する共通の内容が展開される。自我を持つことは特殊な能力，つまり社会的適応過程の一部として自分の行動を自覚する――社会的対象として，すなわち他の行為主体のコンテクストの中の行為主体として自分自身を自覚する――能力を持つことである。自我は他我との関係性の中でのみ存在しうることはもとより，われわれ自身の自我と他者の自我との間にどんな絶対的な線も引かれはしえない。というのも，われわれ自身の自我がわれわれの経験の中に現われ存在するのは，他者が存在しわれわれの経験の中に入ってくる限りにおいてであるからである。自我の起源と基盤は，社会的あるいは間主観的である。

　他者のパースペクティヴ，態度，見解，あるいは役割を取り入れるにあたり，発達しつつある自我は，他者のパースペクティヴを複雑で相互に関係のある全体として取得するようになる。このようにして，自我は集団のしきたりや権威，つまりジョージ・ハーバート・ミードが「一般化された他者」と命名する[8]諸態度や諸反応の組織体ないしは体系を取り入れるようになる。これは自我の受動的な次元，役割取得によって構造化された次元であり，ミードが「客我（me）」として言及する自我の局面である。この一般化された他者は，単に他者の集合ではなく，他者の組織的ないしは構造的関係である。また，一般化された他者は，絶対的な他者，つまり完全な他者性（alterity）の他者でもない。なぜなら，一般化された他者は，発達しつつある自我によって内部化されてきた態度やパースペクティヴを表わすからである。最後に，一般化された他者は，セイラ・ベンハビブが非常に強烈に反対する「抽象的で，〔具体的に〕埋め込まれていない，実体を離れた他者」[9]，つまり「自我の

個性化された諸特性に認識論的かつ形而上学的に先立つ[10]」ような自我の理解に根ざした他者という見解ではない。彼女が正確に強調しているように，〔このような見解では，〕そのような一般化された他者の役割を取得することはできない[11]。これに対して，プラグマティックな哲学における一般化された他者は，ベンハビブが具体的自我と呼ぶものに現われる諸特徴を取り入れる[12]。なぜなら，一般化された他者の本当の概念は，具体的な体現や埋め込みという諸特徴を取り入れるからである。

　ミードは，一般化された他者あるいは社会的集団の事例として野球チームの例を使う。プレイする人々は，そのゲームに参加する他の全人の態度を取得する用意がなければならず，またこれら種々の役割は，お互いに１つの明確な関係性を持たなければならない。参加者は，他のプレイヤーの態度を組織化された統一体と想定しなければならず，この組織化は個々の参加者の反応を制御する。参加者自身の行為はそれぞれ，さまざまな態度の組織化が彼自身の反応を制御する限りでは，「そのチームの他の誰かに彼がなること」によって定められる。「チームは，それが――組織化された過程ないしは社会的活動として――その個々のメンバーのそれぞれの経験の中に入っていく限りにおいて，一般化された他者である[13]」。どんなタイプの集団であれ他者は，社会的行為の個々の参加者の役割の組織化には存在するのである。この意味で，人は自分が社会の中で取得する役割のことであり，これらの役割の観点から自分自身を理解するのである。

　だが，他者のパースペクティヴに応ずるとき，個人は創造的活動の唯一無二の中心として反応する。そこには，ミードが「主我（Ｉ）」として言及する自我の創造的次元がある。こうして，「客我」は過去，規範，および社会的慣行に対する自我の順応を表示するのに対して，「主我」は現在の状況に新奇の反応を持ち込む自我のユニークな創造的次元を表示することになる。まさしくその本性において，あらゆる自我は，集団のパースペクティヴや集団の態度への順応性と，その独自の個人的パースペクティヴの創造性という両面を取り入れるのである。

　かくして，伝統と変革，従順と個性，保守的諸力と自由化の諸力は，個我

(selfhood) の真の性質を形成する2つの動的に相互作用する極あるいは次元として創発する。[14] 自由は規範や権威の制約に対抗して存在するのではなく，自我の内にあるこれら2極の適当な動的相互作用を要する自らの方向決定 (self-direction) の内に存在する。[15] 個我の真の性質を構成するこの動的相互作用があるがゆえに，新奇の「自由化 (liberating)」の次元というパースペクティヴは月並みの「保守化」のパースペクティヴの上に常に開かれるのである。

この動的な相互関係は，自分が属するコミュニティの観点から自分自身に語りかける能力と，そのコミュニティに帰属する責任を自分自身に課する能力とを提供する。その相互関係はまた，他者が勧告するかのように自分自身を勧告する能力と，自分の権利と同様に自分の義務が何であるかを認識する能力とを与える。[16] 自己批判は大部分，社会的な批判である。しかし，これらの責任と基準は，一般化された他者の態度の内部化からだけではなく，自分自身がなした創造的インプット (creative input) に関する過去の反応によってこれら〔一般化された他者〕の態度にもたらされた影響からも生起してきたのである。自分の創造的個性は一般化された他者に隷属したり決められたりするばかりではなく，自分自身がなした過去の創造的行為から一般化された他者も部分的にではあれ形成されてきたのである。

コミュニティ

独自の個人は，彼あるいは彼女自身の独自の方法で一般的 (common) ないしは集団的パースペクティヴを反映するとともに，それに反応する。さらに，この新奇性は，今度は集団の態度やパースペクティヴを変える。新しいパースペクティヴは，その創発を条件づけた支配的な制度，伝統，ならびに生活様式と関係するがゆえに創発する。また，このパースペクティヴは，それが一般的パースペクティヴを変える方法の観点でその意義を獲得するのである。コミュニティの動態は，新奇のパースペクティヴの条件としての一般的パースペクティヴと一般的パースペクティヴを左右する場合の新奇のパースペクティヴとの間の態度，熱望，ならびに事実の知覚をめぐるこの継続的

な調節的相互行為の中に見出される。[17]

　新しいパースペクティヴが個人の産物なのか，あるいはコミュニティの産物なのかと尋ねること——もしくは，個人のパースペクティヴとコミュニティのパースペクティヴのどちらが先に生じるのかと尋ねること——は，誤った質問である。個人の創造性は，コミュニティとではなく，一般的パースペクティヴによって表示される社会的慣行に従った行動（conformity）と対比されうる。真のコミュニティは，個人と一般化された他者との間の相互行為において生じる。また，これは，各人がそこにおいて他者に適応ないしは順応するところの継続的なコミュニケーションを通じて生起する。これら2つの次元間のこの継続的な適応あるいは順応は，コミュニティにとって本質的である。また，ここでの「極（pole）」あるいは「次元（dimension）」という用語は，個人と一般化された他者がコミュニティのコンテクストの中でのみ存在することを強調するつもりで表している。個人と一般化された他者がなければコミュニティなど存在しない。けれど，コミュニティのまさしく本質である適応や順応の継続的相互作用がなければ，個人も一般化された他者も存在しない。

　この適応は，あるパースペクティヴを別のパースペクティヴに同化させることでもなければ，複数のパースペクティヴを区別できない1つのものに融合することでもない。適応は，「順応（accommodation）」として最もうまく理解されうる。順応においては，各個人は，ある種の容認された裁決手段によって創造的に他者と影響し合うことになる。こうして，コミュニティは，新奇の個人的パースペクティヴの活動と一般的ないしは集団的パースペクティヴの活動との間の継続的なコミュニケーションによる適応によって構成され，さらにその観点で発展する。また，コミュニティを構成するこれら2つの相互作用的な諸次元はそれぞれ，この順応ないしは適応過程を通じて，その意味，意義，ならびに豊かな価値（enrichment）を確保するのである。

　自由な個人と同じく自由な社会は，制度や伝統に具現化されるような権威の有する影響力と，コンテクストに定められた，あるいは方向づけられた新奇性としての革新的創造力の両方を必要とする。したがって，デューイの言

葉では，以下のようなものになる。

　どんなに共同行為が集められてもそれだけでコミュニティを構成するのではない。……人間らしくなることを学ぶことは，コミュニケーションのやり取りを通じて，コミュニティの個性的な一員——コミュニティの信念，欲望，ならびに方法を理解し正しく評価するとともに，有機的な諸力を人間の糧や価値に一層転換することに寄与する一員——であるという満たされた感覚を発展させることである。しかし，この遷移は決して終結を見ない。[18]

したがって，社会や制度を変容する真の知性は，これらの制度から影響を受ける。この意味で，個人的知性ですら社会的知性なのである。また，コミュニティの中で機能しその制度の中で具現化される歴史的に根拠づけられた知性たる社会的知性は，単に個人的知性の集合ではなく，質的にユニークな統一された１つの全体でもあるが，さりとて個人的知性から切り離しうるものではない。個人的知性と社会的知性の間には，親密な機能上の相互性がある。[19] その相互性は継続的な適応過程に基づいている。事実，一般化された他者は社会的意味や社会的規範を示すけれども，社会的発展は，独創的で創造的な個人と一般化された他者の動的な相互関係を通じてのみ可能なのである。ウィリアム・ジェイムズは，この相互関係を，「偉人（great man）の影響力は全く独自の特異な様式でコミュニティを変更するが，コミュニティもまた偉人を改造する」[20] といった言説で表現している。

社会の中の新奇性は個人によって始められるが，しかしそのような始まりは，個人が他者と連続的であり，また個人がその一部であるところの歴史的に状況づけられた社会的制度とも連続的であるがゆえに，起こりうるのである。生活過程の一部は，古いものと新しいものとの間の，従順さの安定性と創造性の新奇性との間の継続的適応である。事実上すべての古典派のプラグマティストが強調する，新奇性と継続性の相互関係は，個人の独自性とコミュニティの規範や基準が継続的やり取りの中でどのようにして２つの相互関係的要因になるかを理解するための概念的道具を提供する。そのいずれもが他を離れては存在しえないのである。これら２つの極には不可欠な相互作用が存在するがゆえに，「全体」の目標は影響を受ける諸個人の結果を無視して追

求されえないし，また個人の目標は全体への作用という視点を離れては適切に追求されもしえないのである。

　他者——全く掛け離れたものではなく共感的に理解されるものとしての他者——のパースペクティヴを取り入れるとともに，新奇のパースペクティヴを創造し，その創造に建設的に対応する能力の展開は，同時に自我の成長でもある。自我の成長は，多種多様な利害のより包括的な共感的理解を取り入れ，自我の犠牲ではなく自我の拡大としての寛容に通ずる。かくして，コミュニティを拡充，深化，拡張することは，継続的なコミュニティとの相互作用に関わっている自我を同時に拡充，深化，拡張することでもある。いかなる問題状況も，状況とそれに関係のある自我を拡大し再統合するような仕方で社会的知性を利用することによって考察されうる。もっとも，それには，かなりの程度の確証ある自己表現と同時に，かなりの程度の社会的参加があるとの条件が付されるのではあるが。

　相容れないケースの真正な再構成は，その問題状況とそれが創発してきた歴史に基づかなければならない。だが，再構成は，解決の器官となるものを含まない過去の基準を顕在化させることによって乱用されうるのではない。そのような再構成は，活動のより基本的で創造的レベルに関わるセンスに訴求することによって展開されなければならない。以前に示したように，個人的な自我と一般化された他者との真の関係は，パースペクティヴの開放性を必要とする。合理的な再構成によるパースペクティヴの適応は，「高み」から押しつけることではなく，人間関係のより基本的なレベルにまで深化すること（a deepening）を要求する。事実，経験は特殊な伝統によって形作られた特定の具体的コンテクストから生ずるが，これは単なる教え込みではない。というのも，その深化過程は，自分自身の立場を突破し評価するための開放性を提供するからである。それは，われわれが異なるコンテクストを把握し，「他者」のパースペクティヴを取得し，「他者」との対話に参加することを可能にする。

　コミュニティの特徴を表わすものは，通常，共通目標という考えを包含する。この終わりのない動的過程の究極的「目標」は，最終的完成ではなく，

成長や発展を拡充することである。これはまた，差異は根絶されるべきではないことを指示する。なぜなら，これらの差異は社会が成長し続けうるに必要な材料を提供するからである。デューイが強調するように，成長は本来，対立の解決を包含するのである[21]。

継続的な成長や統合的な拡大を要する現世主義とパースペクティヴの多元主義とを本来取り込んだ，真のコミュニティは，そのような継続的発展の材料を提供する危険な落とし穴や心痛な衝突を決して免れない。洗練されるのに必要なことは，両立しない派閥主義を成長する多元主義的コミュニティに変えるのに必要なモティベーション，感受性，ならびに想像的ヴィジョンである。既に見たように，そのような変革は，高みからの押しつけではなく，そのような押しつけの下に入り込む深化を必要とする。全く異なった生活様式や事物の意味づけの仕方を理解することは，自分自身の反省的パースペクティヴをそのような相違点に押しつけることによって上から見出されるものではない。むしろそれは，世界に関するさまざまな意味づけの仕方が継続的な変革過程における共通の現実性と基本的に同じ様に対面している複数の人間の本質的特徴から現われるとき，そのような差異を通してこれらの意味づけの仕方についての感覚（sense）に浸透することで，下から見出されるものなのである。

そのような深化は，知性的な探究の使用を否定するものではない。むしろ，深化はそれ〔＝知性的探究〕を開示し，過去の硬直性や抽象性からそれを解放し，人間存在の動態にそれを集中させる。この深化は，対立をコミュニティの多様性に変えるかもしれない。あるいは，それは，対立した諸立場の内，ある立場が誤りであることについての創発的合意（emerging consensus）に導くかもしれない。このように，時間の経過を越えて両立し難いパースペクティヴは，正しいか誤りかを立証されないけれども，継続的な探究過程の中で理性と実践がうまく働かされるような議論に重きを置くことによって解消される。もしそのような適応が創発しなければ，コミュニティは崩壊する。残るのは，全くの派閥主義である。

今日の研究では，経営意思決定におけるいわゆる「非合理性」への関心の

高まりがある。これは，決定は抽象的，「客観的」，打算的な選択肢の検量に基づくのではないという認識――全体状況での推論過程は抽象的に把握された規則の適用として理解できないし，また段階的な分析（step-by-step analysis）に従うこともできないという認識――に基づいており，ますます広く行き渡ってきている。しかしながら，これが指摘していることは，合理性と「非合理性」との区別ではなく，合理性の新たな理解の必要性である。プラグマティズムは理性を打ち壊すのではなく，いわば理性を現実に引き戻すのである。打ち壊されてきたのは，理性が抽象的には真理や価値に対して絶対的な支配力を持つという信念，科学的客観性が合理性の特権的領域であるという信念，および科学的客観性の真理はどんな時にも妥当するという信念だけである。現実に引き戻された理性は，抽象的な規則や手続的段階の束縛および硬直性，あるいは教え込まれた伝統の束縛から解き放たれた諸可能性を巧みに操るべき具体的，想像的，かつ深みのあるものである。

　コミュニティの動態を構成し，そしてその適切な機能のために理性の深まりを必要とする社会的適応過程は，決して「非科学的非合理主義」に向かうのではなく，実際にはコモン・センス（常識）のレベルで，クーン流の科学解釈における通約不可能性という深層に取り組む方法を具体化するのである。[22] この解釈は，対立したあるいは通約不可能なパラダイムを評価するための永久不変的で中立的な観察言語や中立的な認識論的枠組みが存在するということと，通約不可能性の最も基本的なレベルでは，科学者は異なる世界で活動し異なる事物を見ているということを否定する。さて，科学的方法のプラグマティックな理解は第 3 章でもっと詳しく論じられるであろうが，ここでの文脈でいくつかの関連のある点を簡単に示すことは有益であろう。

　あるコミュニティが何らかのある問題について共通した意味や価値のシステム内で機能している場合，研究は理想的な収斂の極限へと向かうことができる。事実に関する新奇の解釈としての新たなパースペクティヴと以前よりコミュニティ内で受容されていた解釈としての一般化された他者のパースペクティヴとの間の適応様式は，実際の証拠に基づいた継続的な経験過程における検証（verification）によって解決される。もっとも，そのような証拠は

把握しづらいかもしれないが。

　しかしながら，新奇の観点が事実を詳細に描写するような新奇の一連の意味や価値をもたらす場合，コミュニティ内の社交性の動態を構成する適応過程を生み出す方法は，そう簡単には解決されない。そこには，事実についてのさまざまな解釈をテストするという問題はもはや存在しない。むしろ，そこでの事実が何であるかについての異なる知覚が今や存在するのである。事実を説明するために異なる諸解釈が存在するだけではなく，異なる諸事実もまた存在するのである。ある適応を引き起こすために実施される議論は，存在する事実を詳細に描写するための「通約不可能」な諸枠組みの間の意思決定に適用されうる基準に関する一般化された合意の立場から生まれなければならない。そのような基準は把握しづらいかもしれないが，しかしこれらの基準は，多様な意味体系の間の適応過程では暗黙のうちに機能しているので，その過程で機能しているものに反省的な焦点を当てることによって明確に顕在化されうる。

　にもかかわらず，（どんな種類の事実が世界に存在するかを決めることによって）経験を詳細に描写する他の方法と「通約不可能」であるのみならず，他のパースペクティヴと「通約不可能」である基準や標準や解決目標，つまり解決するに重要な類の諸問題をも取り入れる，そうした新奇のパースペクティヴが時には現われるかもしれない。かくして，異なる諸事実だけではなく，どんな事実体系を受け入れるべきかを決定するための異なる方法，基準，ならびに標準も存在することになる。ある意味で，これら多様なパースペクティヴが複雑多岐な世界を切り開いてきたのだ──クーンの立場に見られる通約不可能性の最も基本的な意味〔がここにある〕。それらは，異なる諸事実のみならず，異なる諸目標，異なる重要な諸問題，差異を解消するための異なる標準，それゆえまた適応過程を生み出すための異なる器官をも包摂している多様な科学的世界ないしは生活様式なのである。

　そのような通約不可能な複数のパースペクティヴは，コモン・センス（常識）の範囲内であれ科学の埒内であれ，ある意味で異なる諸世界を構築しているが，しかしそれらは──開かれた地平としてのパースペクティヴという

まさしくその本性によって——1つのコミュニティにおける社会的適応の可能性に対する合理的な議論に閉ざされることができない。諸事実の解釈は，「その証拠」に基づく経験的検証を通じた継続的な経験のコースを予測するときに機能しなければならない。諸事実を詳細に叙述するための多様なパースペクティヴは，コミュニティがそれに基づいて諸事実を判断するところの基準や標準に達するときや，コミュニティが決定する重要な諸問題を解決するときに，良くも悪くも機能しなければならない。また，多様な基準，標準，ならびに有意味な諸問題を組み込んだ多様なパースペクティヴは，われわれがその中で繁栄するのを学ばねばならないところの宇宙（a universe）の中にわれわれが埋め込まれているという潜在的な問題状況をこれら多様な基準，標準，ならびに有意味な諸問題が解決する力を有するという点から議論されうる。そのような実行可能性は異なる複数の評価基準に反省のうえ取り入れられ，異なる伝統，異なる儀式，ならびに危急の解決すべき点としての異なる諸目標の創発の中で反省される。しかしそれでも，そのような多様な表現は，有機体がその環境と上首尾に相互作用するための主要な活力の中に組み込まれた実行可能性についての曖昧で，つかみどころがないとはいえ，現実味のあるセンス（感覚）から生ずるのである。

継続的な社会的適応過程では，ある議論や理由が活力を得る一方で，他の議論や理由は棚上げになる。そのいずれもが正誤を立証されないけれども，ある議論や理由は他のそれの勢力に屈することになる。そのような「論破」や勢いづけは，不可避的な実行可能性の基準によって指導される合理的議論の基礎になる。抽象的な実行可能性の表現は，多様な——時には通約不可能な——形をとる。けれども，実行可能性に関する主要なセンスは究極的には，合理的な議論を通じてコミュニティが高め上げるところの言いようのないほど大きい，不可避的かつ無尽蔵の活力の源泉として役立ち，すたれた理由や議論を置き去りにするのである。

コミュニティ内の社会的適応過程における個人と一般化された他者との関係は，地平の開放性を必要とする。いかなるコミュニティも，そのより基本的な深層に浸透していくか，あるいはそのより広範な横幅に浸透していくか

のいずれかの可能性の観点で，閉ざされた地平によって締めつけられるものではない。そのような二者択一は元々誤った二元論である。というのも，横の広がりは同時に深度の拡大であるからである。2つのコミュニティが他方のパースペクティヴを理解するようになることでそれらの地平の開放性を認識するとき，そこにはより深遠かつ広範なコミュニティに基礎づけられた社会的適応が存在する。そのような社会的適応は，あるパースペクティヴの他のそれへの同化や，識別不可能な1つのパースペクティヴへの相互の融合ではなく，ある種の受容された裁決の器官を通じて各々が相互に創造的に影響し合う順応を含むということが想起されるであろう。人間の条件そのものは，それが多くの自己閉鎖的なコミュニティを含むという意味ではなく，それがあらゆる他のコミュニティの諸次元を究極的に見晴らせる基本的なコミュニティであるという意味で，コミュニティの中のコミュニティを提供するのである。[23]

　プラグマティックなコミュニティを構成するパースペクティヴの多元主義と社会的適応の動態が理解されるようになるとき，他者のパースペクティヴを理解することによって獲得されるべき拡充と，それと同様に重要であるような，自分自身のパースペクティヴのアプローチにおいて暗黙的に機能しているものを理解することによって獲得されるべき拡充が同時に認識されうるようになる。プラグマティックな枠組みは，満場一致や最終的知識に向かう推進力のためというよりも，むしろそのようなパースペクティヴの多元主義のための基礎を提供する。

　ここで，パースペクティヴの多元主義の新奇性と多様性は，知識の真の進歩は不可能であるとの見解につながる，という異論が生じるかもしれない。〔この見解によると〕そこには進歩がなく，ただ差異のみがある〔とされるのである〕。この種の批判もまた，誤った二元論を前提としている。累積するものとしての知識と変化に富んだ知識は対立関係にあるのではなく，むしろ変化に富んだ知識は累積するものとしての知識でもあるのだ。というのも，いかなる新奇のパースペクティヴも，新旧両方の知性の拡充を生み出す累積過程あるいは社会的適応の歴史から創発するからである。さらに，いかなるパー

スペクティヴもそれ固有のコンテクストの条件に反省的熟慮を傾けるほどに，そのパースペクティヴは進化する。というのも，そのような反省では，より深遠なコミュニティやそこに含まれる諸可能性に通ずるものが意識されるようになるからである。

ここで展開されたようなコミュニティの動態の中で，価値は生まれる。次章では，実験的方法の過程を深遠なものにし具体化させるような道徳的推論を取り入れる仕方とともに，価値に関する経験の創発ならびに道徳的規範の展開にも取り組むつもりである。

1. Tom Donaldson and Patricia Werhane, *Ethical Issues in Business: A Philosophical Approach,* 4th ed. (Englewood Cliffs, N. J.: Prentice-Hall, 1993), p.17.
2. Manuel Velasquez, *Business Ethics: Concepts and Cases,* 3 rd ed. (Englewood Cliffs, N. J.: Prentice-Hall, 1992), pp.104-106（強調はわれわれによって付された）.
3. J. B. Callicott, "The Case against Moral Pluralism," *Environmental Ethics* 12 (1990), p.115. われわれは彼の言い回しを借用したが，その用語をカリコットが利用する脈絡は，われわれと同じではない。
4. P. S. Wenz, "Minimal, Moderate, and Extreme Moral Pluralism," *Environmental Ethics,* 15 (1993), pp.61-74.
5. J. R. Boatright, *Ethics and Conduct of Business.* (Englewood Cliffs, N. J.: Prentice-Hall, 1993); T. L. Beauchamp and N. E. Bowie, *Ethical Theory and Business,* 4th ed. (Englewood Cliffs, N. J.: Prentice-Hall, 1993).
6. Robbin Derry and Ronald M. Green, "Ethical Theory in Business Ethics," *Journal of Business Ethics,* 8 (1989), p.521.
7. Charles Taylor, *The Ethics of Authenticity* (Cambridge, Mass.: Harvard University Press, 1991), esp. pp.95 and 117.
8. George Herbert Mead, *Mind, Self, and Society,* ed. Charles Morris (Chicago: University of Chicago Press, 1934), p.154.
9. Seyla Benhabib, "The Generalized and the Concrete Other," in *Woman and Moral Theory,* ed. Eva F. Kittay and Diana T. Meyers (Totowa, N. J.: Rowman and Littlefield, 1987).
10. Ibid., p.166.
11. Ibid., p.165.
12. Ibid.
13. Mead, *Mind, Self, and Society,* p.154.
14. John Dewey, "Authority and Social Change," in *The Later Works,* 1925-1953, ed. Jo Ann Boydston, Vol.11 (Carbondale and Edwardsville.: University of Southern Illinois Press, 1987), p.133. この見解は，ミードの著作のプラグマティックな文献において最も発展した形で見出されるものである。
15. デューイは次のように述べている。「権威の原理」は「純粋に拘束力」としてではなく，方向性を提供するものとして理解されなければならない。Ibid.

16. Merritt Moore, ed., George Herbert Mead, *Movements of Thought in the Nineteenth Century* (Chicago.: University of Chicago press, 1936), pp.375-377.

17. 人間は，1つのコミュニティ以上のメンバーでありうる。というのも，コミュニティには多様なレベルとタイプがあるからである。いかなるコミュニティも多くの下位集団から成る。また，個人は特定の社会から疎外されていると感じるかもしれないけれども，彼・彼女達は実際には一般社会からは疎外されえないのである。なぜなら，この疎外そのものは，個人をある他の社会に押しやるにすぎないであろうからである。Ibid., pp.353-354.

18. Dewey, "The Public and Its Problems," in *The Later Works*, 1925-1953, Vol.2 (1984), pp.330, 332.

19. デューイが強調するように，「欲求，選択，ならびに目的は，単独の人間に宿るものである」が，しかしその内容は「純粋に個人的なもの」ではない。「一緒 (along with)」は，まさしく生活過程の一部である。Ibid., pp.330-333.

20. William James, "Great Men and Their Environment," in *The Will to Believe and Other Essays, The Works of William James*, ed. Frederick Burkhardt (Cambridge, Mass.: Harvard University Press, 1979), pp.170, 170n, 171.

21. John Dewey, "Ethics," in *The Middle Works, 1899-1924*, ed. Jo Ann Boydston, Vol. 5 (Carbondale and Edwardsville.: University of Southern Illinois Press, 1978), p.327.

22. Thomas Kuhn, *The Structure of Scientific Revolution*, 2nd ed. (Chicago.: University of Chicago Press, 1970).

23. このことについては第9章で詳細に論じられるであろう。

2
価値の創発と道徳的推論の性質

　価値に関するプラグマティックな理解は，まずそれが否定する大まかな歴史的趨勢の点から接近することによって始められるであろう。絶対的あるいは超越論的な価値という信念と知識の確実性に対する欲望は，強く堅守され，また相互に深く関わり合っている。[1] これら両者は，プラグマティズムによって否定される。あらゆる知識は誤りやすく，経験における結果によってテストされるべきである。知識は，自然の中の経験を知的に反省することによって創発する。自然の中のわれわれの経験は，絶えず変化を受ける。経験のある局面は相対的に安定しているが，他の局面は不安定である。〔だが，〕ある価値を不確実な世界における安全確実な不変的根拠として固守する欲望は強いので，いとも簡単に経験の確実な価値の諸局面に焦点を当て，それゆえ，誤ってそれらを絶対的で変わらないリアリティだと想定してしまうのである。

　近代科学の登場とともに，ある思想家達は依然として絶対的価値観を厳格に保持したけれども，安全確実性の感情を得るためのこの手段は消滅し始めた。そのような見解を持続するために，実験的な科学の方法と価値を把握する純粋理性ないしは直観の方法との間に明確な区別がなされた。もし誰もが正確に知りつつあったなら，誰もがわかるような絶対的で変わらない価値は存在する，と信じられた。他の思想家達は，科学の方法とわれわれが保持する価値との間の二元論を受け入れつつも，〔今述べた〕一方の知識様態を否定した。それに代わって，彼らが主張した価値観は，価値とは個人的に考えたり感じられたりすることすべてが価値があるものであるというものであった。価値は単に主観的にすぎなかった。恣意的な相対主義が容易に出現し，価値は高度に個人主義的な事柄として理解されるようになった。またしても，実

験的方法は必要とされなかった。なぜなら，価値は主観的感情以外の何ものでもなかったからである。プラグマティズムは，これらすべての代替案を否定する。

　価値は，精神の内容として宿るか，あるいはいくらか別の意味で有機体の中に宿るような，主観的なものではなく，自律的に秩序づけられた宇宙の中の「そこ」にある何かでもない。対象や状況は，人間の経験の中で創発するので，それらが創発する過程と同じ程度に，それらの創発においてリアルな質を所有する。これらの対象や状況は，色，音，抵抗，などのような質ではなく，魅惑的あるいは不快な，充足感あるいは無力感，興味をそそるあるいは興味をそそらない，などのような質を所有する。これら後者の型の質は，あらゆる質と同じく，自然の中の「そこ」にある。それらは，われわれの文化的環境ならびに自然環境との相互作用のコンテクストにおけるリアルな創発物である。それらは，さまざまな他の質とともにさまざまな時に現われるけれども，直接的に経験され，他の質には還元できないのである。

　経験の経過（passages）は，それらの直接的に「満足のいく質，あるいは悲惨な質」において，価値づけの経験（valuing experiences）あるいは「価値づけ（valuing）」と呼ばれるであろう——それは，価値づけを価値を有するもの（valuable）と区別するために，つまり，これら価値づけの経験に導くべく，状況，対象，出来事，行為，などの可能性を表わすものとして評価されてきたものと区別するために，そう呼ばれるのである。ここで強調されねばならないことは，価値づけの経験は，何かをする経験，経験を評価する経験ではなく，むしろその価値負荷的次元（value-laden dimension）において経験を直接的に「持つこと（having）」であるということである。この経験の直接的な価値負荷的次元は，ある特性を持つものとして理解されうる。この特性は，上述した一連の代替案によってその肯定的ないしは否定的な形で大まかに記述されうる。もっとも，これらの代替案のどれも全く不十分なものではあるが。

　われわれが価値を有するものとして保持するものは，経験を直接的に持つというこのより原初的なレベルに依存する。われわれが価値を有するものと

して保持するものは，その調和のとれた価値づけの経験を促進する能力ゆえに，この地位を得るのである。すなわち，価値を有するという主張は，およそ，調和のとれた拡充した価値づけの経験を産出するというふうなものである。価値づけの経験と無関係に道徳的主張を評価しようとすることは，彩色の経験と無関係に色の組み合わせの規則を評価しようとするようなものである。換言すれば，規範的主張の威厳はその経験的諸結果の中にあるのであり，また道徳的状況では，これらの経験的結果は価値づけの経験なのである。したがって，価値づけと価値を有するものとの違いは，未来の主張をしない直接的に「持たれた（had）」経験をすることと，可能性や因果関係の観点から現在の経験を他の経験に結びつけることによって未来の主張をするような判断との違いである。価値づけの経験と価値を有するという主張との違いは，以下の一文の中に見られうる。そこでは，「価値づけ（valuing）」と「価値を有する（valuable）」という言葉は，「満足させる（satisfying）」と「満足のいく（satisfactory）」という言葉に大まかに置換されている。

　あるものが満足させる satisfies（あるいは満足させている is satisfying）と言うことは，あるものを孤立した最終的なものとして報告することである。それが満足のいくもの satisfactory だと断定することは，それをその関連と相互作用の中で定義することである。それが喜ばす，あるいは直接に気に入るという事実は，判断に関する問題を提起する。いかに満足が評価されるのか。それは価値であるのか，それとも価値でないのか。それは称賛され，大切にされるべきもの，享受されるべきものであるのか。後者〔＝満足のいくものだと断定すること〕は「予言を含む。それは，その事物が継続して奉仕する，つまり役立つだろうという未来を予期している[3]」。

かように，価値づけは，規範的評価を獲得するために規範的探究のコンテクストを必要とする。また，価値を有するものに関する主張あるいは信念は，そのまさしく創発の中で，他の経験とそれとの関係の観点で直接的経験を評価する結果であるけれども，これらの主張あるいは信念そのものは時にはさらに評価されなければならない。かくして，直接的な価値づけの経験もわれわれが価値を有するものとして保持するものも，いずれもさらなる探究を免

れない。直接的に「持たれた」価値負荷的経験としての価値づけと未来の価値づけの前兆としての価値を有するものとの違いが当面の議論にとって意味がない場合——たびたびそれが実情ではあるであろうが——,「価値（value）」という言葉が両方のレベルをカバーするために利用されるであろう。そして,この共同利用は,すぐ後に続く事柄の中で起こりうるのである。

　あらゆる価値は，さらなる評価を必要としうるので，それらは問題をはらむものになりうる。特定のコンテクスト内で対立し，したがって評価を受けなければならない価値は，問題をはらんだ価値である。その評価過程から生まれる価値，あるいはその評価に耐える価値は，確かな価値である。問題をはらんだ価値と確かな価値は，コンテクスト依存的である。その「確かな価値（secured value）」は，別のコンテクストでは，状況上の対立の点から評価を必要とする問題をはらんだ価値の1つに十分なりうる。かくして，価値は決して問題をはらんだ境遇を免れないのであり，あるコンテクストでは確かな価値であるものが，次のコンテクストではそうならないかもしれないのである。

　評価は実験的探究の方法を通じて行なわれる。この探究は，問題状況から有意味に解決された状況ないしは確かな状況への前進的な運動を含む。端的に言えば（また，次章で詳細に展開されるであろうことを先取りすれば），実験的方法は，ある活動をその構成とその結果によって検証される真理とに鑑みて方向づける，経験の創造的・解釈的構成を取り入れるのである。〔では,〕それは意図された結果を引き起こすときに機能するのか。価値のケースでは，意図された結果とは価値を有する結果，すなわちコンテクストの上で利害が関連する人々に対して調和のとれた，高度な，そして拡張した価値づけの経験を促進する結果である。価値のケースでは，実験主義の方法の体現としての知性的探究は，問題をはらんだ価値に満ちた状況から，解決された，あるいは有意味に組織化された価値を有するものの経験に，つまり確かな価値，対立を解消する価値に移行することによって，問題状況を創造的に再構成するのだ。

　価値づけと価値を有するものとの区別，つまり満足させるものと満足のい

くものとの区別は，"is"（ある）から"ought"（べし），つまり事実から価値を引き出す試みではない。第3章で論じられるであろうような，事実―価値の区別はそこにはない。1つの直接的な価値づけの経験は，ちょうど自然の他の質的諸局面を経験することと同様に，自然的コンテクストの1つの質的局面である。さらにまた，いかなる経験された事実も，ある価値の局面を組み入れうる。というのも，その価値の局面は，事実がその中で当を得た価値として機能する状況の構成要素として創発するからである。価値の経験は，それ自体，1つの識別可能な事実なのである。

また，経験は，われわれを自然から切り離す主観的なものではない。むしろ，それは自然の中で生起するのであり，自然の経験なのである。質的経験とは，われわれの環境とわれわれの自然的相互作用の中で創発するものの経験である。[4] 価値づけは，実験的なものとしての経験の継続的推移での精神の組織化行為（the organizing activity of mind）によって，価値を有するものに変えられる。規範的主張は，価値を有するものを生み出す行為の結果に関して主張するがゆえに，自らの規範的機能を持つ。また，価値を有するものは，調和のとれた価値づけの経験を産出するがゆえに，そうなのである。かくして，われわれの規範的主張は，当然，われわれが自然の中にコンテクスト上埋め込まれるということに根づいているのである。

さらに，最も偶発的な直接的価値づけの経験といえども，最も原初的選択においてさえ少なくとも暗黙のうちに機能している過去の評価の特性を反映するのである。直接的経験の価値的質は概して，それがその中で創発するところの道徳的信念のコンテクストによって構成される。デューイが示すように，「直接的な享楽の只中においてさえ，その享楽を強める妥当性の感覚，権威の感覚がある」[5]。価値づけと評価のこの機能的関係に関する自覚の程度，あるいは別の言葉では，人間の経験の繁栄に対する諸可能性に関する自覚の程度が，経験の中で道徳的に方向づけられた行為の程度を決定するのである。

道徳的行為は，価値づけの経験を産出するための諸可能性の体現たる指導的規範（guiding norms）に関する自覚に根づいた，計画された合理的行為である。また，行動の組織化に関する習慣的様式が対立的価値づけを含む問

題状況の解決において機能しない場合，価値を有するものについての新たな評価や新たな主張が展開する。それは次には，価値づけの直接性に異なる質を与えうる。価値づけの経験と客観的な価値の主張との機能的関係は，経験の価値負荷を高める際に，経験の継続的推移における1つの有機的統一として作用しなければならない。そのような作用可能な関係は，作用可能性を維持するために，停滞を必要とするのではなく，実験的探究の動態を組み込んだ知性的再構成による変化への絶えざる開放性を必要とする。

調和のとれた生活の展開の一部は，価値づけをできるだけ評価の反映されたものにすることである。そのような教化は，価値づけの経験とその経験の出現において最盛を迎えうるプロセスのネットワークとの間の関係が自覚される場合にのみ，前進しうる。例えば，デューイが示すように，趣味は，それについて完全に議論できるものではないが，議論に値する最も重要な事柄の1つである。趣味の教化とは，価値づけに評価，すなわち価値を有するものを正しく吹き込むという教化である。直接的な価値づけが理性が示す価値づけであるときにのみ，すなわち客観的なものに組成される，あるいは組成されうるような価値づけであるときにのみ，価値を有するものは，そこで調和のとれた生活を送る真に統合された自我になりうるのである。もし反省的探究によって価値を有しないことが示されるものからしか価値づけの経験を手に入れることができないなら，価値の経験と理性の主張が互いに反目し合う内部対立の生活を送ることになってしまう。

直接的価値づけの経験と価値を有するものに関する主張ないしは信念との調和のとれた相互関係と，両者の間の対立した相互関係についての手っ取り早い一例は，「改心した喫煙家（reformed smokers）」の対照的な生き方を指摘することで示されうる。一方には，煙草の煙の味や匂いにもはや我慢できない人々がいる——その直接的な価値づけの経験は，その結果に関するその人々の信念とともに，否定的である。事実，その結果を理解することは，喫煙の経験を嫌な味だと断定するようになるための重要な原因であった。他方には，絶えず煙草を渇望し，常に喫煙の衝動と闘いながら，喫煙という満足を与える価値づけの経験に周期的に屈さざるをえない「改心した喫煙家」が

いる。その結果を意図的に無視することによって内的「調和」を維持する人々もいるが、しかしこれは道徳的に無責任な活動である。なぜなら、道徳的に責任ある様式で行為することは、合理的に結果を評価し、それにしたがって行為することを要求するからである。

　あらゆる経験と同様、価値の経験は共有されるとともに、ユニークなものでもある。価値は、コミュニティから孤立した個人によって経験されないし、またコミュニティの価値との対立や矛盾に加担したりはしない。しかし、コミュニティの価値は単に個人的価値の合計ではなく、また個人的価値は単にコミュニティの価値の反映ではない。むしろ、価値は、それが日常的経験の中で創発するときには、社会的経験の1つの次元である。価値の共有された特徴とそのユニークな特徴との間の適応は、道徳的コミュニティ内に新奇の創造的局面を生み出す。社会的コンテクストそれ自体は生気に満ちた活力に影響を及ぼすけれども、そのエネルギーはある状況の中で機能する。また、道徳的規範や慣行の創発あるいは直接的価値づけの創発は、いずれも有機体の社会的相互作用から離れては起こらないけれども、個人のそのユニークな状況での創造性は、社会的変化の形成過程にユニークな傾向性と潜勢力をもたらし、対立し変化に富んだ価値の諸主張の解消に対する創造的解決策を提起し、また真の道徳的行動ないしは道徳的慣行と、自己自身の潜勢力の展開を形成するのに役立った制度化された行動様式とを再構築するのだ。

　例えば、デューイは、道徳的熟慮は「社会的知性」を含むが、現存するスキームに対する個人の反応は、習慣ならびに制度的慣行の変容や再構築の手段になる[7]、と主張している。すなわち、彼がさらに突っ込んで示すように、「人間は、既に所有している基準や理想を良心的に使用する義務があると同時に、最も進んだ基準や理想を創り出す義務があるのだ[8]」。さらに、新たな基準や理想が創発するとき、道徳的コミュニティに横たわり、裁決手順を提供する合理的秩序も、また創造される。そのような再創造のゆるやかな進化は時に看取するのが困難であるかもしれないが、その変化は時には驚くべきエネルギーと直接性を顕在化させるように見えるかもしれない。

　ここでもまた、コンテクストを新たな理想に提供する対立した〔複数の〕

道徳的知覚間の解決は，抽象的な原理や教え込まれた習慣への訴求によって解決されるのではなく，人間の価値づけの要求に対する感受性の深化を通じて，その共通性と多様性の中で解決されうる。以前に強調したように，そのような深化は知性的探究の使用を否定するのではなく，むしろその探究を開示し，硬直性や抽象性の観点でその過去の成果を見ることから解放するのである。さらに，それは，知性的探究が人間存在の中で創発するとき，その探究を価値の経験に集中させる。この深化は，われわれが異なるコンテクストを把握し，「他者」のパースペクティヴを取得し，「他者」との対話に参加するのを可能にする。われわれは，この過程の中で，われわれを形成するのに最初に役立った道徳的規則や伝統をしばしば再構成しているのである。

　道徳的行為は規則の適用としては理解されえない。というのも，道徳的原則は，継続的テストを必要とし資格認可と再構成を見込む仮説であるからである。さらに，規則を適用する場合，われわれはそれをテストするのみならず，それを解釈する。法システムは，ここで好都合の一例を与えてくれる。裁判官は，単に法を適用するだけではなく，法規定では予期されないケースについて決定を下すべく法を解釈しもする。ある決定を下すときに，裁判官は将来のケースの先例をつくるが，しかし将来の状況は明らかに新たな法解釈になり，新たな先例をつくるであろう。

　また，道徳的行為は伝統の教え込みによる性格の発展としては理解されえない。われわれの行為はわれわれの習慣を反映し，またわれわれの習慣はわれわれの性格を反映する。しかし，そこには前もって構築された目的などないし，また個人は伝統の中に閉じ込められるものでもない。むしろ，成長そのものが目的であり，また道徳的性格は究極的には，経験の価値負荷を高めるべく機能する様式で，変化する新奇の状況に取り組む能力を含むのである。さらに，習慣は同じ活動を繰り返すような単なる傾向性としては理解されえない。むしろ，習慣は想像力に導かれるので，それは常に，伸長した新たな方向へと創造的に発展していく過程の中にあるのである。

　想像力は，古典哲学（それは想像力を感覚的対象の模写を提供する能力とみなした）やロマン主義的見解（それは想像力を全く新しいものを創造する

恣意的な擬似非合理的パワーであると考えた)の観点で理解されるものではない。むしろ,プラグマティズムにとって,理解と想像力の両者は,知る者と知られるものとの生き生きとしたあるいは生気のある相互関係を提供するような,習慣の創造的機能に統一され,またそれへと変容されるのである。地平の拡張に含まれる理性の深化は,同じく想像力の深化をも組み入れる。われわれを支配する理想は,想像力の働きを含むが,しかし想像力は,それが提示する理想と同様に,土台から創発していくのである。新と旧の適応の動態は,まさに生の基本的構造に内在している。この意識的なものとしての適応は想像力を含む。すなわち,デューイが言うように,この意識的なものとしての適応は想像力**なのである**。[9] したがって,習慣は,対立の前進的解決——それは次に,継続的な上首尾な行為を用意する——のために新奇の状況に関する現在の諸可能性を統合し組織化すべく過去を利用する。習慣そのものは,変化する世界に,そして関連のある新奇の状況に絶えず再適応しているのである。

　道徳的経験は常にユニークである。なぜなら,具体的コンテクストはいずれも,それ固有のユニークさを有するからである。経験は一般に,また道徳的経験は特に,ある意味で常にユニークである状況の十全性からの継続的な学習過程である。かくして,そこには,最も日常的な経験——実践的目的としては,ほとんど気づかれず,時には無関係である経験のユニークさ——を提供するコンテクストから,根本的にユニークな出来事を組み込んだコンテクストへの連続性が存在する。

　教え込まれた諸習慣の受容ならびにそれらが行き着く先の形式化された硬直性,すなわち変化しない道徳的客観性への焦点は,価値の再構成と再統合を妨げる。と同時に,この受容は,具体的な状況への深遠な感受性をも妨げる。この感受性は,それが生み出す習慣の特殊性に対するつかみ所のない道徳的「適合」感を提供するものである。もしある人の道徳的学習がユニークなものを真に受け入れるものであるならば,極端にユニークな出来事の登場,ならびにこれらの新奇性が必要としうる解決策についての容認された規範の瓦解は,ユニークに解放された機会,すなわち状況への深遠な感受性に対す

る機会と，創発的な新奇の諸可能性を組織化する際の理性のより創造的で想像的な使用に対する機会を提供する。このように，高度にユニークな出来事と，それらが時折生み出す道徳的危機は，道徳的成長の大波になりうるのだ。

その伝統や道徳的規則を伴った過去は，無視されるべきではない。われわれの最も根深い規則や伝統の多くは，それらが際立ってうまく機能し，また責任ある人がそれらに注意を払うであろうから，深く浸透するようになってきたのである。われわれは，われわれの決定や行為をそこから開始するところの作業仮説（working hypotheses）に関する何らかの一般的合意を提供してくれる前哲学的で伝統的な遺産のコンテクストの中で決定や評価を下す。例えば，われわれの社会では，われわれは，公正，親切，自由，他者への関心，などの方を選んで，虚言，虐待，殺戮，一方的支配，利己性，などを回避することに（ある程度，少なくとも，または大体一般的風潮では）合意する傾向にある。こうして，われわれは，大まかで一般的な共通の道徳的志向性をもつのである。これらのような指針は，過去の状況から創発してきた，そして新たな状況にうまく機能し続けるがゆえに強固に保持されるところの，作業仮説である。しかし，これらは，その輪郭と意味が継続的な新奇の状況や，統合されねばならない対立した価値によって形成そして再形成されるような指針としてもっぱら役立ちうるのみである。

伝統的な道徳諸理論は，1つの統一的原則あるいは原則の組み合わせの観点から，われわれの深く根づいた道徳的志向性や継続的な意思決定を説明しようと試みる。これらの道徳理論は，われわれの道徳的決定の中で機能するさまざまな諸次元を説明するが，しかしその際，ある局面ないしはある次元を持ち上げることによって，それぞれの理論は存在する多くの他の次元を無視してしまう。こうして，それは道徳的行為をある固定された図式に還元するのである。功利主義の諸理論，義務論的な諸理論，個人主義，および共同体主義はすべて重要な何かに取り掛かるのではあるが，しかしそのそれぞれはまた，他の諸理論が照射する重要な考察事項（considerations）をなおざりにしてしまう。さらに，これらの諸理論はまとめたところで矛盾している。これらの各理論は，根源的で，言い表せない，豊饒な道徳的感受性，道徳的

調律，あるいは道徳的センス（感覚）に取って代わろうとしている——この道徳的感受性，道徳的調律，道徳的センスとは，この道徳的センスが生み出す，または他の考察事項との把握しづらい混交の中で，さまざまな程度で，さまざまな時に，そしてさまざまな状況で機能する，ある何らかの考察事項を意思決定するときに作用するものであるのだが。したがって，各理論が選択する考察事項は，あらゆる時にあらゆる状況で，すべての他の考察事項を無視する道徳的に絶対なものに変えられ，さらにはその事項の基底にあって，特定状況の十全性に関してその役割を調停するところのまさしく表現できない具体的な道徳的センスをも拒絶してしまう。いかなる規則も，原則も，図式も，具体的な道徳的経験の中で機能しているように思われるある考察事項を正確かつ抽象的なものにする試みなのである。しかしながら，この〔道徳的〕経験は究極的には，非常に十全かつ創造的であるので，そのような様式では適切にとらえることができない。

　アラスデア・マッキンタイアは，現在の立場を明晰にするのに役立ちうるような重要な指摘をしている。彼は以下のように強調する。

　　われわれの現実に共有された道徳的原則について，私は以下のようなことを意味するつもりはない。すなわち，〔その原則とは〕ある高度に確定した見解をもつ人々——道徳哲学者はもとより——が自分達自身の道徳的原則であるとみなすものを定式化したであろうかのように定式化された一組の諸原則である，と。〔むしろ，それは〕適切に共有される，すなわち実践的生活の諸目的のために適切に共有されるべく不確定なものにされてきた一組の諸原則である，と私は意味づけたい。

現在の立場から見れば，この言明は本末転倒である。確定した原理が不確かであるから，それらが実践的生活において共有されうるということはない。むしろ，実践的生活における意思決定が，それを抽象的に確定したものにするあらゆる試みに背く，曖昧で不明瞭だが豊饒な生気ある道徳的センスによって導かれるから，われわれは，確定した諸原則の対立にもかかわらず，実践的生活において不確定に輪郭を示された指針（ガイドライン）を共有できるのである。さらに，その深化過程がこの生気ある道徳的センスにわれわれを遺憾無く向かわせるにつれて，その表現できない知覚はますます不確定にな

り，曖昧になり，だがより広範に共有しうるようになり，「われわれの西洋文化的遺産」の自民族中心主義によって輪郭を示された共有された表現できない知覚の下にさえも，われわれを引き込むようになるのである。

　プラグマティックなアプローチは明らかに，規則の適用としての道徳的推論の理解を否定する。しかし，結局のところは，性格の発展への関心としてより広範に根拠づけられた徳の倫理学に向けての1つの転回であると思われるかもしれない。しかしながら，有徳な人間になることへの排他的な関心に向けての転回は，またもや，道徳的意思決定の豊饒さを単純化してしまう。道徳的意思決定においては，われわれはわれわれが発展させている性格の種類に関心がある，または関心をもつべきである。しかし，その決定は発展させるべき性格の種類には還元されえない。これは，とても重要な関心事でありうるが，しかしある道徳的決定は，善き習慣を形成するのに果たすその役割に関して，他の道徳的決定ほど重要ではないのである。にもかかわらず，これらの決定すべては強烈な道徳的関心がある。さらに，道徳的諸状況の要請は，われわれが重要であると教化してきた性格特性に反する道徳的に責任ある決定へと導くかもしれない。

　習慣は以前の状況における行為から発展し，次に生起する新たな状況に参入するので，習慣は，とられた行為を通じて新たな状況と同様にそれ自身をも修正するのである。状況の再構成と，われわれ自身の再構成ならびに継続的な自己発展過程を構成する習慣の再構成は，不可分に相関している。必要なのは，善き性格特性だと考えられるものへの厳格な固執ではなく，継続的な道徳的成長のコンテクストにおける状況の十全性に取り組むための知性，感受性，ならびに柔軟性である。性格への排他的な焦点づけは，道徳的意思決定のコンテクストの複雑性とその諸結果の評価からの1つの抽象である。デューイが〔以下のごとく〕非常にうまく強調しているように，

> 諸結果は，性格に対する諸効果，すなわち有形明白な結果と同様に習慣を強めたり弱めたりすることへの諸効果を含む。これらの性格に対する効果に注意深く配慮することは，最も道理に合った警戒か，あるいは最も嫌な気にさせる実践の1つを表わすかもしれない。それは，客観的結果を無視して個人的品性への関心に

傾倒することを意味するかもしれない。……しかし，それは客観的結果の調査が時間をかけて正当に拡大されることを意味するかもしれない。[12]

　道徳的行為を前もって確立された規則への固執として理解することは，硬直性を高め，道徳的感受性の欠如をあおる。道徳的行為を善き性格の発展として理解することは，善意あるいは善い意図をもつことへの一途な関心を促進する。これら2つの関心はそれぞれ，特定状況で良い結果を引き起こすという困難な課題への快適な代用品を提供する。〔だが〕道徳性は，規則に従うことや一連の教え込まれた徳を顕示すること以上のものである。人は決して「結果は悲惨であると分かっていたが，道徳的に正しいことを行なった，と私は少なくとも思っている」，と言うことはできない。そのような言明は，プラグマティックのパースペクティヴからすれば，矛盾律である。われわれが発展できる最も重要な習慣は，知性と感受性の習慣である。なぜなら，規則の追従も善意も十分ではないからである。道徳性は，追従されるべき抽象的規則や教え込まれるべき徳では措定されない。むしろ，道徳性は具体的な道徳的経験の中で発見される。道徳的意思決定を通じて特定の状況に良き結果をもたらすことは，副産物として，行為の習慣としての善き性格特性と，継続したテストと修正を必要とする作業仮説としての善き規則の両方を発展させるのに役立つ。

　さらに，個人とコミュニティの内在的相互関係があれば，個人も全体システムも価値の担い手にはならない。むしろ，価値は諸個人の相互作用の中で創発し，また全体は諸個人の相互作用を通じてその価値を獲得するとはいえ，諸個人の価値はその継続的発展を構成する相互関係性から離れては理解されえないのである。ある問題の複雑性をあっさり片づける場合，われわれは，それが定言的な道徳的問題に関わるものだ，と簡単に納得してしまいかねない。だが，問題の複雑性は常にコンテクスト依存的なのである。道徳性は道徳的規則において措定されるのではなく，状況の豊饒さと複雑さの中で機能する道徳的経験において発見されるのである。そして，ここに，道徳性の「基礎（the foundations）」の回復（recovery）が見出されるべきなのである。

　したがって，道徳的推論は，抽象的かつ論証的ではなく，具体的かつ想像

的である。以前に示したように，合理性それ自体は想像的である。というのも，想像力は，生み出すことができるものに照らして現実的なものを理解する能力，すなわち投企された創造的総合（a projected creative synthesis）に照らして対立する諸断片を観察する能力を提供するからである。想像力を通じて，われわれは新たな価値を生み出す。道徳的推論は，規則や性向のいずれかの観点からの過去の教え込みではない。しかし，それは本来，歴史的である。なぜなら，道徳的推論は過去に照らして現在を未来に向かわせるという創造的方向転換を含むからである。それは，利用されるべき安定性と可能性を明示する変化に富んだ世界への取り組みを含む。それは過去の教訓や過去の理論とデータとの関係を無視するのではなく，現在機能している諸可能性に基礎づけられうるであろうものについての想像的把握に照らして，これらの教訓を再解釈し再充当する。人は，過去の観点ではなく未来の観点で状況を歴史的に把握するのである。

　道徳的推論は究極的には，固定された目的によって導かれない。むしろ，そのような推論は，目的と手段の区分が純粋に機能的になるような継続的過程を含む。選択された目的はいずれも，次に生じる何かへの手段である。したがって，選択されたいかなる目的も，それと絡み合う手段を背負い込んだ価値なのである。この継続的過程では，厳格な弁証的批判は，実験的方法のダイナミクスに置き換えられる。われわれの道徳的主張はおよそ，実験的統合，すなわち人間とその世界との特殊な状況的相互作用において人間が行なう価値づけの創発，を要するものである。われわれは，道徳的状況において規範や理想を，価値づけの多様性を組織化し統合する作業仮説として，創造し使用する。道徳的範囲（moral realm）は豊饒で複雑な状況であり，また〔そこで〕機能することは，統合と調和を必要とする創発的ではあるが現実的な価値づけのドメインに依存する。実行可能性は，ある固定された目的の観点では理解されえない。むしろ，実行可能性は経験の繁栄をその全体において包含するのである。

　この見解では，道徳的推論は，知覚されるものに対する対処の仕方を単純化する方法よりも，むしろ状況の道徳的諸次元を知覚する能力の促進を含む。

それは，状況の複雑な価値負荷的性質ならびに状況の混交した対立的な諸次元への感受性，状況の十全性に適った創造的知性を使用する能力，および解決策の継続的評価を含む。ある状況を変える決定は，新たな統合的解決を要する新たな問題を引き起こすであろう。「問題を寝かしておき」，それを忘れることは許されない。目標は，最も非多義的な決定を下すことではなく，関係のある人にとって最も実りある実質的なことを決めることである。

このプラグマティックな多元主義は，倫理学における絶対主義を排除する。しかし，強調されねばならないことは，それが主観主義と相対主義を等しく排除するということである。というのも，それは，人間生活の条件と要求ならびに有意義な充実した生に対する欲望に根づくものであるからである。価値の経験は特定の伝統によって形成される特殊なコンテクストから生ずるが，これは単なる教え込みではない。なぜなら，〔価値経験の〕深化の過程は，その特有の見地を突破し評価するための開放性を提供するからである。[13]

このパースペクティヴの開放性の深化は，反省的レベルではたびたび疑惑を抱かれる。道徳的価値の領域では，そのような疑惑は一方では，個人は他者や客観的評価に閉ざされた個人的パースペクティヴに基づいて価値状況の中で機能している，という誤った仮説につながる。他方でそれは，人は何のパースペクティヴももたずに行為すべきであり，そうすることで皆と共通の最終的な合意に達する，という誤った仮説につながる。閉ざされたパースペクティヴの仮説は，道徳的相対主義の種々の立場になり，他方，パースペクティヴの欠如の仮説は，ある種の道徳的絶対主義になる。道徳的相対主義の極端な結果は無責任な寛容であり，道徳的絶対主義の極端な結果は教条的押しつけである。

プラグマティックな見解は，継続的な再評価と連続的なテストを伴う知的に根拠づけられた多様な価値状況を考慮に入れるというやり方で，人間としての人々の共通性と人間としての各人のユニークさとを結びつけようと試みる。この価値の理解は，恣意的な選択の相対主義にも，あるいは価値を形成する際に真の選択は何ら存在しないという絶対主義にもつながらない。それは虚無主義的な絶望も，夢想的な全面的楽観論も含まない。むしろ，それは

1つの社会改善論（meliorism）である。この改善論は，デューイの言説によると，「ある時期に存在する特定の諸条件は，相対的に見て善いものであれ悪いものであれ，とにかく改善されうる」ということを主張する。「〔全面的〕楽観論とは違って，〔それは〕自信と正当な希望とを喚起するのである」[14]。

相対主義の否定は，第1章で展開した自我に関するプラグマティックな理解の方向からも支持される。自我のエネルギーは，その発展を妨げる一般化された他者の拘束内に首尾よく限定されうるわけではない。ミードが言うように，「個人はある意味で，その実現過程に一種の自我の自殺を含んでいるような諸条件の下で生きることに快く応じはしない」。この場合，「主我」は社会，ひいてはその社会に属する「客我」を再構成するのである[15]。

道徳的多様性は，多様性一般と同様に，コミュニティの中で繁茂しうるが，そのような多様性が両立しえない対立になる場合，社会的変化は，もしそのコミュニティが維持されるべきならば，対立する諸要求に対処する新たな方法の展開へと導かなければならない。これは，実行可能な解決を提供しうる成長を伴う再構成されたコンテクストを要求する。ここで，「成長」と「実行可能性」について付言されるべきである。もっとも，〔それらについて〕述べられることは，今では当然のことであるのかもしれないが。というのも，これら2つの用語は，極端な歪曲にさらされてきたからである。

まず，成長は，その人自身の関心の組織化という観点だけでは理解されえないのである。自我の成長は，それがその環境とのより十全な，より包括的な，そしてより複雑な相互作用を成し遂げる過程である。自我の成長は，孤立した自分自身の人工物という観点だけでは理解されえない。むしろ，自我の成長はコンテクストの成長も要求する。第1章で部分的に先取りして見たように，成長は多種多様な関心の包括的な共感的理解を取り入れ，そうすることで，自我の犠牲ではなく自我の拡大としての寛容，すなわち完全に他者になるのではなく自我の拡張として共感的に取り入れられるようなものになるのである[16]。

こうした立場に対する批評家は，成長を単なる蓄積と誤解してきた。これは，道徳的に有害な活動や根拠のない信念の増加が成長の事例だと考えられ

うる，と非難される結果になる。しかしながら，成長に関するプラグマティックな理解は，自我，コミュニティ，ならびに両者間の関係の拡張になる様式での問題状況の再統合を含むのである。さらに，成長は，知性的探究と無関係ではないけれども，単なる知性的パースペクティヴにおける変化ではなく，むしろ個人がその十全なる生存の中で影響を受けたり及ぼしたりする変化なのである。この意味で，成長は本来，道徳的および審美的質を持つのである。

　また，前章で簡単に示したように，成長のための材料は多様性，いやむしろ対立である。例えば，デューイは，「成長そのものが唯一の道徳的『目的』である」，「民主主義の道徳的意味は社会の各成員の成長にそれが貢献するというところにある[17]」，さらに「成長は対立，すなわち義務と欲望との対立，既に達成されたものと起こりうるものとの対立の合理的解決を含む[18]」，と主張している。同様に，チャールズ・サンダース・パースは，「成長によって闘争が引き起こされはするが[19]」，その重要性を断言している。デューイは成長を「目的」として言及しているが，彼はこれを「目的」の技術的意味で使っているのではない。実際，成長は，達成されるべき目的としてではなく，継続的な生活過程の中に埋め込まれた動的なものとして最もうまく理解されうる。それはちょうど，実験的方法が達成されるべき目的ではなく，（第3章で示すように）経験の継続的な過程の中に埋め込まれた動的なものであるのと同様である。実験的方法は，実際には，道徳的コンテクストにおいて応用される場合，対立した，あるいは潜在的に対立した諸価値を一体化し調和づけるときに実行できるとわかるパースペクティヴの創造的成長を通じて，状況の価値負荷的性質を増進させる改善論的試みなのである。

　このことは，実行可能性の問題に直結する。第1に，実行可能性は自分自身のために実行しうるという意味ではとらえられない。なぜなら，〔これまでの〕全体の論調は，自我はそれがその一部であるところのコミュニティに密接不可分に結合されているということを強調してきたからである。第2に，実行可能性は狭い範囲の手段の観点からはとらえられない。なぜなら，行為とその結果は無限定な未来にまで達し，その未来において利用しうる諸可能性を決定づけるからである。最後に，道徳的状況における実行可能性は，経

済的な実行可能性のように，生活のある抽象的局面の観点からはとらえられない。なぜなら，道徳的状況における実行可能性は，人間経験の全体としての継続的発展に関わらねばならないからである。第1章は，コミュニティ生活一般が人間のその十全なる働きを包摂する様子について論じたが，今や，この働きが道徳的諸次元をくまなく体現するということが見られうる。したがって，コミュニティ一般の中での実行可能性は究極的には，人間存在の繁栄全体に関わらなければならないのだ。コミュニティ生活の継続的ダイナミクスの中での実行可能性は本来，成長と同じく，道徳的・審美的質を持つのである。

　価値間の選択に含まれる実行可能な諸結果に関する最大限の意義は，デューイの言明の中に見出される。それは，幾分長くても引用されるだけの価値がある。

　　道徳的熟慮あるいは価値評価（valuation）において問題となる選択は，性格や性向といったあれこれの種類の価値である。……自分自身を特定のコースに委ねるとき，人間は自分固有の存在に持続的なある性癖を付与する。結局，あの目的よりもこの目的を選択するとき，実際にはどんな種類の人間あるいは自我になるつもりなのかを選択している，と言うことは正しいのだ。表面的には，選択を終了する熟慮は，特定の目的の価値を評価することに関係している。〔だが〕その表面下では，それは，どんな種類の人間になりたいかを発見していく過程なのである。[20]

　　要するに，真剣な熟慮において現実の問題になっている事柄は，量の差異ではなく，どんな種類の人間になろうとしているかであり，どんな種類の自我が作られつつあるかであり，どんな種類の世界が作られているかである。[21]

これらの引用文に関して注目すべきことは，結果の包括的意義のみならず，そこに含意されている創造性，すなわち自我と世界の新奇な作成である。この作成とは，自我と自我が埋め込まれているところのコンテクストとの絶えざる再作成（remaking）なのである。

　道徳的責任にとって必要なことは，善意志や個別的状況への抽象的原則の適用を越えたものである。道徳的責任にとって必要なことは，創造的知性の再組織化ならびに秩序づけ能力の展開，信頼できる諸可能性の想像的把握，

モティベーションの活力，および人間存在の豊饒性，多様性，ならびに複雑性に対する感覚への深遠な感受性である。その最後のもの，つまり深遠な感受性の重要さは，強調されすぎることはない。デューイの言説によれば，「問題は，述べられうる前に，**感じられ**なければならない。状況の独特な質が直接**抱かれる**（経験される）とき，そこには観察した事実とその概念的整理の選択ならびに評価を調節する何かが存在するのだ」。道徳性は，原初的な道徳的経験において発見される。また，道徳的正当性に関する活力に満ちた成長していくセンス（感覚）は，道徳的信念や実践は人間存在の真の諸条件の中に自然と根づけられなければならないという点への適合（attunement）から生まれるのである。この適合は，継続的な道徳的活動に埋め込まれた作業仮説としての多様で変化に富んだ諸原則に活力を与える。そのような適合はまた，善意の諸個人に対して，その諸個人が変化する世界の中で経験の継続的繁栄を引き起こすのに必要とされるさまざまな人間の多面性を使用するときに，自分達自身の習慣や伝統を絶えず評価し，さらに時には再構成するための継続的な方向を提供する。人間は何か1つの基本的価値に優先権を割り当てることはできないし，また自分達の諸価値は何らかの厳格な階層に配置されうることもありえない。人間は，変化の過程にある具体的状況の中で自らの行為の結果とともに生きなければならないのである。

1. ここで素描される歴史的趨勢の詳細な議論については，John Dewey, "The Quest for Certainty," in *The Later Works, 1925-1953*, ed. Jo Ann Boydston, Vol.4 (1984) (Carbondale and Edwardsville.: University of Southern Illinois Press, 1984)，を参照されたい。
2. この表現は，C. I. Lewis, "Values and Facts," in *Values and Imperatives*, ed. John Lang (Stanford, Calif.: Stanford University Press, 1969), p.89. によって使用されている。
3. Dewey, "The Quest for Certainty," p.208.（ ）内の表現はわれわれによって加えられた。
4. ミードは，生命の過程はそれが「その全体的な活動領域内でその諸特性を協議」しなければならないようなものだ，と強調している。G. H. Mead, *The Philosophy of the Present* (La Salle, Ill.: Open Court, 1959), p.36.
5. Dewey, "The Quest for Certainty," p.213.
6. Ibid., p.209.
7. John Dewey, "Ethics," in *The Middle Works, 1899-1924*, ed. Jo Ann Boydston, Vol. 5 (Carbondale and Edwardsville.: University of Southern Illinois Press, 1978), p.173.
8. John Dewey, "Reconstruction in Philosophy," in *The Middle Works, 1989-1924*, Vol. 12 (1982), p.180.
9. John Dewey, "Art as Experience," in *The Later Works, 1925-1953*, Vol.10 (1987),

p.276.

10. この「道徳的センス」は17世紀や18世紀の観念と混同されるべきではない。

11. Alasdair MacIntyre, "Does Applied Ethics Rest on a Mistake?," *The Monist* 67 (1983), No.4, p.510.

12. John Dewey, "Human Nature and Conduct," in *The Middle Works, 1899−1924*, ed. Jo Ann Boydston, Vol.14 (Carbondale and Edwardsville, Ill.: University of Southern Illinois Press, 1983), p.35.

13. 個我の性質にとって非常に本質的であるコミュニティ生活のダイナミクスは, 多様な文化や伝統において多様な様式で表明され展開されることになる根源的な人間価値についての充実した, 曖昧で, はっきり表現できない, 文化移植的な感覚を生み出しうる。このことが起きる仕方については, 少し後の諸章, 最も顕著には第9章と10章で論じられる。

14. Dewey, "Reconstruction in Philosophy," pp.181-182. (カッコ内の言葉は元の引用文にはなく, その周辺のテキストの中にある)。

15. G. H. Mead, *Mind, Self, and Society*, ed. Charles Morris (Chicago: University of Chicago Press, 1934), p.214.

16. Mead, *Mind, Self, and Society,* p.386.を参照されたい。

17. Dewey, "Reconstruction in Philosophy," pp.181, 186.

18. Dewey, "Ethics," p.327.

19. *Collected Papers of Charles Sanders Peirce,* Vols.1-6, ed. Charles Hartshorne and Paul Weiss (Cambridge Mass.: Belknap Press of Harvard University, 1931−1935); Vols.7 and 8, ed. Arthur Burks (Cambridge, Mass.: Harvard University Press, 1958), 6.479. 以下の引用では, 便宜上2パートの表示を使用する。

20. Dewey, "Ethics," p.317.

21. Dewey, "Human Nature and Conduct," in *The Middle Works, 1899−1924,* Vol.14 (1983), p.150.

22. Dewey, "Logic: The Theory of Inquiry," in *The Later Works 1925−1953,* Vol.12 (1986), p.76.

3
規範と経験の分離
──実在かあるいは幻想か──

　経営倫理学に関心を寄せる学者達は，たいてい2つの陣営に分かれて2種類の経営倫理学──規範的なもの（the normative）と経験的なもの（the empirical）──について論じてきたように思われる。前者は指図主義的（prescriptive）アプローチであると考えられ，後者は説明的，記述的，あるいは予言的アプローチであると考えられる。規範的経営倫理学は哲学者や神学者の領域であるのに対し，経験的経営倫理学はビジネス・コンサルタントやビジネス・スクールの教授の領域であると考えられる。これら異なるドメインを代表する学者達は，互いの努力に対する評価をしばしば誤解したり欠いたりすることになる異なった理論，仮説，ならびに規範に導かれている，と言われる。

　哲学ならびにリベラル・アーツに根ざした規範的アプローチは，どうあるべきかという問題，さらには個人やビジネスは倫理的になるにはいかに行動すべきかという問題にその関心を集中させる。経営学や社会科学に根ざした経験的アプローチは一般に，組織社会が基本的に客観的であり，「向こうの側で」公平な探査や発見を待ち受けていると仮定したうえで，どうなっているかという問題に関心を抱く。経験主義者は，社会科学的訓練の合意された方法論を駆使しながら，自然界における現象を記述し，説明し，あるいは予言せんと試みることによって，どうなっているかという問題に答えるのである。

　社会科学者は哲学者の道徳的判断を過小評価するかもしれない。なぜなら，これらの判断は経験的観点では理解されえないし，また経験的テストによって検証されうることも，また行動を予測ないしは説明するのに使われうることもないからである。他方，社会科学者の道徳性に関する言明は，哲学者に

とってはほとんど価値があるようには映らない。なぜなら，そのような言明は，正誤に関する本質的な問題に取り組んでいないからである。規範倫理学の諸理論は，ビジネス界におけるある諸慣行の妥当性を評価しうるところの諸基準を展開する。これに対して，経験的アプローチは，個人的ならびに組織的な倫理的行動に影響を与える個人的精神や社会的コンテクストの中の定義可能かつ測定可能な諸要因の識別に焦点を当てる。[1]

ゲアリー・ウィヴァーとリンダ・トレヴィノは，規範的経営倫理学と経験的経営倫理学の関係性をめぐって3つの概念を素描した。彼と彼女がパラレルな関係と呼ぶ第1の概念は，概念的ならびに実践的理由から規範的探究と経験的探究とを結合するいかなる努力も受けつけない。共生的関係と呼ばれる第2の概念は，アジェンダを設定するときや，それら概念的ならびに方法論的に掛け離れた探究の結果を応用するときの手引きとして，2つの領域は互いに依存し合うかもしれないという実践的関係性を支持する。経営倫理学の探究のそれぞれの側からの情報は，もう一方の探究形態の追求と応用にとって潜在的に有意味である。第3の概念，すなわち十分に発達した（full-fledged）理論的統合は，掛け離れた〔これら2つの〕探究諸形態のより深い融合を奨励する。それは，理論，仮説，ならびに方法論の変更や組み合わせを含む――〔もっとも，〕その分野では，それを企てる用意も，ましてや解決する手はずなどほとんどなされていない，とウィヴァーとトレヴィノが考えている課題ではあるが。[2]

B. ビクターとC. W. スティーブンズは，これら2つの領域の統一を要求しつつ，ビジネス・コンテクストにおける道徳的行動の記述的側面を無視することは非現実的な哲学の危険にさらされることになり，また規範的側面を無視することは道徳観念のない社会科学の危険にさらされることになる，と論じる。[3] トーマス・ドナルドソンとトーマス・ダンフィーは，契約論的な規範的判断過程の一部として経験的成果を取り入れた統合的社会契約理論を展開する（これについては，第10章で議論される）。これら2人の著者は，究極的な価値判断をするときに経験的研究と規範的研究両者の協働を必要とする共生的調和状態に「べき（ought）」と「ある（is）」をつかせようとする。[4]

経営倫理学の2つのアプローチに介在するこの分離は，数世紀にわたって哲学と科学の間に存在してきた1つの問題の現れである。この問題は，最も頻繁には事実と価値の間の差異として表現されるが，その問題の別の表現様式は，客観的アプローチと主観的アプローチの差異，「ある」と「べき」の差異，さらには記述的言明と指図的言明の差異というようにも表されてきた。この区別は，規範的ないしは「べき」の言明が引き受けるべき重要事項に関わる〔次のような〕問題を含む。〔すなわち〕倫理的な〔意味での〕「べき」は何らかの方法で，われわれが生きる世界についての有意義なことを記した科学的あるいは経験的命題になるのか，それとも「べき」は単なる意見の表明なのか。「べき」の主張は，科学的努力の主題である事実的主張と何らかの有意義な仕方で関連するのか。

事実‐価値の区別は，広い意味では，事実はなされるべき何かを示すという意味での指示行為ではないという見解になる。事実は，人間あるいは自然現象に関する記述と因果関係の説明である。他方，価値判断は，行為指示的機能をもち，特定の行為の方向を推薦したり非難したりする。たとえ，この推薦や非難が主観的感情を表すものと考えられるにせよ，あるいは客観的基準を表明するものと考えられるにせよ，そうするのである。主観的であれ客観的であれ，そのような言明は科学的テストを免れており，それゆえ科学的主張とは根本的に異なったものであり，また事実的反証や証明の及ばないものなのである。この〔科学的テストの〕免除は，ビジネスが何を行なうべきであるか，あるいは何を行なうべきでないかについての規範的言明を行ないたい道徳哲学者に対して，ある特殊な問題を提起する。〔すなわち〕これらの言明の妥当性はいかにして確立されうるのか，またそれらは，科学的，科学技術的文化では容易に却下されうる単なる見解や教条的主張ではないものとしての何ものかであるとどのようにして認められうるのか。

科学ならびに科学的方法に関するプラグマティックな理解は，事実‐価値の区別に関するプラグマティックな再考とともに，規範的経営倫理学‐経験的経営倫理学論争を理解するための1つの新しい方法を提供してくれる。続く議論では，まず科学的方法に関するプラグマティックな理解に，続いて事

実‐価値論争に関するプラグマティックな理解に当てるつもりである。これら2つの問題は相互に関連しているとはいえ，それらはその一般的問題の異なる次元を提示しているのである。

事実‐価値と経験的探究

　経営倫理学における経験と規範の分離の問題は，それと相互に関連した事実‐価値の分離とともに，最近かなり論争の的になってきたが，そのような分離の根底にあり，またその分離から発するようにも見える科学的方法に関する伝統的で広く行き渡った理解は，それほどはっきりと焦点を当てられた対象にはならずにきた。科学的方法のプラグマティックな理解の意義は，正確には見逃されてきた。なぜなら，この理解は，より一層伝統的なアプローチと同化されたり，またその観点から理解されたりするからである。事実，社会科学における多様な研究方法に横たわる存在論的ならびに認識論的諸仮説の広範なカタログ——諸立場が実に広く取られたならば，一見全く網羅的に思えるようなカタログ——には，プラグマティックな立場が由々しい歪曲なしに位置づけられうる場所は全くない。[5] したがって，科学的方法のプラグマティックな理解のポジティヴな分析に取り掛かる前に，この方法が意味しない事柄をある程度明晰にしておくことが有益であろう。

　第1に，〔この〕科学的方法は，何らかの特定タイプの内容を意味するものではない。プラグマティズムは部分的には，科学ならびに科学的対象の性質に関するデカルト的近代的世界観の理解に対する反発として登場した。この理解は，近代科学誕生のバックボーンである知識の獲得方法が最初の「永続的（lasting）」近代科学観——ニュートンの機械論的宇宙像（the Newtonian mechanistic universe）——の内容と混同されたという一般的事実から生じた。知識の傍観者（spectator）理論という前提に主として基づいた，そのような混同は，科学的内容に関する素朴に実在論的な哲学的解釈へとつながった。科学的知識は，文字通り客観的事実の記述を提供し，自然界への接

近を提供するものとしてのわれわれの生きた質的経験を排除した。客観化されたものとしての自然は，価値自由な人間の操作対象としての自然を正当化した。この事実‐価値の分離は，支配的な科学哲学としての論理実証主義という長大な塹壕が形成されることで，全く異なる方向からの追加的支援を得ることになった。

さらに，人間と自然の乖離ならびに自然の完全な没人間化 (dehumanizing) を伴う，数量的に特徴づけられた宇宙像は，物心二元論に帰着した。受動的あるいは傍観者的な知識論と，それが生み出す不正な具体化を否定するにあたり，プラグマティズムは，デカルト的二元論の哲学的抽象性を否定する。プラグマティストにとって，人間は自然の中に存在するのであり，決して自然の外に存在したり，自然と因果的に結びつけられたりするものではない。プラグマティストにとって，このような人間は，物理的粒子に何とはなしに起因する精神的内容を知覚するわけではない。この人間は，内観 (introspection) を通じて，「外側」の何かによって引き起こされた「内側」の何かに到達するわけでもない。端的に言えば，デカルト的二元論がプラグマティズムによって否定されるだけではなく，その二元論に結びついてきた哲学的信念全体もまた否定されるのである。しかしながら，そのような否定は，ニュートン的近代的世界観の自然理解の観点で解釈された場合，一種の還元主義として軽く読み取られうる。有機体は，それが自然の一部であるなら，自然に還元できる。この自然との関係を理解するためのモデルは，物理的粒子と因果的に結びついた精神的内容のモデルではないので，そのいくつかのバージョンの1つにある行動主義的な刺激‐反応モデルか，あるいはせいぜい知識の起源に関するより一般的な発生的‐因果的説明であらねばならない。

プラグマティックな学説の還元主義的解釈は，幸い急速に弱まり始めたけれども，そのいくつかの形態の1つである，自然主義と科学的方法の礎石としての因果分析への焦点は弱まらなかった。認識論は自然主義化されるべきであるという最近の主張は，真たる心理学的信念状態を生み出す因果過程の点から正当化の因果論と同一歩調をとる。さらに，この種の分析は，科学的探究と理論構築の後に，パターン化されるものと考えられる。その結果，認

識論は科学的探究に依存することになり，科学的探究は自然主義と同じく，因果分析の諸学説に集中するのである。

　しかしながら，科学的方法のこの理解は，プラグマティックな自然主義が強烈に異議を唱える科学的方法と科学的内容との混同を未だ免れてはいない。[6] この見解の支持者は，科学的探究の方法の後にパターン化されるべきだと主張しながらも，実際には，認識論的理論を理解したり築こうとしたりするためのいずれかの材料として特定諸科学の内容を利用しているのだ。事実，因果関係は常に，特定のタイプの諸対象や諸事象の間の関係として表現され，また関係のある諸事象や諸対象の性質は，支持された因果関係の性質のまさしくその理解に入り込む。未だ内容を分離していないこの科学的方法への焦点は，近代的世界観の思想の頑強な影響を表し，そしてプラグマティズムの焦点と相容れないのである。

　科学的方法に対するプラグマティックな関心に対してより最近の科学哲学の方向から当てられた焦点は，科学的方法に対するプラグマティズムの焦点から創発してくるプラグマティズムが占有する主要な部分のいくつかを，さまざまな意味で喪失する結果になる。プラグマティズムに対するそのアプローチは，科学的説明の形式化された演繹的モデルの観点から科学的方法の理解をあまりにも頻繁に反映しすぎる。このモデルは，テスト操作による検証を見込んではいるが，しかし諸観念を生み出す過程を把握したり処理したりしえないようなモデルである。諸観念の生成の性質に対する関心の欠如はまた，考えられうる結果の観点での意味というプラグマティックな格率と，意味を検証作用に還元するブリッジマンの操作的定義との間にたびたび作られた関係に至る。さらに，方法に対するプラグマティズムの焦点は，それが広範な形而上学的ならびに認識論的諸問題を伴わないし，またそれらの問題から発しもしないという意味で，純粋方法（pure method）に対する焦点と見られる。しかしながら，科学的方法に対するプラグマティックな焦点は，それが内容に対立するものとしての科学的方法に関連するという意味では，純粋方法に対する焦点ではあるが，その方法それ自体は広範囲にわたる哲学的意味を持っているのである。

3　規範と経験の分離　　　　　　　　　　49

　科学革命の構造に関心を持つ，現今の科学哲学におけるもう1つのより最近の方向からプラグマティックな科学的方法の理解に当てられた焦点は，プラグマティズムが真理獲得の方法として科学的方法を理解することに達していないことを認める。しかし，このプラグマティズムの消極的評価に不当に欠けていると思われるものは，まさしくプラグマティズムの中で科学的方法を形式化された演繹的モデルに同化する試みにおいて見逃されるもの——すなわち，プラグマティックな科学的方法の理解に含まれる創造的次元の意義についての十全なる評価——である。

　逆に，ローティのネオプラグマティズムの方向からの最近のプラグマティズムをめぐる議論は，プラグマティズムを，知識獲得のためのモデルとしての科学的方法との関係から切り離して考察する。その結果，それは伝統的な哲学的問題や代替的解決策の再構築としてのプラグマティズムの構築的側面を消去し，プラグマティズムに哲学的伝統の批判としての脱構築的役割のみを付与する。ついには，プラグマティズムが科学的方法に焦点を当てるから，人間経験の全領域を適切に把握することができないのだというように，その立場を考察する人達すら現れるのである。

　以下の議論では，科学的方法に対するプラグマティズムの焦点は，それが進化論やハイゼンベルクの不確定性原理のような展開を利用し，また科学ならびに科学革命の歴史についてのクーン流の分析へのプレリュードとして仕える場合，事実‐価値の問題に全く異なった光を投げかけるようにして経験の十全性を取り込む，ということが示されるであろう。事実，プラグマティストにとって，あらゆる人間経験は本来，自然の中での実験的なものであり，また科学的方法の重要な特徴は，人間経験の重要な特徴をその具体的豊饒さの中で反映するのである。

　では，古典派アメリカン・プラグマティズムが，科学者が自らの結果として提起する客観性や科学者の関心を占有しがちな内容のタイプよりもむしろ科学者の生きた経験に焦点を当てることによって，また近代科学の主張よりもむしろその歴史に焦点を当てることによって，さらには形式化された演繹的モデルよりもむしろ科学的意味の形成に焦点を当てることによって，科学

的方法論を考察するとき，それは何を見出すというのか。科学的方法の開始段階は，理知的な創造力（noetic creativity）を典型的に示す。科学的意味の創造は，直接的に観察されるものを越える理知的な創造力を必要とするのである。そのような意味構造がなければ，科学的世界も，また科学的対象も存在しない。そのような創造力への焦点は，際立ってプラグマティックな世界観の構造に浸透している科学的方法のいくつかの本質的特徴を示すであろう。

　まず，そのような科学的創造力は日常的経験の基盤から生まれ，次にはこの毎日の日常的な「生きた」経験に舞い戻る。体系的な科学的創造力の対象は日常的経験の基盤からその意味の十全性を獲得し，次にはその対象独自の意味を日常的経験の基盤に融合させる。抽象的な科学論の内容は原初的経験の質的側面から遠くに追い払われるかもしれないが，そのような内容はある「究極的実在」から見出された構造ではなく，むしろ創造的抽象概念なのである。それは，科学者の生きた質的経験を必要とし，またそれに基礎を置くものである。[9] しかしながら，日常的あるいは「生きた」経験のコンテクストへの回帰は決して理性を欠いた（brute）回帰ではない。というのも，デューイが簡明に観察するように，「われわれは原初的素朴さの回復に到達することはできないが，しかし目，耳，思考の訓練された素朴さ，厳格な思想の訓練を通じてのみ獲得されうる素朴さには到達可能である[10]」からである。そのような日常的あるいは原初的経験への回帰は，経験の豊饒さが新たな意味と融合するところの科学的思考の体系的カテゴリーを通じて接近される。かくして，第2レベルの反省的経験に関する技術的知と，知覚的経験を「持つこと（having）」とは各々，他方を通じて意味を高めるのである。

　さらに，そのような創造力は，受動的で傍観者的な知識観の根本的否定と，また意味を通じて知識の対象を構築するのを助け，そうすることで知られる世界から切り離されえない積極的・創造的エージェントの導入とを含意する。科学的知覚と知覚がその中で起きるところの有意味な背景の両者は，知る者と知られるものとの相互作用的統一で満ちている。科学的意味の創造は，直接的に観察されるものを越える自由な創造的行為を必要とする。前述したよ

うに，そのような創造力がなければ，科学的世界も，また科学的対象も存在しない。ジェイムズが科学的方法について述べているように，科学的概念の保存の根拠たる検証とこれらの概念制作の根拠である創造力との間には大きな差異があるのである[11]。

デューイは，ハイゼンベルクの不確定性原理の意義について論じる際に，この理知的な創造力を要約している。彼は次のように論じている。「知られるものは，その中で観察行動が必要な役割を演じるところの生産物とみなされる。知ることは，最終的に知られるものへの参加者とみなされる」[12]，と。さらに，電子の位置にせよ速度にせよ，存在するもの同士の相互作用がその観点から把握されるところの意味構造のコンテクスト次第では，それらは固定されるかもしれない[13]〔と述べている〕。かくして，知覚と知覚が生起する有意味な背景の両者には，知る者と知られるものとの間の意図的な統一が浸透し，また電子の状態がいかに見られるかは，他者の準拠枠よりもむしろ自分の準拠枠を利用する科学者の目標追求的活動に依存するのである。日常的経験を理解するに当たり，科学的方法論モデルのこの特徴を利用することで，デューイは以下のように述べるのである。「意識性（awareness）とは何であると考えられるのか。以下の答えが，……**科学的探究の一般的傾向を提示するのである。**〔すなわち〕……その最も困惑かつ混乱した状態，すなわち主題に関する最大限の疑惑と不確かさに包まれた状態においてさえ，意識性は，有機体として知られる特定の事物を通して，異なる——あるいは付加的な——変化の特殊な条件に参入していくものということになる」[14]，と。

そのようなダイナミクスは，科学的方法モデルの第2の一般的特徴につらなる。そこには，創造された意味構造や意味概念の中に含まれる経験の諸可能性によって指導される，方向づけられたあるいは目的的な活動が存在するのである。そのような経験の創造的構造化は，対象を不確定状況の背景から組織的な焦点へと導く。すなわち，反応様式の構成として，そのような構造化は，方向づけられた，目的論的な，あるいは目標志向的な活動を生むのである。意味のシステムは，活動のためのコンテクストを確立し，そのような活動がとる方向を限定する。なぜなら，そのような意味構造は状況に対する

行為の諸可能性によって構成されるからである。こうしたことから，ジェイムズは，概念とは「精神の目的論的武器」，すなわちゴールをめざす目的のために展開される道具である，と述べる。[15]

　第3の一般的特徴として，そのような意味構造や意味概念の適切性は，そこにあるものを把握する際，つまりそこにあるものが有意味な様式で現れると考える場合には，経験における結果によってテストされなければならない。意味構造の中に含まれる経験の諸可能性によって予想される経験が漸次的に実現されさえすれば——もっとも，決して完全かつ最終的に実現されるというわけではないが——，なされた断言に対して真理が主張されうるのである。また，パースが最も基本的な常識的知覚について非常に巧みに述べているように，「われわれが確認を求めて待っている何か……を含まないほどの短い時間幅などない」[16]のである。

　かくして，ある仮説に関する最初の確実感，最初の洞察，最初の一般的同意，あるいは他の何らかの発端は，その真理を決しはしない。むしろ，真理だとみなされるためには，ある主張は，経験における結果のテストに耐えなければならない。端的に言えば，知識の積み木モデルよりもむしろ自己修正モデルを代表するものとしての科学的方法は，信念の真理を決定するための唯一の方法なのである。パースは，科学的方法が信念を固めるための唯一適切な方法である，と強調する。なぜなら，その方法は，経験が示すものによって信念がテストされ修正されねばならない唯一の手段であるからである。[17]われわれの創造的意味構造は，われわれの価値追求的な目標や目的を通じて展開されるけれども，それは潜在的に問題をはらんだ状況や不確定状況を解決された，あるいは有意味に経験された状況へと転換するその能力によって判断されなければならない。

　ここで，科学的方法と日常的経験のダイナミクスとの比較において1点明らかにしておくことが重要である。この比較は，知覚的経験が実際には高度に知的な事象であると主張する試みでは決してない。むしろ，その反対の場合の方が多い。科学的対象は，「第2レベル」での経験に対処するための高度に洗練され知性化された道具ではあるが，しかし全く孤立した知性の産物と

いうわけではない。むしろ，世界との行動的反応状態にある全体的な生物学的有機体は，ある意識性のレベルのまさしく秩序化の中に含まれており，また科学的知識は有機体 - 環境の相互作用の最も基本的な局面の性格をいくらかは帯びるのである。

　さらに，環境操作の科学的目的と，科学者がそのような操作的制御の道具として科学的概念を使用するということは，人間活動がそこに吸収されるべきところの抽象的な道具的策略ではない。むしろ，またしても，その反対の場合の方が多い。あらゆる人間活動は，その最も基本的なレベルでさえ，その環境からの指示とその環境を理知的に変容することからの指示によって導かれた活動である。人間の活動はそれ自体，道具的である。そして，科学者に帰属される抽象的に操作的かつ道具的な目的は，人間経験一般のまさしく可能性の基盤にそのルーツを持つのである。そのうえ，人間の活動とそれを指導する概念は，価値負荷的，価値追求的次元で染まっており，この次元はあらゆる人間活動に行き渡るのと同様に，科学者の活動にも広く行き渡っているのである。

　あらゆる経験は実験的である。それは，その経験が洗練された思考のレベルで導かれるという意味においてからではなく，知の方法と存在の方法を兼備するものとしての人間行動のまさしくその構造が科学的方法の考察で明らかになった諸特徴を体現するという意味においてからのことである。それ〔つまり，あらゆる経験は実験的ということ〕は，人間の経験はそのある面では，科学的努力のより低級ないしは劣った形式であるということなのではなく，むしろ実験的探究としての科学的努力は，あらゆる経験レベルで機能するダイナミクスのより明白な体現である──したがって，その構成要素はより識別しやすい──ということなのである。科学的知識の追求は，ある知の本質的性格が「特筆」される徹底した努力であり，そしてこの追求は，人間がその世界の創造的構造化に参加する最も原初的な活動様式の性格をいくらか帯びているのである。

　プラグマティズムは，科学的方法論に焦点を当てる際，科学者の対象の創発を生み出す彼・彼女らの生き抜いてきた活動に関する経験に基づいた記述

を提供している。その際，プラグマティズムは，意識性の対象がそれによって経験の中で創発しうるような諸条件に関する明白な「拡大された」見解に焦点を当てている。それは，生きた経験の中にある最も基本的な意識性の内容から科学的知識の最も洗練された対象に至る見解である。科学の対象がその中で創発するところの生きた経験の記述を提示するときに，プラグマティズムはある意識性の対象の創発に関する本質的側面を明らかにするのである。

　端的に言えば，科学的方法の考察は，基本的な経験から創発するものとしてのその存在のまさしく可能性を理解するための方法を提供する。もしこの相互行為が理解されないなら，プラグマティズムに対してしばしば向けられる矛盾した批判が生ずるのである——すなわち，一方では，あらゆる経験が実験的であるがゆえに，プラグマティズムはあまりにも「主知主義的」であり，他方では，経験の基本的な「感覚的」側面を強調するがゆえに，それはあまりにも「主観主義的」である〔としばしば批判されるのだ〕。

　科学的たることは，あらゆる偏向，仮説，およびあらかじめ形成された観念や確信から非人間的に自由になることを意味しない。けれども，科学的たることは，これらの偏向を意識し，そしてそれが研究の組み立て方や，結果データの認識の仕方そのものにいかに影響を及ぼすかを理解することを要求しはしない。というのも，観察は理論自由でもなければ，価値自由でもないからである。また事実，理論は本来価値自由ではない。しかし，価値や理論が創発するデータのタイプならびにそのデータを解釈する仕方に操作上いかに影響するかは，意識されるようになりうる。観察的分析と規範的分析，事実と価値は継続して相互作用する。しかしながら，その状況を言明するこの仕方でさえ，誤解を招くおそれがある。なぜなら，価値と事実は存在論的には本来異なったものではなく，相互作用を通じてまとめあげられるからである。この点は，事実－価値の区別に関するプラグマティックな再考に取り組むことによって明晰にされうるであろう。

事実 – 価値ならびに規範的探究

　科学的方法のこうした理解は，人間がその中に位置づけられるところの自然が生きた経験の質的な十全性をはらんでいること，さらには人間活動がわれわれが経験する自然から切り離されえない——また事実，部分的には自然を構成している——ことを示すのである。自然はコンテクストに即して創発した質（contextually emergent qualities）に富んでおり，自然の内にある諸有機体の相互作用的コンテクストにおいて創発するものとしての価値を含んでいる。価値は，それ以外のある経験された質に還元される必要もないし，また還元されうることもない。というのも，価値は，われわれの感覚的経験に浸透する複数の質の間にあるからである。価値によって特徴づけられる直接的経験の発生は，自然の中の質的な状況の次元であり，自然の他の質的側面を経験することと対等の資格にある。コンテクストに即して創発した価値の質は，自然の内にある他のあらゆる質と同様にリアルである。さらに，世界の中で経験されたいかなる事実も，価値の次元をもちうる。なぜなら，その価値の次元は，事実がその中で関連のある価値として機能するところのコンテクストの一側面として創発するからである。実際，価値の経験はそれ自体，われわれの世界の中の識別可能な事実なのである。直接的に経験された価値づけ，あるいは直接的に「持たれた」価値経験は，科学的あるいは実験的方法の操作を通じて，価値のあるものを生み出す。価値のあるもの，つまり価値あるべきものとは，価値の拡充，すなわち，関係のあるすべての人にとって長期間経験された価値を高めようと働きかけることに活動を方向づけるべく，経験のリアルな価値の質を組織化するための創造的方法に関わるものである。

　もちろん，規範的主張と記述的主張の間には差異があるが，しかしその差異は，存在論的に異なったタイプのデータ，つまり事実と価値に基づいた差異ではなく，コンテクストに即した考慮と機能的考慮に基づいた差異である。

ある言明が記述的か規範的かは，問題状況におけるその機能に依存する。さらに，規範的判断は，価値づけ経験の潜在的産物に関連した事実を含む。それ〔＝規範的判断〕は，価値に対する事実ではなく，価値とその潜在的高揚に**関する**事実，すなわち価値を識別し，そしてそれを継続的な経験の中で構成することに関する事実である。人間と環境諸要因が経験の中に価値の質を生み出すべく具体的状況の中でいかに相互作用するかについての何らかの意識がもたれなければ，規範的主張は不可能である。われわれと環境との自然的相互作用のコンテクストの中でオリジナルな質的特徴として直接的に「持たれる」問題をはらんだ価値の多様性は，自然の中のリアルな創発的事実である。「べき」の言明への移行は，事実から価値への移行ではなく，またその移行は「ある」から「べき」を引き出す試みでもない。むしろ，それは，自然の中の質的経験に関連した価値をさらに高めるであろうような様式で，問題状況本来の対立したデータを統合する方法に関する主張への移行である。

　自然に生起する非還元的なコンテクストに即した創発としての価値の質についての，また人間存在の次元に関連する価値の拡充と拡大の仕方に関する実験的仮説としての規範的主張についての，プラグマティックな理解は，事実‐価値の区別に関する問題を骨抜きにする。倫理学における経験主義に対するG. E. ムーアの批判――経験主義は，規範的主張を経験的主張に還元することはできない，との批判――は，価値はそれ以外のものには還元できないという洞察に基づいている。しかし，ムーアはまた，その当時はびこっていた，次のような深く埋め込まれた仮説を抱いていた。すなわち，それは，経験論的に経験されうるものについての限定された見解を固執する狭隘な経験主義と，自然の中に存在しうる質の種類についての限定された見解を固執する準還元主義的存在論の仮説である。

　近代的世界観の経験主義は，自然の科学的記述を暗黙に受容することに基礎を置いた狭隘な経験主義であり，またそれは，経験論的経験は価値の経験を含むことができないという見解に帰着する。ちょうど，それは，価値が非自然的ではなく，非経験論的な意味で経験されるべきものでないならば，リアルな非還元的質ではありえないのと同じようなものである。広範な経験主

義と存在論的創発を強調するプラグマティズムにとって、事実と価値の両者は、原子的断片に解剖されえない複雑なコンテクストの堅く結ばれた次元として創発する。過去の道徳哲学の伝統から現れてきた全体的な事実－価値問題は、最初から間違った方向に導かれている。価値が事実から成る世界の中でいかに存在しうるかという問題、すなわち、何があるかという記述的言明からどうあるべきかについての規範的主張をいかに獲得しうるかという問題は、プラグマティックな思考とは相容れない哲学的出発点に基づいているのである。

　道徳的行動が生じるコンテクスト的状況から離れてそれを適切に評価することはできない。これらのコンテクスト的状況は、人間としての人間経験を進化させることによって、と同時に、これらが明確になりその存在をもつところの歴史的ならびに文化的コンテクストを進化させることによって形作られる、感じられた価値と価値評価との相互関連的ネットワークを含む。また、これらのコンテクスト的状況は、2つの意味で因果関係を含む。第1に、ある歴史的ならびに文化的なコンテクストの条件は、参加者の価値経験と道徳的信念の源泉ないしは原因であり、理解されなければならない条件なのである。第2に、これらの信念は、行為を導いたわれわれの信念とそれらが引き起こす諸結果との間の因果関係ゆえに、特定のタイプの諸結果になる。

　これらの諸要因すべては、特殊な状況での人間活動の道徳的評価を把握しようとするときに検討されなければならない。これは、非人間的環境で機能する因果関係の知識のみならず、特定の行為がその継続的な活動を形作る諸要因を与えられた他の参加者に対して及ぼすであろう蓋然的なタイプの影響をも必要とする。かくして、規範的結論は、事実的次元には還元できないとはいえ、より事実的な次元から切り離して、もっと抽象的に理解されえないのである。規範的原則の展開は、ちょうど経験的研究が価値によって導かれるように、経験によって導かれるのである。また、それら両者は、1つの一般的な方法、すなわち実験的なものとしての経験の方法、科学において「特筆される」、ここで検討された実験的探究の方法、を通じて前進するのである。

規範的経営倫理学と経験的経営倫理学
——その関係を再び取り上げる——

　われわれは，以前，規範的主張が，人間存在とそこに含まれる直接的に持たれた価値の質という感覚に根ざしていることを見た。この具体的存在の感覚はまた，物理的および社会学的関係に関する漠然とした知覚，すなわち自然科学，社会科学，および哲学といった多様な学問から焦点が当てられるとき，それら学問固有の活気を呈しがちになるというような面，を体現する。数学的定量化の特殊な実験的道具とこれが付与する「厳密性」とを用いて操作される場合，えてして，この道具が定量化のまさしくその過程で，定量化の網では捕まえられえない現実の豊饒さをことごとく置き去りにするということを忘れてしまいがちになる。実験的方法における定量化の道具の使用は，本来数学的処理可能なものとしてとらえられるタイプの内容を予定する。そして，次にとらえられたもっぱら数学的に処理しうるタイプの内容は，定量化が観察的真理のための道具であるという信念を強化するのである。かくして，事実と価値の分離は完成することになる。

　ひとつの方法論，すなわち実験的探究の方法論が規範的原則と同様に経験的研究の展開を導くという認識は，その2つの研究領域を崩して単一の存在にすることを必要としない。というのも，それらは各々，2つの領域の異なる焦点範囲，異なる目標，異なるコンテクストの関心に基づいて，具体的状況の異なる次元から抽象するために実験的方法を利用するからである。また，事実‐価値の区別が存在にも，存在論にも根ざしていないという認識は，そのような2つの学問領域の崩壊を要求しない。事実，このことは，その意図であるはずがない。というのも，一度にすべてのことを研究することも，また世界を創造的かつ遠近法的以外に把握することもできないからである。すべてのことを一度にやろうとすることは，概念的泥沼に陥り，最終的には自滅的行為になるであろう。

しかしながら，プラグマティックな立場は，その２つの研究努力の関係を，単にパラレルなアプローチという観念を超えて進ませるだけではなく，その中でその２つの領域がアジェンダの設定やその概念的ならびに方法論的に異なる探究の結果の応用においての指針として相互に依存し合える純粋に実践的な関係としての共生的関係をも超えて進ませる。否むしろ，その２つの関心領域を統一する方法論は，各領域の反省的意識性が次のようなこと，すなわち，その特定のパースペクティヴとアプローチは，もう一方のそれに代替することができないだけではなく，実際には，各アプローチは，もう一方のコンテクストの中にのみその十全なる意義を獲得もし，また一方によって焦点が当てられた経験の次元をそれ自身の継続的探究の本質的構造に組み込みもすると認識すること，を要求するのである。パトリシア・ワーヘインが主張するように，純粋に経験的な方法論もなければ，純粋に規範的な方法論もないのである。社会科学は純粋に客観的ではありえないし，また倫理学は純粋に非経験的ではありえないのだ。[18]

　さらに，そこでは，以下のような認識も要求される。すなわち，各関心領域は，そこから両方の領域がその究極的な理解可能性と活力を引き出すところの統一された豊饒な複雑性の一面を際立たせているという認識である。その中で各領域の準拠枠が形成され，各領域が相互に結びつけられるところの共通の具体的なコンテクストに関する認識は，そのそれぞれの研究努力を統一する共通の実験的方法に関する認識とともに，このような相互関連の認識を強める継続的な対話を認めるのである。問題は，２つの存在論的な別個のものである事実と価値とを統一する方法を見つけ出すことではなく，むしろ，結果的所産が明瞭にするはずである実在とこれらの所産が獲得される過程の両者を曲解するような仕方でその結果的「所産」を考察することなく，実験的方法を通じて，理解の知的な明瞭さと促進という目的のためにその２つの次元を識別する方法を見出すことなのである。

　事実と価値は，概念上の焦点づけのために相対的に隔離され抽象されうる１つの豊饒な存在論的状況の２つの次元である。そのような抽象的産物は存在的ないしは存在論的には具体化されえないし，また仮に具体化しようとす

れば，反省的思考が不正に切り離したものを寄せ集めて元に戻そうという不可能な哲学的課題に直面することになる。この問題は，ウィリアム・フレデリックの「事実と価値のバーチャル・リアリティ」[19]という論及の中できわめて巧妙に表現されている。

　事実-価値の分離は存在しないが，事実-価値論争の2つの対抗陣営間には大きな分裂が存在する。この分裂は，非常に基本的であり浸透してはいるが，しばしばとても幻想的であるので，隠蔽をうまくやめさせるのが時々困難である。抽象的な議論は，それだけでは，基本的な不一致をしばしば示しがちになりうる。しかしながら，当面の論争では，その逆がおそらく実情である。というのも，表面上類似した概念の承認は，たびたび事実-価値問題についての根本的に異なった基本的直観を閉じ込め隠蔽してしまうからである。例えば，多数の著者は有力な文献において，科学的方法がある価値志向性を有すること，さらには倫理的主張が事実の欠如した所ではなされえないことを認める。だが，これらの著者がその2つを統合しようとするとき，また一般的な疑問とともに他の特殊な立場からの疑問を提起するとき，その全体的な問題についての基礎的直観が最終的に異なったものをまとめるのに不可欠であるということが明白になるのだ。この基本的直観は，これらの著者が尋ねる疑問，構想する問題，さらには許容できると思える回答といった類のものを導くのである。

　プラグマティスト——および同じようにその課題に傾倒している他の人びと——にとって，事実-価値の相互関係は，究極的に異なったものをまとめることについての基礎的直観を究極的には含まない。むしろ，それは，諸次元のひとつの関係的全体が概念的識別にとって究極的に有益であるところでの創発に関する基礎的直観を含むのである。プラグマティズムは，まとめるという伝統的直観が作り出す選択肢の間に収められた取るに足らない代替案を選択しはしない。そうではなくむしろ，プラグマティズムは，問題とそのすべての可能な代替案の双方がその観点から生じてきたところのオリジナルな疑問に関わる論理を拒絶する枠組みを提供するのである。ジェイムズが異なるが無関係ではない論点について機敏に述べているように，解決策はオリ

ジナルな疑問が提起する複数の代替案の中からの選択によって発見されるのではなく,むしろそれは「単にその疑問に耳を傾けないことにある」[20]のである。

1. 2つのアプローチのより詳しい記述は,次の論文を参照されたい。Linda K. Trevino and Gary R. Weaver, "Business ETHICS / BUSINESS Ethics : One Field or Two?," *Business Ethics Quarterly,* 4, No.2 (1994), pp.113-128.
2. Gary R. Weaver and Linda K. Trevino, "Normative and Empirical Business Ethics : Separation, Marriage of Convenience or, Marriage of Necessity?," *Business Ethics Quarterly,* 4, No.2 (1994), pp.129-143.
3. B. Victor and C. W. Stephens, "Business: A Synthesis of Normative Philosophy and Empirical Social Science," *Business Ethics Quarterly,* 4, No.2 (1994), pp.145-155.
4. Thomas Donaldson and Thomas Dunfee, "Toward a Unified Conception of Business Ethics: Integrative Social Contracts Theory," *Academy of Management Review,* 19, No.2 (1994), pp.252-284.
5. このカタログ作成は,次の論文の中に含まれる。Gareth Morgan and Linda Smircich, "The Case for Qualitative Research," *Academy of Management Review,* 5, No.4 (1980), pp.491-500.
6. 純粋な方法に対するこの強調は,プラグマティズムがその哲学的主張において,さまざまな科学の帰結からの影響を受けていることを否定するつもりはない。事実,プラグマティズムは,これらの帰結に注意深い関心を払っている。しかしながら,プラグマティックな哲学と密接に結びついた純粋方法としての科学的方法モデルは,ある1つの事である。一般的方法によって達成されたさまざまな科学のさまざまな帰結へのプラグマティックな哲学の関心は,全く異なる何事かである。これら2つの論点は,一まとめにされてはいけない。
7. この関心は,トマス・クーンの著作から生じる。
8. 科学,知識,および実在一般に関するパースの理解がクーン流の科学理解を定位するための哲学的枠組みを提供するという意味についての詳細な検討に関しては,次の文献を参照されたい。Sandra B. Rosenthal, *Charles Peirce's Pragmatic Pluralism* (Albany : State University of New York Press, 1994)。
9. G. H. Mead, "The Definition of Psychical," in *Selected Writings,* ed. A. J. Reck (New York : Bobbs-Merrill Co., 1964) p.34 ; G. H. Mead, *The Philosophy of the Act* (Chicago : University of Chicago Press, 1938), p.32 ; John Dewey, "Experience and Nature," in *The Later Works, 1925−1953,* ed. Jo Ann Boydston, Vol.1 (Carbondale and Edwardsville : University of Southern Illinois Press, 1981), p.37.
10. Dewey, "Experience and Nature," p.40.
11. William James, "The Principles of Psychology," in *The Works of William James,* ed. Frederick Burkhardt ,Vol.2 (Cambridge, Mass.: Harvard University Press, 1981), pp. 1232-1234.
12. John Dewey, "The Quest for Certainty," in *The Later Works, 1925−1953,* ed. Jo Ann Boydston, Vol.4 (Carbondale and Edwardsville.: Southern Illinois University Press, 1984), p.163.
13. *Ibid.,* p.165.
14. John Dewey, "Does Reality Possess Practical Character?," in *The Middle Works, 1899−1924,* ed. Jo Ann Boydston, Vol.4 (Carbondale and Edwardsville.: Southern Illinois

University Press, 1978), pp.137-138 (強調は引用者による加筆). また次の文献も参照されたい。
Charles Sanders Peirce, *Collected Papers of Charles Sanders Peirce*, ed. Charles Hartshorne and Paul Weiss (Cambridge, Mass.: Belknap Press of Harvard University, 1931-1935), 5. 181; Mead, *Philosophy of the Act*, p.25.

 15. James, *Principles of Psychology*, Vol.2, p.961.
 16. Peirce, *Collected Papers*, 7.675.
 17. Peirce, *Collected Papers*, 5.384.
 18. Patricia H. Werhane, "The Normative/Descriptive Distinction in Methodologies of Business Ethics," *Business Ethics Quarterly*, 4, No.2 (1994), pp.175-179.
 19. William Frederick, "The Virtual Reality of Fact vs. Value: A Symposium Commentary," *Business Ethics Quarterly*, 4, No.2 (1994), pp.171-173.
 20. "A Pluralistic Universe," in *The Works of William James*, p.131.

4
プラグマティズムを持たないネオ・プラグマティズム
——ローティをめぐる一考察——

　古典派アメリカン・プラグマティズムの立場は，ほんの一部を除いて，経営倫理学の領域では奇妙にも黙殺されているのに対し，リチャード・ローティのネオプラグマティズムはその領域内にかなりの程度食い込み，そして通常，一般的にプラグマティックな立場の代表者とみなされている。しかし，ローティの立場は，いくつかの重要なプラグマティックなテーマを体現しているとはいえ，彼のネオプラグマティズムは古典派アメリカン・プラグマティズムの基本的な特徴を見失っている。このことは，広くかつ深遠である差異，そしてその２つの立場が明示するように思われる類似したものを根本的に異なった様式でコンテクスト化する差異へと導く。なぜなら，両者は，人間が世界の中で状況づけられる様式に関する２つの全く反対の理解を構築するからである。それゆえ，古典派プラグマティズムとの関連でのローティに関する議論は，古典派プラグマティズムのいくつかの重要なテーマの意義を一層際立たせる機会を提供し，さらにはローティのネオプラグマティズムとの実りのない結束からこの古典派の立場を切断してくれるはずである。[1]

　ローティのネオプラグマティズムは，全く形式的には，古典派アメリカン・プラグマティズムとともに，基礎づけ主義の否定を共有し合う。基礎づけ主義とは，知識体系を構築するための基盤，すなわち，実在がわれわれのさまざまなコンテクストに即してセットされた探究とは別に存在するかのように，実在の構造を利用可能なものにしたり，描写したりするための唯一最善の立場であるものについての合理的な論議を正当化する何らかの客観的なものが

あるということを（さまざまな様式で）支持する立場である。ローティは，古典派プラグマティズムと同じく，差異——社会的，道徳的，科学的などの差異——がその中で評価され解決されうる何らかのパースペクティヴを持たない枠組みがあるということを否定する。さらに，古典派プラグマティズムと同様，ローティは，①生活に対する多元主義的，コンテクスト主義的な対処法，②新奇性と多様性の役割，③抽象的理性から想像力，感情，および実践への方向転換，④そして政治的，社会的，ならびに道徳的生活の具体的問題を解決する必要性，に焦点を当てる。

だが，これらの合意のすべては，根深い差異によって彩られている。これらの差異は，ローティが古典派プラグマティズムから区別される4つの主要な，そして究極的には相互依存的な点をめぐってである。第1に，彼は，言語論的規約主義（linguistic conventionalism）の形式でのラディカルな反基礎づけ主義を客観主義や基礎づけ主義，ならびにこれらの見解が持ち込む疑わしい信念のすべてに対する唯一の代替案であると考える。第2に，彼は，知識と反省とは，非人間的な生物学的諸活動と連続した，また本来有意義な認識論的および存在論的含意を宿す人間存在の生物学的ならびに社会的に進化した諸次元であるという自然主義的見解を否定する。第3に，彼は，経験の概念を言語の概念に置き換える。最後に，ローティは，反方法論的スタンスに与することで，知識獲得の方法としての実験主義の方法を否定する。以下の議論は，これらの相互依存的な相違点に向けられるであろう。長い呼び名（long labels）を反復しつづけるために，ローティのネオプラグマティズムとは異なる古典派アメリカン・プラグマティズムの議論は，ローティあるいはローティの立場とは異なるプラグマティズムという観点でなされるであろう。

ローティは，プラグマティズムと同様，基礎づけ主義を否定するが，しかしプラグマティズムとは違って，彼は，「デューイやジェイムズが言いたかった全体論的ならびに反基礎づけ主義的な事柄について言論するためには『経験』よりも『言語』の方がふさわしい観念である」[2]と主張する。基礎づけ主義に対する代替案は反基礎づけ主義になるが，そこでは，言語が，さまざまなテクストを構成するとともに，無関係な諸条件によって全く制約されたり

抑制されたりすることなどない。したがって，実在の制約に根ざした真理を哲学者が探求することは，正当な努力ではない。われわれは，われわれのさまざまなボキャブラリーやテクストを制約する無関係な「そこ」に接近することはできない。われわれは，まさに「与えられた」何かに到達することは決してできない。なぜなら，それは常に，あるボキャブラリーの中で，あるテクストを通じて表現されなければならないからである。実在はそこにあるが，真理はそれとは関係がない。というのも，真理とは，人間の創造物である人間の言語のセンテンスあるいは要素の特性にすぎないのだからである。[3]

そのうえで，ローティはあらゆる存在論的主張を否定し，必要とされるものは整合性の内的基準にさらされた存在論的含意を伴わない言語ゲームの多様性だけである，と主張する。ローティによると，この立場に対する唯一の代替案は，われわれの言語が世界を映し出すと考えることである。かくして，ローティにとって，その代替案とは，(1) 表象ないしは鏡のような (mirroring) 形而上学と実在との対応としての真理とを受け入れるか，あるいは (2) われわれの言語は実在に関するものではない，すなわち，それはただの言語である，と認識することである。言語は存在論的重みをもたない。それは会話の手段である。哲学——知識は実在の鏡と真理である諸命題とを提供するという主張を伴った哲学——は放棄されなければならない。そして，残るのは，言語論的規約主義と継続的会話だけである。

ローティは，「時空間内にあるほとんどの事物は，人間の精神状態を含まない諸原因の結果である[4]」という意味で，世界が「そこ」にあることを否定してはいないが，しかし真理は，センテンスの真理を含めて，「そこ」とは何の関係も持たない。言語外の内容としての「世界」は，接近不可能である。というのも，「もし『世界』を原子と真空，感覚与件とその認知……として考え始めたとしたら，われわれは，……世界がどのようなものであるのかに関するある特殊な理論の内部に深く身を置いてしまっている[5]」からである。このように，ローティは，言語との対応という点でわれわれが世界に接近することを探求し，そしてこの可能性を見出さなければ，われわれは接近する術を何ももたないと結論する。真理の対応説に対する代替案は，詩的ディスコー

ス（poetic discourse）に与することで，真理に対する関心を否定することである。

プラグマティズムは，基礎づけ主義とその哲学的信念を否定する際，反基礎づけ主義をも同様に否定する。否むしろ，それは，いわばその伝統の逆手をとることで，基礎づけの性質を再考するのである。しかしながら，この考察を展開するには，プラグマティックな立場の中で経験と自然主義が中心であるということに方向転回する必要がある。

すべてのプラグマティストにとって，人間は自然環境と相互作用する自然的有機体として理解される。プラグマティズムの最も独特な，そして最も決定的な側面の1つは，有機体と環境との相互作用ないしは交換（transaction）の性格を有する経験の概念である。経験とは，有機体と環境との豊饒で継続的な交換的統一のことである。そして，そのような相互作用的統一を反映する意味のコンテクストの内部でのみ，宇宙は意識的に気づかれるもの（conscious awareness）として創発するのである。そのような交換的統一は，経験的次元を有するがゆえに，抽象的思考の要請以上のものである。経験の中に暗に侵入するということは，単にあからさまな与件として存在するだけではなく，むしろ各人の活動にとっての「そこ」という濃厚な世界への抵抗ないしは圧倒的反対としての証拠としても存在するということなのである。また，もし経験が世界とわれわれの反応との相互作用的統一であるならば，経験の性質は，われわれがもたらす反応と，独立した実在あるいは周囲の自然環境の浸透した特質の両方を反映する。そのような相互作用的統一においては，次のような2つの極が現われる。すなわち，経験が開示される他者性の実在と，その中で自分の目的的活動が創発される能動的有機体〔の2つ〕である。

経験の核心にあるこの有機体‐環境の相互作用の絡み合いは，デューイの以下の主張の中で非常にうまく表現されている。

　経験は自然の中であると同時に自然についてである。……ある方法で相互作用している諸事物は経験である。それらは経験されているものである。他の方法で，他の自然的対象——人間有機体——と結びつけられると，それらは，いかに諸事

物が経験されるかでもある。こうして，経験は自然の中に入り込む。それは深さを持つ。[6]

経験の存在論的次元に関するミードの記述は，何らかの〔有機体〕は，1つの対象になる際には，「有機体それ自身の内部から有機体に実際に，あるいは潜在的に働きかける」という性格を持つのである，という彼の主張の中でうまく要約されている。彼は，この性格を「内部 (inside) を持つこと[7]」と呼ぶ。そして，そのような有機体への働きかけは，受動的な抵抗の観点からではなく，能動的抵抗，つまりわれわれの有機的活動に対する抵抗として理解されうる。[8] このように，人間存在の核心にある経験的感覚 (experiential sense) は，われわれがその中で上首尾に進まなければならない濃厚な世界に埋め込まれた能動的存在としてのわれわれ自身という原初的感覚を提供する。意識とは，実在がわれわれの解釈された領域内に侵入するときの実在の意識**である**。経験の現象学的特徴そのものは，自然的宇宙に埋め込まれた具体的有機体の方に向いており，言語的あるいは他の方法による何らかのタイプの自己閉鎖的な経験として意識領域を解釈することが全く偽りであることを示すのである。

かくして，経験には3つの方向での開放性が存在する。経験の中に現われるものは，(1) 経験の構造，(2) 独立した実在的な構造，あるいは周囲の自然的宇宙の構造，および (3) 独立した実在的なものを把握する様式の構造，を体現する。なぜなら，経験の中に現われるものは，われわれの把握様式と把握するためにそこにあるものとの相互作用によって形成される，1つの構造的統一であるからである。あらゆる経験の中で具現される経験の支配的特質は同時に，あらゆる経験の中でわれわれの反応のために犠牲になり，またわれわれの意味の実行可能性の試金石を提供する，独立した宇宙の支配的特質の表示でもある。かように，自然的宇宙における人間の存在と人間による自然的宇宙に関する知識は，経験の構造とその支配的特質の中で不可分に結びついている。その経験の支配的特質は，連続性，時間的流れ，新奇性，および不明瞭さという特徴を含んでいるのである。

このように，意味体系に関するわれわれの創造的展開とそれら体系間の選

択において認知されなければならない意味選択の基礎には，把握しづらい抵抗がある。さらに，経験のまさしくその特質は，この抵抗が，われわれがめったに発見しない宇宙の調度品としての，またわれわれがわれわれの解釈とその解釈が提供する構造をある仕方で回避することを要求することの帰結としての，個別的な構造化された実在の観点からは理解されえないということを示している。むしろ，この抵抗要素は，信念のネットワークが相互関連する方法を制約する一般的強制力を提供し，また時には，われわれの——知覚的およびより反省的な——信念が織り交ざる世界に関するわれわれの理解の変化——時折，ラディカルな変化——へと導くかもしれない。

　もし言語が実在と関係すべきなら，それは独立して存在している十分に構造化された一連の事実を獲得しうるものでなければならないといった観念，またもし言語がこのような事実を獲得できなければ，それは実在と何の関係もないといった観念は，それ自体，知識の傍観者理論や近代の原子論が提起する代替案の名残である。世界の強制力は，われわれが事実を描写し，経験の連続性を断ち，その不明瞭さを正確なものにするために経験に投げかけてきた解釈的なネットの内側に経験を入れる。プラグマティズムは，言語と世界の結合を否定するのではなく，むしろこの結合の性質を再考する。プラグマティズムは，実在がわれわれの言語構造を制約するという観念を否定するのではなく，むしろこれらの制約の性質を対応の性質ではないものとして再考する。言語は，経験における実在の存在を否定しないし，またこの実在を映し出しもしない。むしろ，言語は，意味によって媒介されるとき実在の存在を明るみに出すのだ。というのも，言語は「濃厚な」宇宙の中の継続的な行動習慣から創発し，またこの行動習慣と絡み合っているからである。われわれは，言語や経験が対応する実在**に思いを馳せている**のではなく，むしろわれわれが絡み合っているところの実在**を通じて生きている**のである。そして，この絡み合いが経験を構成しているのだ。われわれが世界と相互作用しながらその中に埋め込まれているという原初的な事柄は，ちょうどわれわれの具体的な道徳的感覚が決して抽象的な規則や指示では適切に表現されえないのと同様に，決して適切には対象化されえないものなのである。

4 プラグマティズムを持たないネオ・プラグマティズム

他者との活発な関わり合いという発話のない世界の構造は，言語の可能性が既に付与されているような継続的な解釈的活動の1つである。例えば，ミードは，言語の起源と機能について，その社会的過程での役割を検討することによって説明している。彼が言うように，言語は，「ある明確な言語になることなくその中に存在していた行為の，身振りの型の観点から研究されなければならない。そして，われわれは，行為の先行する種類のものからコミュニケーション機能がいかに発生しうるかを検討しなければならない」[9]。したがって，「われわれのいわゆる思考の法則とは，社会的交渉の抽象物なのである」[10]。言語は，親密に経験の中に取り込まれた一種の身振りであり，思考と不可分に絡み合っており，さらに存続するうちに，確固たる伝統と現存の創造力の双方を一体化するのである。言語は，「濃厚な」宇宙の中に時間的に根づいた人間の行動習慣から離れられえないのである。

自然主義と具体的経験が言語の問題と不可欠に関連していることがここで明示されたが，それら自然主義と具体的経験がプラグマティズムにおいて中心的地位にあるということは，世界に関する知識を獲得するのに，すなわち真である信念を確保するのに実験的方法が中心的役割を果たすということにつながる。〔ここで言う知識とは〕実在の鏡としての知識ではなく，さまざまに相互関連した意味のネットワークという道具を通じて実在を創造的，パースペクティヴ的に把握することとしての知識である。〔またここで言う真の信念とは〕実在の鏡としての真の信念ではなく，どんな抽象的レベルであれ，われわれが絡み合っている濃厚な実在が実行可能な様式で経験の中に現われることを認めるという実験的テストに耐えうる信念としての真の信念である。

下等動物の一般行動形態と連続した，そしてそこから創発した人間行動の一般形態が存在する。そこには，1つの継続的な問題－解決行動，すなわち，われわれがそれによって環境との動的均衡を維持しようと試みるところの環境への対処がある。この一般的な行動形態は，抽象的科学の問題状況から具体的な道徳的経験の問題状況に至る，あらゆる人間努力の領域の中に現われる。われわれは，われわれの目的的活動を方向づける創造的諸仮説を形成する。そして，これらの仮説の真理は，その予期された結果が経験の中で出現

することによってテストされる。実在はわれわれの質問に答え，われわれの意味構造の実行可能性を決定するが，しかし実在が付与する回答はわれわれが尋ねる質問に部分的に依存しており，また意味構造の機能はわれわれが提起するその構造に部分的に依存している。真理は，あるパースペクティヴに対応している。そして，われわれはそのパースペクティヴを創造するが，しかしパースペクティヴの機能は，実行可能性の試金石を提供する抵抗的実在に依存している。事実，プラグマティズムにとって，実行可能性としての真理は，応答の観点で理解される。真の信念は**答える**という信念である[11]。そして，「応答（answering）」関係は究極的には2つの方向がある。

パースが約言するように，真理は常にコンテクストに即して設定された真理である。というのも，「ある事実の他には，とても『証拠』や『証言』にはなりえない[12]」からであり，また事実は常に識別力のある精神的枠組みに関係しているからである。だが，事実の立証は，「起こっている事柄の中に真に存在するがゆえに[13]」，実在的なのである。真理は解釈のコンテクストに関係している。その訳は，真理が相対的であるからではなく，解釈的コンテクストがなければ，真理の概念が無意味であるからである。真理は，絶対的な把握，すなわち外在的実在との一致ではなく，また相対的でもない。それはパースペクティヴ的である。われわれはパースペクティヴを創造するが，しかしそのパースペクティヴが実行可能な様式で経験の中に入ってくるものをわれわれに把握させうるか否かは，われわれの創造力に依存するのではなく，われわれのパースペクティヴの網に入るものの特徴に依存するのである。

ローティは，「方法を持たないプラグマティズム[14]」について言及している。彼は，われわれは「互いに語りかけ，世界に関する見解について話し合い，力よりも説得を用い，多様性に対して寛容であり，心から反省する用意のある可謬論者であるべき義務がある。けれどもこれは，方法論的原理を持つ義務とは別のものである[15]」と主張する。だが，プラグマティズムにとって，実験的方法は1つの方法論的原理である。その原理は，われわれに寛容，多様性，およびラディカルな可謬主義を提供する。プラグマティズムにとって，実験的方法は，われわれが実行可能な様式で実在を把握する手段である。そ

4 プラグマティズムを持たないネオ・プラグマティズム　　　71

の実行可能な様式は，濃厚な豊かさへのパースペクティヴ的な接近を提供する。知識の目的は，実在を模写することではなく，実在がさまざまなタイプの実行可能なコンテクストの中で現われる仕方を把握することによって，われわれが実在の中で拡充した様式で生きていくことを認めることである。

ローティは，新奇のボキャブラリーとは以下のようなものであると主張する。

> ［新奇のボキャブラリーの創出は］パズルのピースをうまく組み合わせた結果ではないのだ。それは現われの背後にある実在の発見，すなわち近視眼的に見られていた諸部分に取って代わる歪みのない全体像の発見ではない。このことを表わす適切なアナロジーは，古い道具に代わる新たな道具の発明である。そのようなボキャブラリーを思いつくことは，滑車を思いついたから，梃子と止め木を棄て去ることに酷似している。[16]

しかし，何がある道具を他の道具よりもうまく機能させるのか。ローティによると，より良い記述とは，既に成功した記述と結合することができる。つまり，それは予測可能性と制御を見込んだものである。しかし，どんな予測可能性と制御であるのか。ローティにとって，実行可能性を制約するものは，もっぱら，当の特殊なボキャブラリーを制約するより広範なボキャブラリーの制約でありうる。しかし，われわれがわれわれの期待に基づいて行為するときに出くわす抵抗や，時折新奇のボキャブラリーの創造をわれわれに強制するような驚きは，言語がその言語自身に抵抗していることの事例ではない。それにもかかわらず，ローティにとって，われわれのさまざまなボキャブラリーと無関係な世界は「人間の精神状態と無関連な原因を含んでいる」一方で，そのような世界は単にカント流の物そのもの（*ding an sich*）でありうるのだ。というのも，それはわれわれの経験には入ってこないからである。つまり，それは接近不可能なのである。

ローティが言うように，プラグマティズムにとって，言語は1つの道具であるが，しかしそれは，われわれが埋め込まれている自然界のパースペクティヴ的把握を提供するための道具である。道具はそれが機能するから使われるのであり，またそれが適合するから機能するのである。この適合は，オリジ

ナルなものに対応する模写といった適合ではなく,錠を開ける鍵といった適合である。[17] 言語は,われわれと自然との根源的な結びつきから生まれた道具であり,それは自然の中の,そして自然に関するわれわれの経験を媒介するのである。言語は,自然の現実的な特性とわれわれとを引き離さない。言語は,われわれと自然との関係を妨げない。さらに,もしその道具がうまく形成されるならば,言語は自然を歪めるものではない。デューイは,言語が道具であることに同意するが,しかしいかなる道具も「1つの関連が,すなわち自然との連続的な結びつきがその中で体現されるところの事物である。それは,自らが規定する特性として,客観的関係を所持している。……道具は,自然における連続的結びつきを知覚し,また承認することを表示するものである」。[18]

上述した相違は,現在の研究作業を支配している2つの相互に関連した問題,すなわち他者への開放性と道徳的経験といった問題に対する両者の多様な含意を調べることによって,一層顕著になりうる。ローティは,*Contingency, Irony and Solidarity*の中で,自己創造に対するわれわれの私的な欲望とわれわれの公的な道徳的義務感との対立には和解など存在しないし,また断じてありえない,と論じている。もっとも,この和解は,プラトン以降すべての「道徳的形而上学者」の目標であったのであるが。ローティは,われわれに1つの自由社会のイメージ,つまり皮肉主義的ユートピアを提供する。それは,その理想にしがみつきつつも,価値とそれ固有の歴史的偶然性との通約不可能性を認識している。基礎づけ主義を否定するに際し,ローティは原理の議論に何の役割も認めず,新奇性と他者の包摂の双方を考慮に入れた会話へのコミットメントに向かう。

しかし,この開放性はどのようにして生起するのか。ローティは,「『真理』,『知識』,『道徳性』,『美徳』という言葉の意味を解明しようとすると,その試みすべては結局これらの用語がそこで成長し発展した文化の具体的細部に帰っていかざるをえない」と主張し,さらに「われわれは,真理と美徳はヨーロッパにおける会話から生み出されたものと考えるべきである」と主張する。彼は,真理は「われわれが今やっていることをさらにより広くやることの結果

である」と性格づける観念には,とても危険な何かが存在するという異議の妥当性を認める。というのも,この「われわれ」が,容易にオーウェル的国家になりうるからである。[19]

この系統の批判に答えるために,ローティは,真理の定義といったものは単に**歪められない**(*undistorted*)会話の結果ゆえに機能し,さらにはオーウェル的国家は歪曲のパラダイムであるというハバーマスの主張に依拠する。しかし,これは全く無理な行ないであろう。というのも,ローティが明確に記述しているように,ハバーマスは超越論的原理を提示するのに対して,ローティ自身は「自文化中心でありつづけ,実例を提示しなければならない」からである。ローティは,もっぱら次のように言えるにすぎない。すなわち,「『歪められない』とは,重要性についての**われわれ**の規準を使うことを意味している」。そこでいう「われわれ」とは,「ヨーロッパ思想の連続的諸段階を通じて示されてきた」方向性から真理と正義を考える人々のことである。「われわれ」は皆,われわれの「根拠をもたない会話」というこの偶発的出発点を共有しているのである,と。[20]

かくして,新奇性,開放性,および包摂性を体現するものと考えられる歪められない会話は,われわれをわれわれの過去に閉じ込める自文化中心主義を内包することが判明する。この閉じ込めは,自我は「偶然的な諸関係のかたまり,過去と未来をめぐって前方と後方に張り巡らされた網状のもの」[21]であり,また人間の生活は「そのような網状のものを再び織りなすこと」[22]であるというローティの見方によって強化される。というのも,もし自我がまさしく〔そのような〕網状のものであるならば,再び織りなすための創造的エージェンシーは存在しないし,またその現在は未来の行方を再度方向づけることができないからである。ローティは,私的な領域では自己創造が従事すべき最も重要なプロジェクトであると主張するが,その人を支配するほどの力を持たない代替的な記述だとすれば,自己創造はある人の生活を作り上げてきた偶然的出来事の詩的な再記述以上のものではないことは明らかである。ローティは,人々を社会の進歩から取り残すことを防ぎ,連帯を促進するために見知らぬ人々に対するわれわれの感受性を高めることの重要性を強調す

る。だが，もし人々が自文化中心主義と自文化中心主義が生み出す網状のものの罠によって抑えつけられるならば，「見知らぬ人々」に対していかにして感受的になるのかといった問題が残存するのである。

　見知らぬ人々への感受性を高める手段として想像力に焦点を当てるローティの行ないは，その問題を除去するのではなく，むしろそれを際立たせてしまう。彼は，真理‐価値特性をもった文字通りの，あるいは認知的な内容に対峙するものとして，想像力の無意味な，情動的機能について語っている。これは，ある意味で，認知的あるいは有意味なものと情動的あるいは無意味なものとの間の実証主義的二分法に対する新たな取り組み方，すなわち，古いものに属する構造的に位置づけられた固定性と無関連な新たなものに属する全くの気まぐれという時間的パースペクティヴから今やその二分法を考察するという取り組み方である。この気まぐれは，「天才と空想の違い」は，天才の場合，「たまたま他の人々に理解されることになった，いくつかの特異性」が示されるということであるといった，ローティの主張の中に見られうる。ローティによる意味と無意味との間，認知的なものと情動的なものとの間，ならびに文字通りのものと比喩的なものとの間の切断は，究極的には，過去，現在，そして未来の切断である。

　プラグマティックな立場は，他者に対して感受的になるには想像力が決定的に重要であるとするローティには同意する。しかしながら，想像力は，合理性と切り離された，あるいはそれと対立したものではない。むしろ，想像力は合理性の本質的部分である。想像力は，われわれを実在から切り離さない。むしろ，想像力は，われわれが実在を理解するために多様な創造的パースペクティヴを実在に投げかける手段である。合理性は，基本的には抽象的かつ論証的ではなく，具体的かつ想像的である。理性が根本的に歴史的であるのは，理性が過去の教え込みであるからではなく，それが生きていくうえで必要な伝統を充当することによって現在の中で行為するからなのである。かかる伝統とは，理性が投影された未来に照らして創造的に修正するものである。しかし，理性がこのことをなしえるのは，想像力が気まぐれである場合ではなく，むしろ想像力が，動的な過去が変化してやまない現在の中に埋

め込まれてきたという現実的な諸可能性をとらえる場合に限られる。

　それゆえ，世界の濃厚な面に対するわれわれの根源的な相互作用的開放性は，他者との調和と，包括的再構成に向けての現実的諸可能性の利用との双方を可能なものにする，根源的な相互作用的開放性である。さらに，この開放性は，人間存在の現実的な創発的特徴としての価値の質に関する経験に対する開放性でもある。ローティの自由社会，すなわち皮肉主義的ユートピアは，価値とそれ固有の歴史的偶然性との通約不可能性を認識しつつも，その理想にしがみついている。しかしながら，プラグマティズムにとっては，その通約不可能な，歴史的に偶然的な価値体系は，これらの体系がわれわれの特定の相互作用的コンテクストにおいて創発する場合，直接的に感得された経験の価値特性から生まれてきたのである。また，理性の深化過程は，この直接的価値経験との接触を回復しうるのである。というのも，それが，基本的に皆互いによく似ている複数の人間，すなわち，あらゆる人々が自分達の多様な解釈的ネットを通じて管理し理解しうるようにしなければならない共通の実在に直面している人間から創発するからである。

　この開放性は，あるものから他のものへの同化や，1つの見分けがつかない全体への融合にはならず，むしろ継続的な順応ないしは適応の過程になり，多様な道徳的指向性が働く深遠な，より包括的な領野へとつながる。この過程は，単なる会話ではない。それは，多様な規範的仮説が湧き出でる土壌とその仮説の実現可能性のための養分を提供する人間存在の現実的で創発的な価値の質に対する抽象的な規範的主張の表明の下で獲得する過程である。多様な道徳的仮説は，自然の中の人々の相互作用的コンテクストの中に埋め込まれた，コンテクストに即して創発する現実的な価値の質の経験を組織化し拡充するための多様なパースペクティヴである。多くの多様なパースペクティヴが機能するかもしれないが，しかしすべてが機能しうるとは限らず，また，あるパースペクティヴは他のものよりもかなりうまく機能するであろう。このことは，プラグマティックな哲学において実験的方法が中心的地位にあることへとわれわれを引き戻すのである。

　実験的方法が占める中心的地位は，これらの問題のためだけではなく，そ

のような問題に対処するための枠組みとしてのその主張のステータスをプラグマティックに理解することのためにも重要である。プラグマティズムは，認識論的方法や真理の探求を否定しない。むしろ，プラグマティズムは，認識論的方法の性質とそれが探求する真理についての理解を再構成する。同様に，プラグマティズムは，思弁的企てを否定せず，その企てとそれが提供する真理の性質を再構成する。本章の残りの部分は，プラグマティズムが哲学的枠組みの役割の理解についてまさに提供しなければならないことに関する議論に向けられるであろう。

哲学体系の中で具現されるような哲学的思弁の歴史は，永遠のもの，固定されたもの，最終的なもの，確実なもの，絶対的な傍観者的把握，終局の完成，完全なる全体に与することで，一時性，創造性，新奇性，可謬主義，多元主義，パースペクティヴァリズム（遠近法主義），ならびにオープン・エンドネスといった感覚——要するに，プラグマティズムの哲学の重要な諸次元——を体系的に否定ないし棄却してきた立場を明示している。

「通常科学」が受容されたタイプの枠組みの範囲内で受容された諸問題を解決するものとしてそこで前進したところの哲学化なるものについての伝統的なパラダイム[27]は，尋ねられうるであろう質問の種類，実行されうるであろう代替的回答，存在しうるであろう事実の種類に関するパラメーターを設定するあらゆるパラダイムに確かに共通して見られる諸特徴——もっとも，多くの，またさまざまな点で異なってはいるが——を含んでいた。おそらく，対立した諸体系の哲学的伝統におけるすべてのパラダイム構造に最も共通した特徴は，傍観者的な知識論と，反省的哲学思考の抽象の究極的具体化という仮説である。それらは，不変的なプラトンの形相あるいは不変的なニュートンの粒子である。究極的に実在的なものとして不法に投企されたそのような内容は，原子論的単位からなる実在を生み出した。それらの原子論的単位とは，その単位が説明しなければならない変化と連続性を免れたものである。生きた経験の核心に浸透した特質は，傍観者的哲学に関するさまざまな反省的諸問題に，わけてもデカルトの時代以降，主体は客体を知るためにその間隙をいかに埋めうるかといった特殊な問題に与することによって，無視され

た。

　抽象的な哲学的反省の孤立した諸要因を利用することで，哲学は，それが知らないうちに既にばらばらに引き裂いてきたものを寄せ集めて元に戻そうと試みた。そのような孤立した諸要因はそれらが創発したところの前哲学的経験の相互に絡み合った特性を取り戻すことができなかったので，これらの抽象は，常識的経験が——それとは反対の無批判的な常識的経験にもかかわらず——「実際に」いかに機能するかについての1つの説明として，常識的経験へ舞い戻って読み取られた。哲学は，指図する反省的理論ではあっても，常識的経験ではなかった。それゆえ，もしその理論が原初的経験の特質を無視せねばならないのなら，何の問題もなかった。というのも，実在への道は原初的経験を通じてではなく，哲学的抽象の具体化された内容によるものであるからである。抽象的な哲学的反省の対象が感覚的経験の流動性に取って代わったか，あるいはその両者の関係が逆にされたかのいずれかであったのである。

　かくして，表面的には新奇の言語のパラダイム内で，あるいは哲学的追求の性質と限界に根本的に限定された他の表面的に新奇のパラダイム内で機能している現今の哲学のほとんどは，哲学的体系と陳腐な形而上学を避けながらも，依然として伝統的パラダイムが提示する代替案——したがって，伝統的パラダイムが認めうる可能な解決策——と手を切ることに成功してこなかった。その代替案や可能な解決策は際立って新しい転回をとげるかもしれないし，また表面的に新しい代替案や新しい限界が創発するかもしれないが，それらは非常にしばしば，古いパラダイムが提供するものへの新たなパラダイムのねじれとみなされうる。その代替案——対応か整合，実在論か観念論，経験主義か合理主義，基礎づけ主義か反基礎づけ主義，実在論か反実在論，客観主義か相対主義，主観主義か客観主義，遊戯か純粋存在，会話か自然の鏡，といったより古い様式あるいはより新しい様式で表現されようとも——は，生きた経験の核心での基本的で創造的かつ相互作用的な統一を無視する反省的枠組みから生起する代替案である。

　プラグマティックな見識（vision）の趣旨をつかむことにとって最大の障害

は，それが根本的に新しいパラダイムを解明するという事実にある。その新しいパラダイムでは，長く受け入れられてきたタイプの代替案は適用しないし，また可能性のある事実の伝承，例えば許容できる代替案への実行可能な回答の伝承ももはや存在しない。というのも，それらは，そのパラダイムの構造から見れば，もはや無意味であるからである。古典派のプラグマティストが自分達の立場を提示するときに抱えてきた困難の一部は，彼らが全く新しいパラダイムの輪郭の内側で作業してきたという事実にある。それに関しては，通約不可能なパラダイムに散りばめた哲学的伝統は，それにもかかわらず，適切な言語でも，適切な代替案でも，また実行可能な哲学的「事実」の適切な範囲でも全くなかったからである。プラグマティックな学説がプラグマティズムが否定してきたまさしくそのパラダイムとの系統関係にある一連の代替案の中の1つの中で理解されるか，あるいはその観点で展開される限り，プラグマティックな立場の特殊な諸側面が特殊な諸目的のために偏って展開されるかもしれないがゆえに，プラグマティックな見識の意義とユニークさは失われてしまう。ローティが彼の言語論的反基礎づけ主義の枠組みの中にいくつかのプラグマティックなテーマを割り当てることによって失ってきたのが，まさしくこのプラグマティックな見識なのである。

　哲学の役割に関するプラグマティックな理解は，現在の不安を哲学の伝統とその過剰な主張に結びつける。プラグマティックな立場は，1つの開かれた説明のための構造として提出されるのであり，それは，原初的経験に浸透した諸特徴を歪めるというよりは，それらに根づいた説明の見解を生み出し，また進化的変化の歴史に対立したというよりは，それに根づいた体系的構造の見解を生み出すのである。いかなる哲学的体系も，生きた経験の十全なる豊饒さのレベルで根拠づけられないならば，それは不適切なのである。抽象的な哲学的反省は，生きた経験において根拠づけられ，絶えずそのような経験によって育まれなければならない。そのような開かれた枠組みは，生きた経験に根づいた，そしてそれによって検証された1つの説明であり，「存在そのもの」の直接的把握ではない。また，そのような枠組みは，牛のレベルに根づいているとはいえ，決して完全にその生のレベルに適しているわけでは

ない。この枠組みは，ちょうどあらゆる解釈が変化と発展に開かれているのと同じように，変化と発展に対して開かれているのである。

　生きた経験の豊饒さを公平に評しようとするあらゆる反省的試みの中での活力の更新は，その基本的なレベルへの回帰を必要とする。哲学的活力を維持するためには，哲学的仮説は，生きた経験にしっかりと根づき，それによって育まれるだけではなく，生きた経験によっても検証されなければならない。哲学の形式化に横たわり，そこからあふれ出る不明瞭な存在感を哲学的に無視することはできるが，しかし実際には，その永続的な活力の泉から逃れることはできないのだ。これらの経験に浸透した諸特徴は，1つの理論構造から仮定されるのではなく，何らかの理論にとっての経験的なルーツとして漠然と感じ取られるのである。これらの諸特徴の表明は，外部からの押しつけではなく，前哲学的な生きた経験の諸特徴の内部から成長してくる1つの発展なのである。

　数学のモデルに関する当初の理解と哲学的基礎づけの仮定上の確実性に対する欲求のため，哲学は「基礎づけ」に取り組んだ。その基礎づけとは実際には，哲学的思考が無視する存在的基礎づけに基づいた反省的創造物であった。このアプローチが機能しなかったときに，その仮定上の確実性は単に心理学的なものとして棄却され，そして哲学的議論を心理学的説得とみなす傾向への道が開かれた。しかしながら，他の場合同様，哲学においても，合理性を圧倒する非合理性の脅威は，合理性のルーツと，歴史的に根拠づけられたコミュニティにおける新たな判決機関の進化にまで深まることを必要とする。証明から説得への転換は，合理性から心理主義，あるいは絶対主義から恣意的会話への転換ではない。むしろ，その転換は，はっきりと表明された第2レベルの反省としての合理性が不明確な，試験的な，把握しづらい，そしてしばしば最初は不明瞭な意識性を知性的な形にする試みとしての哲学の中で創発するという認識を示すのである。この意識性は，その文化的コンテクストと歴史的状況性の中に埋め込まれ，またそれらによって影響を受けるが，しかしその内容は，これらの影響力には還元できない。この意識性を明るみにするということは，その公式的な表明に対する代替的可能性を根拠づ

ける経験の原初的レベルにまで深化することを必要とする。

　哲学的体系の出発点は，そこから論理的に論議するところの疑う余地のない基盤でもなければ，聞かれるべき合理的主張を何も持たない単なる多様な発言でもない。出発点は，明確かつ明瞭なものではなく，漠然とした不明瞭なものである。それは，反省的合理性からではなく，原初的経験から湧き出でる。そのような出発点は，哲学的体系の構造を通じて明晰かつ正確になるにつれて，もし他者が，そのような体系を通じて，これまでその歪曲的な構造の重みによって漠然としていて言い表せなかったり，覆い隠されたりしていた経験の諸次元の中にその体系が焦点を当てるということを見出すならば，もっぱら説得力をもつであろう。

　哲学が利用する諸カテゴリーは，それらの源泉である経験を歪曲し，誤った具体化に向かわせてはならず，むしろ人間とそれ以外のものとの相互作用的な自然的調和の感覚を強調する手助けをしなければならない。かくして，そのような諸カテゴリーは，未熟な存在論的主張から思考を解放し，そして諸問題を引き起こした経験を見失ってきた哲学の伝統——反省的意識性に根づいた仮定上の基礎づけを探求することで，その探求の存在的基礎づけを見失った伝統——から思考を解放するための道を提供しなければならない。

　思弁哲学的企画のダイナミクスに関するプラグマティックな理解は，実験的ならびに交換的なものとしての経験に関するプラグマティックな理解の諸要因とダイナミクスを「大きく」反映している。哲学的方法のダイナミクスにおいて，われわれがそれを用いて有意味な日常経験をするところの実験的方法に関する誇張的表現を見ることができる。そこには，過去の経験から生じ，さらにわれわれが未来の経験を解釈する仕方を指導するところの意味に関する比喩的，想像的，ならびに創造的な特徴の誇張的表現が存在する。メタファーと解釈を誇張された形で包含するにつれて，これらの思弁的な意味はますます創造的になるが，しかし強制的な実在の要素は常にある創造物に侵入し，それを他の創造物よりももっと実行可能なものにするのである。かくして，そこには，生きた経験，その浸透的な特徴ないしは特質，能動的存在としてのわれわれ自身の感覚といったものに対する誇張された注意深さが

同時に存在している。この注意深さとは，諸カテゴリーを創設するとともに，それらの適切さを検証するのに役立つものである。われわれが注意を向けるものは，われわれが継続した交換関係にある自然界と不可分に絡み合っている。プラグマティズムは，過去の思弁的過剰から距離をおくことで，思弁哲学を否認するのではなく，その思弁哲学の更新された活力を理解するための重要な再構成された道路地図を提供するのである。

哲学的主張のような多様な主張は，真理よりもむしろ有意味さを提供し，認知的よりもむしろ比喩的になり，あるいは真理を探求するよりも物語を語るようなものになる，ということには反対されるかもしれない。しかし，プラグマティックなパースペクティヴによると，コモン・センス，科学，および哲学の諸主張は一様に，真理の問題が創発しうる以前に，有意味さ，すなわち自分自身を世界に適応させるひとつの様式を提供するのである。もし真理を順応あるいは対応に限定しないなら，人間存在と人間存在が埋め込まれ分かち難く絡み合っているところのより包括的な実在とに対する有意味な創造的志向性，ならびに実行可能性としての真理が同行することになる。さらに，認知的なものは同時に比喩的ないしは創造的なのである。あらゆる知識は同時に物語を語ることであるが，しかしある物語は他の物語よりも優れている。なぜなら，それらは，はっきりと言い表そうと努めている事柄を解除するためのより優れた鍵を提供するからである。

したがって，哲学的枠組みの説得力は，厳密に論理的な力，すなわち他の哲学的立場が受け入れなければならない超体系的な世界的事実を指摘するという意味での厳密に経験的な力にあるのではない。むしろ，その説得力は，別の〔哲学的〕立場が生命のない人工物を受け入れるときでさえ，その哲学的枠組み構造に活力を吹き込むような，「本当らしく聞こえる」経験の特性といった基本的感覚を喚起する際の，その枠組みの力強さにあるのである。かくして，ジェイムズは，ある1つの哲学的見解を受け入れる過程を「その結論が出るや否や，理論的理性によって論拠が見出されるところの……論理を超越した生活（life exceeding logic）[28]」として特徴づけている。

理性的反省は，形式化された要請をそれに押しつけようとするあらゆる試

みの基底にあり，そこからあふれ出て，そして最終的にはそれを脱絶対視する豊饒な無尽蔵の創造的知性を含む前哲学的な生の活力に究極的には定着し，そしてその活力について説明する義務がある。もし，プラグマティズムが主張するように，人間存在がそのまさしく核心のところで，人間活動のさまざまなレベルとモードの中と間の両方でさまざまな仕方で解釈されうるものと創造的に絡み合い，さらにこのようにしてそれと調和されるならば，この自由で創造的で前反省的な評価的感覚は同時に，この感覚が生み出すどんな多様な抽象的表明よりももっと過度に要求し，またもっと寛容な統制者（master）になりうる。プラグマティズムは，人間存在の中に埋め込まれ，創造的多様性を認められていると同時に，抵抗しがたい制約をなお課するところの前主題的な（prethematic）評価的感覚に哲学的正当性を付与するのである。

　哲学的立場の最終的評価は，たとえどんなにその主張がしっかりしていても，あるいはそれに関する「事実」が無数にあっても，究極的には，実際にある何がしかの体系を生き生きとさせうるような評価にのみあるのである。哲学的立場がそこから発生するところの漠然とした知覚，ならびに統一したパースペクティヴを通じたその哲学的立場によるこれらの知覚の明瞭化と展開は，人間存在のパルスとそれが取り込まれるところの条件についての基本的な感覚を際立たせるのに役立つのだろうか。古典派アメリカン・プラグマティストの諸著作に浸透している把握しづらい哲学的精神は，正確には，そのような存在のパルスについての共通の知覚から，すなわち，それに基づいてそのプラグマティスト達が共通のヴィジョンのさまざまな諸次元に参入し，それらを明瞭化し，さらには共通の哲学的精神を育てるところのいくつかの行路についてのプラグマティックな性格を形成する知覚から発生するのである。創造的多様性の重要性をそれが抵抗しがたい制約に根づいているということから峻別すること，自己閉鎖的で自文化中心的な言語論的反基礎づけ主義に与することで，経験と自然の認識論的ならびに存在論的な相互作用的統一とともに，その結果生じる，世界におけるわれわれ具体的存在の核心での他者に対する開示性とを否定すること，〔われわれの世界から〕引き離された会話の究極性に与することで，われわれの世界に関するパースペクティヴ的

な真理を習得するための方法としての実験的方法を無視すること,といったことはプラグマティズムの精神を喪失し,さらには長い哲学的伝統の中の自滅的な諸代替案間で舵を取る未来への方針を立てるために,そのプラグマティズムの精神が提供する範例的な新奇性をも喪失することになるのである。

1. ローティのネオプラグマティズムは,スーザン・ハックによって「低俗なプラグマティズム」と命名された。Susan Haack, "Vulgar Pragmatism: An Unedifying Prospect," pp.7-147, in *Rorty and Pragmatism, The Philosopher Responds to His Critics*, ed. Herman Saatkamp, Jr. (Nashville, Tenn.: Vanderbilt University Press, 1996).
 2. Richard Rorty, "Comments on Sleeper and Edel," in "Symposium on Rorty's Consequences of Pragmatism," *Transactions of the Charles S. Peirce Society: A Quarterly Journal in American Philosophy*, XXI, (1985), p.40.
 3. Richard Rorty, *Contingency, Irony, and Solidarity* (Cambridge: Cambridge University Press, 1989), p.5.
 4. Ibid.
 5. Richard Rorty, "The World Well Lost," in *Consequences of Pragmatism* (Minneapolis: University of Minnesota Press, 1982), p.14.
 6. John Dewey, "Experience and Nature," in *The Later Works, 1925−1953*, ed. Jo Ann Boydston, Vol.1 (Carbondale and Edwardsville, Southern Illinois University Press, 1981), pp.12-13.（原本にはイタリックが付されている部分がある）。
 7. G. H. Mead, *The Philosophy of the Present*, ed. Arthur Murphy (La Salle, Ill.: Open Court, 1959), p.137.
 8. Ibid.
 9. G. H. Mead, *Mind, Self, and Society,* ed. Charles Morris (Chicago: University of Chicago Press, 1934), p.17.
 10. Ibid., p.90. 脚注20。
 11. Charles Sanders Peirce, MS 934, p.24. *The Micro Film Edition of the Peirce Papers,* Houghton Library, Harvard University.
 12. Peirce MS 647, p.26.
 13. Ibid., p.9.
 14. Rorty, "Pragmatism without Method," Philosophical Papers, Vol.I : *Objectivity, Relativism, and Truth,* pp.62-77. Papers, 62-77.
 15. Ibid., p.67.
 16. Rorty, *Contingency, Irony, and Solidarity*, p.12.
 17. ジェイムズは,この正確な類推を利用している。
 18. Dewey, "Experience and Nature," p.101.
 19. Rorty, *Consequences of Pragmatism*, p.173. ローティは,ここで,プラグマティスト——彼は自らをそうだと考えている——と啓蒙主義の擁護者や伝統的哲学者との間の討議を演出している。
 20. Ibid., pp.173-174.
 21. Rorty, *Contingency, Irony, and Solidarity*, p.41.
 22. Ibid., p.43.

23. Ibid., p.xvi
24. これらの特徴は，言語の偶然性に関する隠喩についての彼の議論に現われる（Ibid., p.18.）が，しかし彼のその著書の後章に見られる自我の偶然性に関する彼の議論では，比喩をもつことはさらに想像力をもつことでもあることが見られうる（Ibid., p.36.）。
25. Ibid., p.17.
26. Ibid., p.37.
27. これは，クーンによる「通常科学」の理解に匹敵する。
28. William James, "A Pluralistic Universe," in *The Works of William James,* ed. Frederick Burkhardt (Cambridge, Mass.: Harvard University Press, 1977), p.148.

第 2 部
多様な道徳的環境の中のビジネス

5
文化的環境の中のビジネス
——概念的枠組みの変化——

　企業がその文化的環境の中に埋め込まれていることは，文化と企業とが相互に影響を及ぼし合っている調整というダイナミックスの点から最もよく理解することができる。企業が文化に影響を及ぼし，それによって当該文化の調整が進んでいくと，今度はこの調整が企業活動の継続的な発展の方向に影響を及ぼすようになる。こうしたダイナミックスは時間の経過とともに導き出されてきたものであるため，実際に生じている変化は，市場活動が置かれてきた3つの主要な倫理的フレーム間における連続的な概念の変化という視点からとらえることができるであろう。市場システムが次第に独自の姿を作り上げ，支配力を獲得したのは，このような過程を通してであった。

プロテスタントの倫理

　こうした議論をはじめる最良の出発点は，プロテスタントの倫理が果たした役割に焦点を当てることである。プロテスタントの倫理は，富の追求と市場システム内における経済活動によって生み出された所得の分配に対して，道徳的な正当性を与えることにより，市場システムの発展を特徴づけ，その存在を正当なものとした道徳的枠組みである。プロテスタントの倫理は，市場システムの一部をなす人々の経済的行為に対して行動の面で影響を及ぼしていただけでなく，道徳の面でも影響を及ぼしていたが，それはプロテスタントの倫理を信じることにより市場システムに道徳的な意味での正当性が与

えられ、その信奉者に道徳的な意志力が注ぎ込まれたという点においてであった。

マックス・ウェーバーは、プロテスタントの倫理が有していた意義に関する最初の包括的研究の中で[1]、カルヴァン主義の宗教信念とカルヴァン派教会に属するブルジョワジーを主たる具現者としていた資本主義の精神との間の関係を証明しようとした。プロテスタントの倫理は、2つの主要な要素を内包していた。1つは天職の重要性を強く主張したものであり、神によって授けられた世俗的な役目であるかぎり、たとえそれがどのようなものであっても全力を尽くすべきであり、超俗へと引き下がってはならない大きな責任があるというものであった。もう1つの要素は、宿命に関してカルヴァンが抱いていた考え方は人生のすべてを正当化するものであったという点であり、これにより神に選ばれる資格があることを自分自身と他者に対して示すならば、仕事は宗教上の疑念を晴らす手段となった[2]。

かくて、人は懸命に働き、生産性を高め、富を蓄積すべきであるということになった。しかし、そうした富は自分自身のために追求されるべきものでも、浪費という形で享受されるべきものでもなかった。なぜなら、より多くの富を持てば持つほど、神の栄光のために従順な執事となり、たゆまぬ努力を通して富を増やしこそすれ減らすことのないようにしなければならないという義務が増していったからである。プロテスタントの倫理の根底には、世俗的な禁欲主義があったのであり、これによってさらに多くの富を生み出すために富を獲得し合理的に用いることが宗教的に是認された。

このような神学思想の内にあっては、労働は本質的に善きものであると理解されていたのであり、呪われたものでも奴隷にとってのみ相応しいものでもなかった。それどころか、宗教改革以前の時期には、労働はせいぜい善くも悪くもないといった程度の活動にすぎないと概して思われていたのであるが、その労働自体が道徳的にはっきりと是認されたのである。さらに、勤勉の所産であると考えられていた富は、神によって選ばれた印であるという点において、世俗的な富の追求にも道徳的な基礎が与えられたのであり、それは天罰の恐怖を取り除くのに利用できるこの上なく確実な方法となった。得

られた富がどのようなものであれ，神意に適うようにまた自分自身が神に選ばれた者だということをさらに示すものとして，より多くの富を蓄積するために再投資されねばならなかった。これは利欲や富の追求についての新しい理解を表していた。かつてはせいぜい個人の好みや選択といった程度のものとしてしか見なされていなかったものが，ちょっとした道徳的義務になったのである。こうした信念は，あらゆる障害を乗り越えるために勤勉に働き富を蓄積することによって，世俗的な意味での成功を勝ち取ろうという高い動機づけを持った特異な人を生み出していった。

　プロテスタントの倫理の根底にあった自己修練や義務と天職に関する道徳的観念は，資本主義が要求していたような合理的な経済行動（計算，時間厳守，生産性）にとってきわめて重要なものであった。プロテスタントの倫理は，資本主義の精神つまり資本主義の発達に必要な個々人の進取の気性や富の蓄積を支える精神——現在であれば文化的価値観と態度と呼んでもよいかもしれない——に寄与した。このような環境の中で，人々は資本主義の変種が急速な経済成長を遂げる際の一助となったことがわかっているような方法で行動し，こうした経済成長と矛盾しない価値観を共有するように動機づけられていたのであった。[3]

　ウェーバーは，16世紀と17世紀に資本主義的な活動が伸展したことについて，宗教的な要素に基づき説明のためのモデルを提起しようとした。その際に，彼は資本主義が勃興するに当たって宗教こそが唯一の重要な要因であったと主張していたわけではない。しかしながら，彼の説明においては，宗教的な要素が最も大きな重要性を有していた。というのは，彼の説明はカルヴァン主義の信念体系の一部をなす倫理的な義務の理念化を進めるとともに，そうした義務が資本主義の発達につながる合理的な経済行動といかに論理的な結びつきがあったかを示すものだったからである。ウェーバーによるこうした試みは，物質的な条件だけでなく宗教上の信念体系の内にある理念や価値観をも包含した多重因子に基づく因果モデルという形をとっていた。またウェーバーのモデルは，歴史的な因果関係について歴史の唯物論的解釈により物質的な条件のみを重要視したマルクスの考え方に取って代わる洞察に満ちた新

たな選択肢を提供した。物質的な条件に加え，宗教上の理念や価値観が歴史の形成において一定の役割を果たしているのである。

　他の世俗的な要素については，他の要因に訴えることによって説明できたであろうし，また説明しなければならなかった。宗教改革の時期が，文化的に大きな緊張と混乱が生じた時期であったことは疑いない。中世の教会が持っていた権威は崩れ，教会が象徴していた文明の統一は破壊され，世俗的な諸力が独自の権威と権力を伸ばすために解き放たれ，教会による威圧的な支配から自由となった。中世の後期の段階において人々に影響を及ぼしていた新しい現実とは，主として交易と封建社会の農業組織とはまったく異なる営利企業の発達とからなる経済的現実であった。

　経済諸力は教会による全般的な支配から自由となり，独自の針路が与えられ，独自の発展を追求することが許されねばならなかった。実際，教会が維持しようとしていた現状よりも，このような新しい現実の方がはるかに刺激的で約束に満ちたものであると人々は思いはじめていた。少なくとも一部の人々にとって，この世は生きていくのに大いに興味深い場所となり，世俗的な活動は単に来世に対するある種の準備としてではなく，それ自体が価値のあるものとして評価されるようになった。最終的には，プロテスタントの倫理はその宗教的な装飾を剥ぎ取られたのであるが，労働と労働の持っていた重要性に関する基本的前提は変わらぬままであった。

　こうしたプロテスタントの倫理という考え方は，資本主義が発達し経済的な富が生み出された頃のアメリカ社会においてとくに重要性を有するものであった。プロテスタントの倫理は資本主義の初期の段階に道徳観を提供した独創性のある社会的，道徳的な発明品であり，生産性と成長を生み出す源としての人間と資本の双方を重視するものであって，その意味では供給側（supply-side）に立つ最初の理論を提起していた。そうした考え方は，勤勉と天職という見方を通して生産の人間的側面を重視していたが，人々は懸命に働くべきだということだけでなく，働く過程で得た貨幣をも働かせるべきだということをも主張していた。そのため，資本を元手にして得られた貨幣が，生産を増大させより多くの経済的な富を生み出すことによって社会全体

に恩恵をもたらすような資本のさらなる蓄積へと再投資されるかぎり，不平等は道徳的に正当化された。

プロテスタントの倫理は，産業発展の初期の段階において欠くことのできない資本を蓄積する必要性と矛盾しないことがわかった。貨幣は資本の基盤を築くために蓄えられ再投資された。消費は資本という富を生み出すために切り詰められた。人々は嫌な仕事であっても献身的と言えるほど勤勉に努め，資本主義が要求していた生活の合理化を正当なものと考えた。こういったことはすべてきちんとした経済理論や産業機関が大規模に発達するはるか以前の出来事であり，上記のような活動は中世の農業社会を特徴づける行動や一般的な概念枠からの大きな転換を求めるものであった。

プロテスタントの倫理は行動を律する役目を果たすとともに，その信奉者たちにとってはヨーロッパの文化の上に生じていた出来事を理解する一助となった。プロテスタントの倫理が提供した労働の定義とその理解は，とりわけ成長しつつあった中間所得層の経営者にとって意味があり，関連性の大きいものであった。産業文明が出現し，現実に適応するために諸文化が再組織され，企業が発達し行動の指針を提供するようになった。さらに，種々の経済学説が発達し資本主義社会における人々の行為を説明するようになると，プロテスタントの倫理は日常化し，現状を支え産業文明と資本主義を正当化する手段としての役割を引き続き果たすことになった。プロテスタントの倫理は生産活動に道徳的な基盤を提供し，勤勉に努め自身の貨幣を賢明なやり方で投資した人々が利潤を追求し富を蓄積するのを正当化したのである。[5]

では，プロテスタントの倫理が全体として持つ理論的意義とはいったいどのようなものであろうか。プロテスタントの倫理に埋め込まれているのは，生産を最大化すると同時に消費を最小化すべきだという道徳的な義務である。この新しい倫理は効果的な生産と効率的な消費とを等しく強いるものであり，最大の生産性を持続する一方で，貯蓄と投資のための潜在的な資本を最大化しようとした。[6] こうしたことよりもおそらくさらに意味があると思われるのは，プロテスタントの倫理がより多くの経済的な富を生み出し生産を増やすための資本基盤を築こうとして，消費に対して道徳的な制約を課す一方で，

このような富の産出それ自体を目的としていたという事実である。生産はもはや社会的過程の本質的な部分ではなく，生産の目的はもはや人間存在を継続的に豊かにしていくことの本質的な部分ではなかった。生産の重視は，存在の具象性から抽象化によって導き出された宗教的に正当だとされる理由と結びついて，生産を高めるためには人間と自然の両方を搾取することを許すようになった。そして，宗教的な結びつきが緩くなると，つまりプロテスタントの倫理がより一般的な労働倫理に格下げされると，生産の宗教的な意味での正当性でさえもその拠り所を失なってしまい，生産それ自体が自己正当化を許す目的となった。そして，それ自体が目的と化した生産という概念と緊密に結びつくようになったのは，独自の生命を持ち「利潤動機」という単一の目的によってのみ導かれる「経済システム」という考え方であった。

消費の倫理

　20世紀の中頃まで，プロテスタントの倫理はアメリカ文化を最も強力に形作った要素の１つであった。しかしながら，1970年代になると，アメリカ的生活という文化を理解するに際して，概念が徐々に変化していることに人々は気づきはじめた。実際，プロテスタントの倫理によって表現されていたような労働と富の獲得に関わる伝統的な価値観が変化しつつあったことを示唆するかなりの証拠が存在していた。早くも1957年には，クライド・クラックホンが，職業に関する入手可能な文献を広範囲にわたって概観することによって，[7]中流階級において支配的な価値体系の中核を占めていたプロテスタントの労働倫理に明らかな衰退が見られるという結論を下した。この根本的な変化と関係していたのは，プロテスタントの倫理の弱体化から生じ，後に弱体化を促進することにもなった数多くの変化だったのであり，そうした変化は相互に結びつき補強し合っていた。「なすこと」に対比される「あること」または「あることとなること」の価値が上昇し，このような変化とともに，価値の傾きも「未来」と対比される「現在」を志向するものへと変化していっ

た[8]。

　上記のような変化は，個人の生き残りの倫理としても考えられてきた[9]。私利の追求は富の蓄積から快楽の追求や精神的な生き残りへと変わったが，これは未来のために蓄えるというよりも現在のために生きる文化なのだということを示すものである。というのは，そうした文化は心配すべき未来は存在しないだろうということを信じるものだからである。さらに，国民の間では余暇活動の基盤が著しく多様化し拡大していった[10]。またもや概念の変化は，楽しみ，遊興，誇示，快楽に関わる享楽主義の文化への変化として特徴づけられることになった。こうした枠組みの中では，究極的な目的はもはや仕事をして成果を上げることではなく，消費をして楽しむことであった[11]。かくて，資本主義の道徳的ではないにしても文化的な意味での正当化は，今の一瞬を享楽的に過ごすことへと変わってしまった。それでも依然として，仕事ではただひたすら生産的であらねばならなかった。ダニエル・ベルの言葉を借りるならば，「昼は誠実でなければならず，夜は遊び人でなければならない[12]」のである。このような変化は，自己否定と先送りされた満足の倫理から自己充足の倫理への変化として特徴づけられるような方法でも分析されてきた[13]。そうした自己充足は価値観を拡張し，結果としてより広範囲にわたる人間としての経験や多元的な生活様式を包摂し，創造性，自主性，参加，コミュニティ，冒険，活力，刺激といった触れることのできないものの追求を包含していった。しかし，自己充足は欲求としてはやはり主に物質的なものであって，しばしば直ちに得られる満足という形をとった。

　こうした自己満足への変化は，信用が供与される可能性が高まり，洗練された広告が現れ，考えうる万人の好みに合うような製品が普及したことによってさらに助長された。企業は製品の供給をコントロールしただけでなく，消費者の欲求を操作することを通して需要関数をもある程度コントロールするようになった[14]。典型的なアメリカの家族が享受していた奢侈品をテレビに映し出したことも，数え切れないほど多くの他の要因と同様に，行動の変化をもたらす一因となった。こうした変化は社会のある特定の領域が生み出したわけではなく，社会全体が消費の支配する新しい文化的風潮，つまり未来の

ために蓄えるのではなく直ちに満足を得たいという風潮の創出に与ったのである。

　では，労働を含む文化的風潮全般において，こうした変化がもたらした概念面における全体的な意義とはどのようなものであろうか。生産を重視する傾向はまだ強かったが，消費に対する諸制約は快楽と自己満足を生み出しうる製品を求めて絶えず増大する需要に道を譲った。かくて，このような消費者文化を発展させる過程で，消費活動はプロテスタントの倫理が提供したあらゆる道徳的制約と正当化から切り離されることになった。こうした道徳的基盤によって提供されていた目的や意義は，直ちに満足が得られることや消費を増やすことに重きを置く消費者文化にはもはや適当なものではなかった。今や生産だけでなく消費もそれ自身が目的となったのである。生産と消費はどちらも，さらなる財とサービスの生産および消費を越えたより広く大きな道徳上の目的から切り離された。また，ビジネスと自然環境との間に認められる外的な関係は，これまでとりたてて言うほどの問題はなかったが，不穏に大きな重要性を持ちはじめるようになった。なぜなら，この時代に使い捨て社会が生み出され，人々がより新しい製品をより早く買うことができるようにと陳腐化が製品の中に組み込まれたからである。こうして，消費者文化の発展を支えるために，処分することが必要な廃棄物が急速に増え，生み出される汚染が増加し，より多くの資源が使用されることになったのである。

環 境 倫 理

　資本主義システムとの関係で生じている価値観の変化は，前例がないほどの高さにまで達した豊かさと科学技術の発達を成し遂げた産業社会の後期の段階がもたらした必然的な結果であろう。必然的であろうとなかろうと，20世紀の幕を落とすまでの数十年間，アメリカ社会の多くの人々にとって，プロテスタントの倫理はもはや何の重要性も有していないようであった。社会

が豊かになると，より高次のニーズに注意を払うことが可能となる。かくて，より質の高い生活への期待が増大し，今や物理的な意味での環境自体が生活の質全体の重要な構成要素として考えられている。汚染されたあるいは安全でない環境では，入手可能な財やサービスを十分に享受することはできないからである。消費者社会は2つのきわめて重要な仮定の上に築かれている。すなわち，(1) 世界には原料の供給源が無尽蔵にある，(2) 廃棄物を処分しつづけるための底なしの捨て場所がある，という2つの仮定である。現在，これらの仮定は両方とも疑問視されており，多くの人々は未来に向けて消費者文化を持続することができるかどうかを，それに伴う道徳上，実際上の問題すべてとともに，真剣に考えることが求められている。

　こうした不安は，最終的には持続可能な成長という考えの中にまとめられた。持続可能な成長とは，未来の世代がそのニーズを満たす能力を弱めることなく，現在のニーズを満たす社会的，経済的，政治的発展の道を見出すことに関わるものである。この概念は，公平すなわち世界中の国民間の公平，親と子供さらには孫との間の公平が問題となるような形で，われわれの資源を管理することに関わる価値観の変化を反映している。[15]このように，持続可能な成長はあらゆる発展段階にいる人々の心を引きつけるものであり，とりわけこの概念は経済発展の初期の段階にある人々や国家に対して訴えるところがある。

　持続可能な成長と他の類似した概念の中に具体化されたものとしての環境に対する不安は，環境倫理へと向かう動きを強力に支持している。自然そのものの恵みは本質的に人を豊かにさせる経験を提供し，自然を傷つけることは意義や自己充足の探求を損なうことになるという点を，多くの人々は再発見しつつある。汚染，資源の利用法，自然の享受に関する環境面での不安は，消費を増やし直ちに満足を得るということに関連した文化的価値観と明らかに衝突する。それぞれが独自に自己を正当化する目的を持った生産，消費および経済成長の倫理は，自己充足と環境不安の倫理といずれ衝突することになるように思われる。この問題は，あらゆる種類の「事実を巡る」意見の不一致に関わっている。例えば，持続可能な経済成長は現在進展しているよう

な形で実現可能であるのかどうかということや，こうした経済成長と消費はいずれも本当に人々をより幸福にし，より大きな満足を得させるものであるのかといったことである。しかし，より深いレベルでは，この問題は道徳上の認識に関わっており，そうした認識は事実を巡る多くの不一致の基底にあって，それ自身大きな重要性を有している。さらに，ビジネスについての議論は，通例，環境保護論者が自然を賞賛する行為とは関連がないと思われるような言葉で表現されているのに対して，環境保護論者が一般に提起する道徳についての議論は，ビジネスの実践的な関心とは関連がないと考えられている。最終的な結果として，大きな溝がさらに広がってしまい，その溝を越えてそれぞれが互いの意見を聞くことは困難になっている。

新しい成長の倫理に向けて

　以前に論じたように，プロテスタントの倫理の中に具現された文化的態度と道徳上の枠組み，そしてその世俗化した労働倫理への展開は，人間存在を十全に高める上で生産が果たしている役割から生産を切り離し，生産それ自体を1つの目的に変えてしまった。消費の倫理は，絶えず増えつづける生産と直ちに満足を得るという新しい社会的態度から発展したものであるが，やはり人間存在を十全に高める上で消費が果たしている役割から消費を切り離し，消費それ自体を1つの目的に変えてしまった。かくて，経済成長は生産と消費の点から測定され，それ自身が道徳的な目的つまり独自の生命を有する自己正当化の過程となり，経済成長すなわち自身を目的とする生産の成長と消費の成長の進展は完了した。したがって，焦点を経済成長に当てた場合，多面性のある生活の継続的な十全さの中で意義と豊かさを探求したり，多元的な環境の中に埋め込まれているという事実を探求したりすることがますます妨げられているように見えたとしても，さほど不思議ではない。

　一般に人間は，経験に意義や自己の成長を注入したい，そして十全かつ豊かな存在という形で自分たちが埋め込まれている多元的な環境を高めたいと

いう欲求を持っているが，そうした欲求を育むような方法で生産と消費を高めていく方向を示してくれる新しい倫理が必要とされている。これについては，さらなる進展というよりは，経済成長，生産および消費を人間存在の道徳的土壌に戻す根本的な再検討と呼ぶのが，おそらく最も適切であろう。道徳的土壌から経済成長，生産，消費が順番に切り離されてきたのであるから，当然，そうした土壌はそれらの目的と方向を含んでいるはずである。したがって，必要とされているのは，成長についての新たな理解，つまりきわめて豊かで複雑なものとして人間存在を高めていくという目標に根ざした道徳に関わる方向を経済成長，生産および消費に対して示すような理解であり，それは成長についての具体的な理解，すなわち「具体的な成長」についての理解ということになる。

　プラグマティズムの枠組みにおいては，以前に触れたように，成長というものを単なる蓄積や単なる増大といった点から理解することはできない。むしろ，成長は己我が密接に結びついているコンテクストの統合と拡張をもたらすために，経験の継続的な再構築を伴うものである。具体的な成長とは，人間が関連性を持ちながら埋め込まれている多元的な環境との間で，より完全で，より豊かで，より包括的で，そしてより複雑な相互作用を成し遂げていく過程のことである。人間が継続的な成長を成し遂げていく場である環境を破壊する一方で，経済発展を生活の質を高めるものとして語ることは，経済発展という概念の中に含まれている生活の質を抽象的で関連性を持たないものとして理解していることを示している。

　経済成長は究極的には具体的な成長という道徳的土壌の中に埋め込まれているが，そうした土壌から経済成長を切り離すと，結果として環境政策に関して根本的な選択を行なう必要がしばしば出てくる。その選択とは，われわれと自然との関係は倫理的なものなのか，それとも経済的なものなのかという問題である。しかしながら，こうした区別のしかたこそが経済成長を道徳上の目的にとってあまりにも外的なものとして，つまり1つにまとめられねばならない2つの別々の要因として見ていることになる。これでは，おそらく関係を混乱させることになるだろう。プラグマティズムに基づく答えは，

われわれと自然との関係は道徳的であると同時に経済的であるといったものである。成長が有する美的‐道徳的性質には，十全な質的豊かさの中でのコンテクストの継続的な統合と拡張が含まれているが，環境の保護と生活の質の向上とは，この成長の美的‐道徳的性質への密接不可分な依存関係を通して緊密に結合されている。また，人間としての発達はその文化的な世界だけでなく，生物学的な世界とも生態学的につながっている。絶えず拡がりゆく地平を取り込んでいくためにパースペクティヴを深め拡大していくという作業は，文化的な世界を越えて，われわれが不可分に結びついている自然界へと拡張していかねばならない。経済の次元は，このような絡み合いの中に，その道徳的性質の本質的な部分として包摂されている。

プラグマティックなパースペクティヴからすれば，経済成長はある状況の十全さから抽象化されたものであり，経済成長が具体的な成長を促進するというよりも抑圧するとき，経済成長はその存在の場である現実の十全さを歪めてしまった抽象化であるということが示される。これは量的にとらえられた側面を近代的世界観にしたがって理解する際に作用する誤謬と似ている。その誤謬とは，量的にとらえられた側面を質的に豊かで価値が負荷されている現実から存在論的に独立したものと見なす立場であり，そうした現実から量的にとらえられた側面の抽象化が進むことになる。確かに，経済成長とその道徳的土壌の分離は，近代的世界観の時代の二分法に根ざした事実と価値という区分の残滓である。経済システムの道徳上の目的は，継続的で具体的な成長という次元として，その性質の中に埋め込まれている。

「どのくらいで十分なのか[16]」あるいはまた「財というものはどう役立つのか[17]」といった問いかけがこれまでなされてきた。これは具体的なコンテクストの中でのみ答えることのできる問題である。というのは，財——経済財——は人間存在の十全さを豊かにする一助にすぎないのであって，それはつねに具体的状況の中で生じるものだからである。富は継続的な成長を隷属させたり，成長のさらなる機会を提供することができる。環境との間で「経済的な」関係「と対立する道徳的な」関係の方を選ぶ人々は，富による隷属化についての説得力のある例をしばしば示してくれるが，富に関しては肯定的な例も数

多く存在する。たいていの場合，消費の増大は存在についての感じられる価値の次元の喪失を必死に補うものとして役立つが，それはまた人間存在の美的‐道徳的豊かさへの適合を高める可能性をも提供しうるものである。

　環境問題に対する答えは，人為的に作られた代替案の間の強制された選択のうちに見出すことはできない。そのような代替案は究極的には現実に仕えなければならないのであるが，当の代替案は現実の豊かさが有している性質そのものを歪めてしまっている。したがって，環境問題に対する答えは，現実の豊かさが有している性質そのものを，いかに代替案が歪めてしまっているかを認識することの中に見出されることになる。こうした認識は，事実と価値，道具としての財と本来的な財とを分離する近代的世界観を明確に拒絶することを要求する。[18] 近代的世界観は，原子論的な個体主義の側に立ち，定量化の産物に魅惑され，結果的に成長というものを個々の事柄が定量化可能な形で蓄積されたものとして理解する。その基底にあるのは，人間存在のうちの区別可能な諸次元に対して独立した地位を与えることに固執するということであり，結果として，軽率にも誤った代替案の中から破壊的な選択を行なわなければならない必要や，哲学の長い伝統が不正にもばらばらにしてきたものを再構築しようという空しい試みを生み出してきた。ハンプティ・ダンプティの話は，このような試みがいかに空しいことであるかをかなり以前に示していたのである。

　もし具体的な成長に基づいて全体論的なアプローチがとられるならば，ビジネスと環境保護論者が衝突へと向かう道はおそらく切り崩すことができるだろう。ただし，産業社会における消費の削減は厳しい反響をもたらす可能性がある。先進国では国民総生産あるいはそれに相当するもののうちの約3分の2が消費者の購買によって成り立っていることから，消費者による支出の大幅な削減は経済成長と結びついている雇用，所得，投資，その他あらゆる事柄に深刻な結果をもたらすことになるだろう。消費の低下は，先進工業社会にとって自己破壊的なものになりうるのである。それでも，もし消費を低下させる措置がとられなければ，最終的には生態学的な諸力が，われわれのコントロールできないさらに破壊的な方法で，先進国社会をともかくも解

体することになるだろう。[19]

　いくつかのことが頭に浮かんでくる。企業はその広告や販売促進活動において，環境にあまり悪影響を与えない商品の販売を促進することによって，より責任ある態度をとることができるであろうし，また消費者もその消費活動において，そうした商品を購入することによって，より責任ある態度をとることができるであろう。これは「グリーン・マーケティング」の目的と考えられていたが，企業はより責任ある態度を示す生産や消費を促進することよりも，市場占有率を高めようという流れに乗ることの方に大きな関心を抱いていたので，そうした努力は潜在力を発揮できないままにある。もし「グリーン・マーケティング」の目的がコミュニティの共同プロジェクトになったならば，こうした試みは必ずしも消費を制限したり市場占有率を下げたりすることなく，生産と消費のパターンを変える手段を提供することができるであろう。

　しかし，どうしても消費を制限する必要があるならば，環境を直接的に改善する財やサービスを生産する企業における雇用と投資の拡大を促進することによって，成長志向の経済の雇用や他の諸側面に対する悪影響を和らげることができるであろう。換言すれば，汚染や廃棄物の処理に関わる環境問題を扱うための科学技術を開発し，リサイクルや環境の修復に関係するサービスを提供する環境関連部門で，より多くの人たちが雇用され，より多くの投資がなされるであろうということである。こうしたシナリオの下でも，まだ成長しつづけることは可能であろうが，これまでとは異なる形で人々は雇用され利潤が生み出されることになるだろう。異なる形でとは，さらに多くの消費を目指して環境を破壊する消費財やサービスを生産し提供することにわれわれの経済的資源の多くを振り向けるのではなく，環境を直接改善するような財を生産しサービスを提供することによってである。

　最後に，おそらく最も重要なことであろうが，人間存在が全体性の中で継続的に発達していくのを考慮に入れた形で生産と消費の方向を導いていく新たな道徳的意識が立ち現れてこなければならない。そして，さまざまな方向が示された場合には，上記の目標に対する貢献度という点から絶えず評価し

ていかねばならない。もし道徳的意識にゆっくりでたどたどしくともこうした変化がもたらされるならば，先進国社会の消費者は生態学的に見て破壊的なものの使用を削減し，代わりに家族，社会的関係，意味のある仕事，余暇といった多くの人々が幸福に関わる主要な心理的決定因であると主張しはじめている充足のより根源的で非物質的な源を開拓しはじめるようになるであろう。[20] このように，経済成長は人間のニーズをさらに豊かにする経路の継続的な開発という点から方向づけられるだけでなく，そのような開発を促進することもできるのである。

　これを達成するためには，経済システムと道徳的土壌の分断という長い漸進的変化と，生産と消費そのものを目的とする体制——どちらも，アメリカ文化の思潮の変化によって支えられていただけでなく，そうした変化の一因にもなっていた——は反転させられなければならない。こうした破壊的な性格を有する抽象化の産物は，具体的な成長という道徳的土壌に戻されなければならない。なぜなら，この道徳的土壌こそが抽象化の産物が生まれた起源であり，究極的にはそうした産物に意味と活力を与えるものだからである。したがって，必要とされているのは新たな道徳的環境であり，ビジネスの声と環境保護論者の声の間にある溝を埋める新たな道徳的・文化的意識である。

　しかしながら，ビジネスの関心事と環境保護論者たちの関心事の間には越えなければならないもう1つの溝が存在する。それは，経営倫理学と環境倫理学という2つの分野で使用されている哲学的枠組みのタイプ間に見られる理論面での溝である。この溝は，どんなによく言っても，これら2つの分野間における意思の疎通を困難にしており，逆効果を生み出すこともしばしばである。次の章では，こうした溝を埋めることは可能であるのかどうかという点に目を向けてみよう。

　1. Max Weber, *The Protestant Ethics and the Spirit of Capitalism* (New York: Charles Scribner's Sons, 1958).
　2. David C. McClelland, *The Achieving Society* (New York: Free Press, 1961), p.48.
　3. Richard LaPiere, *The Freudian Ethics* (New York: Duell, Sloan, and Pearce, 1959), p.16.

4．マルクス主義者の歴史分析が主張するところによれば，宗教は社会の生産諸力の組織の上に築かれる上部構造の一部であるという。したがって，宗教は物質的条件と社会の経済組織の産物であって，これらの要因を具現する上での積極的な動因ではけっしてない。この種の因果関係は，宗教は資本主義的な生産の組織に合わせていかなければならなかったと論じている他の学者によっても支持されている。例えば，トーニーは次のように述べている。

宗教改革の結果，かつて教会と国家の間に存在していた諸関係は，ほぼ完全に逆転してしまった。中世には，少なくとも理論上は，教会が公私ともに道徳問題についての究極的な権威であり，国家はその教令を執行する警察官であった。16世紀になると，教会は国家のうち宗教を司る部門となり，宗教は世俗的な社会政策に道徳的な承認を与えるために利用された……宗教は建物を支えるくびき石から建物の単なる一部へと転換させられ，権利の規範という考え方は政策の決定者，行為の規準としての経済的便宜主義に取って代わられた。Richard H. Tawney, *Religion and the Rise of Capitalism* (Gloucester, Mass : P. Smith, 1962), pp.141, 228-229（出口勇三・越智武臣訳，1959．『宗教と資本主義の興隆』岩波書店を参照した）．

もう1つの例はC. E. エアーからのものであり，彼は次のように述べている。「勤勉と倹約がキリスト教の徳として認められるようになると，キリスト教の良心も勤勉と倹約の報酬つまり資本の蓄積に必然的に順応した。」C. E. Ayres, *Toward A Reasonable Society* (Austin: University of Texas Press, 1961), p.280.

5．経済システムの台頭に関する詳細かつ優れた分析については，Karl Polanyi, *The Great Transformation* (Boston: Beacon Press, 1944) を参照．

6．Gerhard W. Ditz, "The Protestant Ethics and the Market Economy," *Kyklos*, 33, no. 4 (1980), pp.626-627.

7．Clyde Kluckhohn, "Have There Been Discernible Shifts in American Values During the Past generation?" *The American Style: Essays in Value and Performance*, ed. Elting E. Morrison (New York: Harper, 1958), p.207.

8．Ibid., p.207.

9．Christopher Lasch, *The Culture of Narcissism: American Life in an Age of Diminishing Expectations* (New York: Norton, 1978), p.53.

10．Ibid., p.192.

11．Daniel Bell, *The Cultural Considerations of Capitalism* (New York: Basic Books, 1976), p.70.

12．Ibid., pp.71-72.（同上）

13．Daniel Yankelovich, *New Rules: The Search for Self-Fulfillment in A World Turned Upside Down* (New York: Random House, 1981).

14．John Kenneth Galbraith, *The New Industrial State* (Boston: Houghton Mifflin, 1967) を参照．

15．William C. Clark, "Managing Planet Earth," *Scientific American*, 261, no.3 (September 1989), p.48.

16．これは Alan Durning の著書の題名である．

17．Mark Sagoff, "What Is Wrong With Consumption?" Paper presented at the Ruffin Lectures, The Darden School, University of Virginia, Charlottesville, Va., April 1997.

18．この点については，6章でより詳細に扱う．

19．Alan Druning, *How Much Is Enough?* (New York: Norton, 1992), p.13.

20．Ibid., p.137.

6
自然環境の中のビジネス
——道徳的枠組みの統一に向けて——

　経営倫理学において関心の高まっているトピックの1つはビジネスと自然環境の関係であり，そのような関係に固有の倫理的問題である。環境問題がビジネスと社会に影響を及ぼしていることから，自然環境はますます重要性を増しつつある。しかし，環境との関わりでの倫理的問題ということになると，経営倫理学は倫理学のもう1つの分野であり，異なる文献，異なる専門的組織，そして異なる研究者と教育者を有する環境倫理学と対峙することになる。経営倫理学と環境倫理学の間の溝を乗り越えようという試みが，重なり合うところのある新たなグループの設立，さまざまな会議における共同セッション，特別大会の開催，さらには書物や論文を通してなされているが，いずれも経営のパースペクティヴと倫理のパースペクティヴの双方から環境問題に取り組もうとするものである。

　しかしながら，理論に関わるより深いレベルからはじめようというのであれば，これらの分野間の対話を可能にするために，さらに強固な橋を架ける必要がある。なぜなら，そうした溝を理解する上で最も重要なことであるが，全体として環境倫理学という分野は経営倫理学とはまったく異なる理論と概念的基礎に依拠しているからである。このような分断状態のために，経営倫理学の分野には数多くの実際上そして教育上の問題が発生しており，自然環境に対する関心の重要性が増すにつれて，そうした問題はさらに増えていくだけであろう。経営倫理学と環境倫理学とが別々に発達したのには，多くの歴史的，制度的な理由があることは間違いない。しかしながら，本章が関心を置いているのは，こうした分断状態の理論に関わるより深い側面と両者間

の溝を橋渡しする必要性とである。

　そのような橋渡しを提供することは非常に有益であると思われるが，このことは経営倫理学と環境倫理学という2つの分野が1つに統合されるべきだということを意味しているわけではない。そうした統合は，歴史的，制度的な障壁があるため，おそらく実現することはけっしてないであろうし，また望ましいことでさえもないかもしれない。しかし，ビジネスにとって環境は重要なものであることから，経営倫理学と環境倫理学とがより密接に接触し合うのは有益であるというのは確かであろう。そして，こうしたより密接な接触が実現するならば，経営倫理学と社会問題の研究者たちのより密接な接触から得られる恩恵と同じ線に沿った恩恵がもたらされるかもしれない。しかしながら，密接な接触が生じるためには，経営倫理学と環境倫理学の間に理論面におけるより密接な共有性が存在しなければならない。換言すれば，経営倫理学と環境倫理学の間にある溝を橋渡しすることのできる哲学が発達しなければならないということである。さもなければ，これら2つの分野の研究者が集まっても，話したり議論したりする内容はあまり多くはないだろう。

　以下における議論は，簡潔にまた順を追って次のように展開していく。まず，これら2つの分野が分断されていることの背景にあって，奥深く染み込んでいる経営倫理学の理論的特徴のいくつかを概観する。次に，環境倫理学という分野自体の中心的な論点と問題について説明する。続いて，環境倫理学を提起する上で，プラグマティズムがいかに役立っているかということに焦点を当てる。最後に，こうしたプラグマティックなパースペクティヴが，経営倫理学の理論に関わる問題に新たな光を投げかけると同時に，より「経営倫理学に適った（business-ethics friendly）」建設的で新しいやり方で，環境倫理学の理論面における緊張関係の多くを作り変えていく方法を示すことにする。

経営倫理学の限界

　以前に論じたように，経営倫理学の理論的基礎は，大体のところ，ベンサムとミルの功利主義論，主としてカントの定言的命法に由来する義務論，ロールズとノージックに由来する正義論，そしてある程度はアリストテレスや例えばマッキンタイアのようなより最近の研究者たちによる徳についての理論を起源としている。しかし，こういった諸々の立場は，個人とより広い意味での自然環境が有する本来的な関係性を提供する哲学体系を欠いているため，環境倫理学の必要に適ったものではない。これらの立場すべてにとって，倫理的行為の源は抽象的な規則を諸事例に適用すること，もしくは伝統を吹き込むことにあるが[1]，どちらの選択肢も環境に対して意識を払うのに必要とされる自然の中での経験の適合を包摂してはいない。したがって，環境に関する文献の中に，上記の諸理論を自然環境に当てはめたものがあまり見られないというのも，さほど不思議なことではない[2]。

環境倫理学のアプローチ

　環境倫理学という分野は，自然環境が倫理的思考に対して投げかけている諸問題を扱うための独自のアプローチを展開してきた。時として哲学の緑化と呼ばれているように，この分野は伝統的アプローチを支える人間中心主義に対する代替案を提起しようとしている。伝統的アプローチとは，環境を人間とは分離されたもの，あるいは外部にあるものとして，道具的な価値しか持たないものとして，そして近代的世界観に特徴的な二元論と個体主義によって強化され，またそれを強化するものとしてとらえるアプローチのことである。このようなアプローチとは対照的に，環境倫理学は道徳的考慮を自然に対しても拡張する哲学的枠組みを作り上げてきた。こうした試みは，2つ

の非常に異なる道を辿ることになった。1つは，道徳的拡張主義と有資格性（eligibility）であり，もう1つは生物中心主義とディープ・エコロジーである。

　道徳的拡張主義と有資格性は，人間を除いた自然に対して，さまざまな程度で権利を拡張していくことに焦点を当てている。より限定された考え方の場合，動物に対してのみ道徳的考慮を拡張しているが，これは動物が苦しみや痛みを感じることのできる感覚を持った存在であるという理由によっている。この立場の下では，われわれの行為が人間以外の動物に対して与える影響は道徳的に見て本来まったく取るに足りないものだと主張するような考え方は，いずれも根拠がないだけでなく，道徳的にも擁護のしようがないものであって，それは過去におけるアフリカ系アメリカ人の奴隷に対するわれわれの遇し方と共通点がある。すなわち，後者の場合，アフリカ系アメリカ人の奴隷の苦しみは白人の苦しみと道徳的に同じ重要性を有しているとは考えられていなかったのに対して，前者の場合，人間以外の動物の苦しみが人間の苦しみと道徳的に同じ重要性を有しているとは考えられていないのである。われわれはアフリカ系アメリカ人を遇する際に人種差別を行なったが，人間以外の動物を遇するに際して今度は「種差別」を行なっているのであり，人種差別の論理と種差別の論理は同じものである。法制化と規制によって，アフリカ系アメリカ人を平等に扱うことに対する関心はわれわれを異なるレベルの道徳的意識へと動かしたが，それと同じように，利害を持ち苦しみを感じうる存在としての動物についても，異なるレベルの道徳的意識へとわれわれは動かされるべきである。[3]

　環境保護運動の側からは，このような考え方はあまりにも狭すぎると一般に思われており，より急進的な枠組みでは，こうした考え方を拡張し，あらゆる生命形態を包摂するまでに至っている。最も急進的な枠組みは，生命を持つものとそうでないものとの間においてさえ道徳的な境界線を引くことを拒否し，岩，土，水，空気に対しても倫理的な考慮を加えるべきだと主張している。いかなるものであっても，道徳的な境界線を引くことを正当化したりはしないのである。このような拡張はある人々にとっては馬鹿げたことの

ように映るかもしれないが，女性や少数民族に対して権利を拡張したことも，われわれの歴史のある時点においては，やはり馬鹿げたことと思われていたのだと，こうした考え方は主張している。そして，このような方法で権利を拡張することは，環境保護論者が環境をより適切に守るのを助け，自然は人間の利益のためだけでなく自然それ自体のためにも保護されることが必要なのだという認識を映し出すものであると言うことができる[4]。

　このような方法で権利を拡張しようという試みは，自然界のすべてもしくは一部を含んだより広範囲にわたる道徳のコミュニティを築き，またその意味では，人間と自然とを分ける人間中心主義を克服する努力を表していることは明らかであろう。しかし，環境倫理学における道徳的拡張主義と有資格性は，動物や自然の他の側面にも権利を拡張することによって，それらを道徳のコミュニティの中に包摂しようとしているものの，こういった主張は理論の面で強力な攻撃を受けている。権利というものは個体とその利害に対して適用されるが，それに対して環境保護論者の方は，個体でもなくまた通常の意味での利害も有していないシステムと種を守ることに関心を抱いている。さらに，権利は人間によって動物や自然の他の側面に付与されるものであるため，自然のうち人間を除いた側面の道徳的地位は人間次第ということになってしまう。

　かくて，環境倫理学における権利の理論は古くからある限界を克服しようとはしているが，かなりの部分において，権利の理論の伝統に見出される神人同形論と個体主義とが理論的に入り組んでいるところで足をとられていると見ることができる。ただし，経営倫理学のさまざまな理論は，概してこの権利の理論によって支えられている。環境保護論者の主張に賛成するか反対するかは別としても，経営倫理学において用いられている社会契約論では，このような権利の実現が不可能であることは明らかであろう。なぜなら，人間以外はこうした性質の契約を結ぶことができないからである。

　部分的にではあるが，道徳的拡張主義と有資格性に見られる諸問題の結果として，生物中心主義の倫理学とディープ・エコロジーが代替的なアプローチとして発達した。これらの枠組みは，はるかに急進的な態度を示すもので

あり，道徳的に考慮する価値のある存在という階層を単に拡げるだけでは，本物の環境倫理学に取って代わるには不十分であると主張している。権利を他の対象や未来の世代に拡張しても，人間と自然の関係についてのより深い哲学的な問題を扱うことにはならない。社会は生態学的なコンテクストの中で理解される必要があり，価値を負っているのはこのコンテクストというより大きな全体の方なのである。環境倫理学は，個体主義と人間主義に対して敬意を払う一方で，これら2つの概念から自由になり，世界がどう機能しているのかを扱わなければならない。

　こうした枠組みの中では，人間に適用される権利（human-type rights）を人間以外のものにも拡張すると考えるだけでは，全体として不十分である。というのは，そのような行為は人間以外のものを人間による庇護を必要とする「劣った人間」や「法律上の無能力者」として分類するものだからであり，これは1960年代に一部のリベラルな白人たちが黒人に対して犯した種類の誤りと共通するところがある。一般に認められている政治的，経済的秩序の中で，自然に対して権利や法的地位を与えるのではなく，秩序そのものが変えられなければならない。その究極的な姿として，土地を所有し利用することに関わる制度的な枠組み全体とともに，あらゆる形式の領有（domestication）が中止されなければならないとディープ・エコロジーは主張している。ホームズ・ラルストンは，環境倫理学におけるこうした変化の意義を，独自のアナロジーを用いて力強く要約している。すなわち，自然保護に関するかつての諸哲学は，プランテーションの奴隷に対する世話を改善すべきだという主張と似たようなものであったというのである。しかし，システム全体が非倫理的だったのであって，そのシステムの中で人々がどう動いていたかということだけが非倫理的だったわけではない。ディープ・エコロジーにとって重要な問題は，人間が支配し搾取するシステムから自然を解放することである。この過程には，人間が自然界との間で有している関係全体を再構築することが含まれる。

　このようなパースペクティヴと軌を一にするかのごとく，たいていの場合，動物解放運動は環境倫理学と関係がないものと考えられている。というのは，

動物解放運動は個々の有機体としての動物の権利を重視するものだからである。他方，真の環境倫理学は全体論的なものであり，生態系全体の利益を最大の目的としている。動物の権利を擁護する人々は，単に個々の動物を権利保有者の範疇に付け加えているだけであるのに対して，「倫理的全体論（ethical holism）」は個体ではなく生物界全体との関係から，正しいのかそれとも間違っているのかを判断する。換言すれば，全体はそれを構成するどの部分よりも大きな倫理上の重要性を有しているのである。われわれは自然の一部であることから，自然それ自体が諸価値――そこにはわれわれが人間として有している価値も含まれている――の源泉となっている。個々人は現れてはすぐ消えてしまうが，自然は無限に続くものであり，人間は自然における自分の位置を理解するようにならなければならない。

　こうした全体論的なアプローチは，自然を単に道具的な価値を持ったものとして見るのではなく，本来的な価値を持ったものとしてとらえている。人間が単に自然に対して価値や権利を付与しているというよりは，むしろ自然は少なくとも人間と同等の倫理上の地位を有しているのである。生態系というパースペクティヴからすれば，両者間の違いは人々が健全な生態系に対して権利を持っていると考えるのか，それとも生態系自体が本来的あるいは固有の価値を有していると考えるのかということにある。

　ディープ・エコロジーの核心にあるのは，個体のアイデンティティと全体のアイデンティティとは区別できないという考え方である。ディープ・エコロジーにおける自己実現の意味は，自己を快楽主義的な満足を求めようとする孤立した自己としてとらえる近代西洋的な意味を超越している。この新しい意味での自己は，自然全体に統合されたものとして経験される。人間の自己利害と生態系の利害とはまったく同一のものである。ありとあらゆる事柄や出来事については，われわれが思考し実践するに当たって考慮に入れなければならない根本的な連動性（interconnectedness）が存在する。

　これら2つのアプローチは，環境をまったく異なる方法で理解していると見ることができる。道徳的拡張主義と有資格性は，道徳的な関心を自然のさらに多くの側面へと拡張するために権利という手段を用いるが，こうした権

利は人間によって付与されるのであって，自然それ自体に固有のものではない。他方，生物中心主義とディープ・エコロジーが考えているところによれば，自然には固有の価値がすでに備わっているが，そうした価値については，自然を現在陥っているシステムから解放することによって認識される必要があるという。自然が有している固有の価値を認識することによって，道徳的拡張主義と有資格性において今もなお機能している人間中心主義の最後の残滓は除去されるであろう。また，道徳的拡張主義と有資格性が全体を犠牲にして個体を重視するのに対して，生物中心主義とディープ・エコロジーは全体の利益に個体を従属させている[8]。これら2つの代替的アプローチは，それぞれが独自の方法で自然に対する道徳的関心といったものを提供してはいるが，どちらも経営倫理学に対して，企業活動が自然環境との関連において有している広範囲にわたる関心のうち道徳に関わる次元を理解するための有用な枠組みを示すことができていない。

環境倫理学としてのプラグマティズム

プラグマティズムにとって，人間という有機体と人間が身を置いている自然は，どちらもわれわれの日常的な経験の特質と価値を豊かに持つものであると考えられてきた。人間の活動一般も人間が有している知識も，人間が自然の有機体であり，また人間との間で連続的な関係にある自然環境に埋め込まれ依存しているという事実から切り離すことはできない。人間の発達は，その文化的な意味での世界だけでなく，生物界とも生態学的に結びついている。精神，思考，自己といった人間固有の弁別示差的な特徴は自然から創発した特徴であり，自然の豊かさの本質的な部分である。こうした特徴は，生命を持った肉体がいかに振る舞うかということと関係がある。プラグマティストは，自我を生物学的な存在から分離されたものとして見ることはしない。むしろプラグマティストは，もし場所について語ることができるならば，自己というものを内省する能力を持った生物学的有機体に「身を置く」，肉体を

伴った自我として理解しているのであって，そうした内省能力は人間という生物学的有機体が機能している関係的なコンテクストから創発するだけでなく，そのようなコンテクストへと開かれているものでもある。

　人間の経験をプラグマティックに理解するという視点から眺めると，人間とその環境——有機的な環境ならびに非有機的な環境——は，本来的な関係性を持った様相を呈している。いかなる有機体も環境から独立して存在することはできないのであるから，有機体と環境とを互いに独立したものとして語ることはまったく実情に合わない。環境というのは，それが有機体との関係にある状態のことなのである。環境に起因する諸特徴は，そうした相互作用というコンテクストの中に存在する。われわれの眼前にあるのは，分けることのできない全体としての相互作用であり，経験とその特質が機能するのはそうした相互作用のコンテクストの中においてのみである。絶えず拡がりゆくコンテクストを含んだ相互作用の過程において，自己と「他者」とを関係的に理解することは，個体を原子論的単位としてとらえることによって最終的にもたらされるジレンマである個体の利害とコミュニティの利害の対立を弱めることになる。また，自然の質的な創発が有する関係的な性質も，異質の客観的世界に対立する主観的経験という未確定の問題を切り崩すことになる。

　さらに，具体的な成長に関するプラグマティックな理解と問題を孕んだ状況に対する実行可能な解決策は，われわれが自然の中に埋め込まれているという本質的な構造を強化するほどまで，こうした考え方を拡張している。他者のパースペクティヴに立つことに伴う深化の過程は，継続的な成長と問題を孕んだコンテクストに対する実行可能な解決策にとって必要なものであり，具体的な状況への適合に基礎を置くより一層創造的で拡大と深化を続ける地平へと道徳的推論を拡げている。これはパースペクティヴの深化と拡大を伴うものであり，われわれが不即不離に結びつけられている文化的な意味での世界と自然界の絶えず拡がりゆく地平を包含している。こうした特徴はすべて，経営倫理学の概念的基盤をプラグマティックに再検討する上で非常に重要であるが，環境倫理学の未確定の問題を再検討する上でも非常に重要なも

のとなっている。

　すでに論じた推論の深化と自我の拡大とが本領を発揮するのは，集団内／集団外という恣意的で実体のない区別を通してわれわれが行なう区分を「超越する」ことを可能にするという点においてであり，それは自我と自我が関係している諸条件の全体性との間で確固たる調和をとることの可能性が意味するところを「掘り下げる」ことによってである。すべてのプラグマティストたちにとって，これは世界全体を含むものとなる。なぜなら，プラグマティックに連続性を重視することは，われわれの発達中の自我は世界のいかなる部分からも切り離せないということだけでなく，そのような部分は何の関係もないものだと主張するのは不可能であるということをも露呈するからである。以前に見たように，成長は本質的には道徳に関わっており，成長はまさにこうしたパースペクティヴの深化と拡大を伴い，われわれが不即不離に結びついている文化的な意味での世界と自然界の絶えず拡がりゆく地平を含むほどになっている。デューイは，宗教的に世界を経験することを，自我と自我が関係している諸条件の全体性としての世界とを関連づける方法として人間主義的に理解しているが，上記の点はそうした理解の中に最も強力な形で現れている。[9] こうした統一は，知性の文字通りの中身としてではなく想像作用による自我の拡張としての全体性，つまり知的な把握ではなく調和の深化を伴うことから，知識の点から理解されることもなければ，熟慮によってはっきりと実感されるということもない。詩人が自然を非常にうまくとらえているのは，こうした理由によっている。[10] そのような経験は，知性の変化だけでなく，道徳的意識の変化をももたらす。

　環境保護論者は，生物圏を構成し相互に作用しあっている個体——人間，人間以外のもの，有機体，非有機体——間の「客観的な」関係を記述しようとするであろうが，個体に帰する属性はそうした個体が示す相互作用から独立して備わっているわけではない。自然から人間的要素を取り除くことはできないし，また人間から自然的要素を取り除くことはできない。人間は自然の中に存在し，その一部となっているのであって，自然のいかなる部分も価値の創発をもたらす考えうるかぎりの関係的なコンテクストを提供している

のである。「人間の利害」、つまり人間の豊かさを増大させる上で**価値を有している**ものについての理解は、長期的と短期的、想像によるものと実際のものという対立の点からだけではなく、人間の利害ないしは人間の福祉という大きく拡張された考え方に基づいて拡げられなければならない。さらに、価値のある経験を増やすことは、主観的なものあるいはわれわれの中にあるものを増やすことではなく、自然の中で関係的なコンテクストが有している価値の負荷性（value-ladenness）を高めることである。世界を宗教的に経験することについてのデューイによる理解は、プラグマティックな倫理学が位置していなければならない究極のコンテクストを提供している。いかなる状況やコンテクストもある意味では独特のものではあるが、道徳的関心の届く範囲外にある状況やコンテクストといったものは存在しない。正しく理解されるならば、プラグマティックな倫理学**こそまさに**環境倫理学なのである。

　そのような倫理学を人間中心主義と呼ぶことはできない。確かに、価値を測ることができるのは人間だけである。また、何が価値づけの多様性に最も役立つのかということに関わる判断としての評価がなければ、価値のあるものという概念は生まれてこないであろう。さらに、人間は自身の経験を類推を通して参照することによってしか、人間とは関係のない経験について語ることができない。しかし、価値のあるものという概念は人間の知性を含んだ判断を通してしか現れてこないものの、魅惑的あるいは不快であるといった価値に関わる特質は、感覚を持った有機体（sentient organisms）を包摂した環境との間の相互作用のいかなるレベルにおいても発生する。有機体の意識的にそして自意識をもって経験することのできる能力が増すにつれて、有機体－環境というコンテクストの中で創発する価値のレベルは高まっていくが、経験することのできる感覚を持った有機体が存在するかぎり、価値は状況についての創発的でコンテクストに基づく属性なのである。ジェイムズが強調しているように、われわれは道徳的エージェントとして、「われわれ自身以外の存在形式が持つ意味について進んで判断を下すこと」は禁じられている。「われわれにはどんなに理解できないものであっても、それらなりに無邪気に興味を抱き喜んでいるとわれわれが考えているものたちに対しては、我

慢をし，敬意を払い，好きなようにさせることを」われわれは命じられているのである。「手を引け。誰であれ１人の観察者には，真理の全体も善の全体も明らかにされはしない[11]」ということである。

　必要があってすべての抽象的な議論がなされるならば，環境保護論者の中には，価値の創発のレベルでは区別は可能であるという主張に異議を唱える人がいるかもしれないが，価値のあるものについての主張は，実際のものであれ潜在的なものであれ，人間の福祉を向上させるのかそれとも抑えきれないほどの害を与えるのかという点から考え**なければならない**というのが実情ではないだろうか。マダラフクロウの保存とエイズ・ウィルスの保存は道徳的に等価な主張であるなどと本当に考えている人はいるのだろうか[12]。

　人間の福祉を向上させるのかそれとも損なうのかという点から，エイズ・ウィルスとマダラフクロウの相対的価値を評価することは，すでに否定された人間中心主義の再現であるといった異議は唱えられるかもしれない。しかしながら，こうした異議は人間中心主義か生物中心主義かという二者択一の問題を十分に掘り下げていないことに起因するものである。実際のところは，「どちらも」というのが意図された立場により近いが，これでも不十分である。なぜなら，「どちらも」という結合を行なったときに，結合された２つの立場が元々持っていた極端さというものを変容させてしまう概念の根本的な変化をとらえることができないからである。そこには「すべてか無か」という問題は絡んでいない。あらゆる価値が人間との関係においてのみすべてか無であるというのは，実情とは異なっている。だが，人間の福祉との関係を度外視して，あらゆる価値は等しく正当な資格を持っているというのも，実情とは異なっている。経験することのできる感覚を持った有機体が存在するかぎり，またそうした有機体が存在するときにはつねに，価値は状況についての創発的でコンテクストに基づく属性であるが，有機体が意識的にそして自意識をもって経験することのできる能力を増すにつれて，有機体‐環境というコンテクストの中で創発する価値のレベルは高まっていく。

　生物中心主義という生物学的平等主義を，矛盾を来すことなく想定することはおそらく可能であろうが，それを実践の中で維持することは不可能であ

る。確かに，いわば「観念して」，理論上の平等主義というものを進んで受け入れたとしても，人間とエイズ・ウィルスとは理論上平等であるという立場から，そうした理論上の立場を実践する方向へと進んで移行しようとはしないものである。だが，このことは自然の中において感覚を持った有機体の価値コンテクストを人間は無視することができるということを意味するものではない。そうすることは，対立する主張に基づいて評価するというよりは，むしろ他の有機体に対する価値づけを自己中心的な態度で無視し利用することを意味する。われわれは人間の福祉を守る判断を下さなければならないが，それでもそうした判断はこのような目標との調和を最大限保ちながら，感覚を持った他の有機体を包摂する価値を負荷されたコンテクストを考慮に入れなければならないのである。

　評価が何かについてのものであるならば，そうした評価は，実際のものであれ想像によるものであれ，価値のある経験がいかに組織されるべきかということに関するものでなければならないことを，われわれはこれまで見てきた。感覚を持った有機体を包摂するコンテクストだけが，価値の創発をもたらすのである。こうした立場は感覚とは関係のないコンテクストにおける価値の創発を考慮するものではないが，感覚とは関係のないコンテクストの利用について考慮するようなこともない。自然のいかなる側面であれ，自然におけるいかなる関係的なコンテクストであれ，自然におけるいかなるものであれ，感覚を持った有機体の考えうるかぎりの経験の対象とはなりえないようなものを想像することは可能であろうか。

　問題なのは，創発的な価値の実際上もしくは潜在的な面における関係的なコンテクストにおいて，環境が究極的な価値を有しているということではなく，価値づけと価値づけを考慮に入れた重要な環境とがあまりにも狭く理解されているということである。プラグマティックな倫理学では，人間の福祉とそれが一部をなしている環境の福祉との間に線を引くことができないのである。ここで，次のような異議が唱えられるかもしれない。すなわち，価値づけの経験を生み出す潜在的可能性に基づいて感覚を持たない自然の価値を測ることは，自然は単に道具的な価値しか有していないと言っているのと同

じだという異議である。もし自然が単なる道具であるとするならば，真の環境倫理学などは不可能である。しかし，このプラグマティックな枠組みにおいては，道具的価値と本来的価値の対立に関する議論全体がはじめから問題を孕んでいる。経験の一部となりうるであろうものはすべて，価値が創発するコンテクストの関係的な側面になる潜在性を有している。さらには，いかなる価値も，価値が創発するコンテクストのいかなる側面と同様，種々の結果を伴うものであり，したがってさらに先のもの（something further）をもたらす上で道具的な役割を果たしている。かくてデューイは，手段‐目的という区別はできないが，手段の特徴が目的の特質の一部となる連続性の展開があり，目的はその先のものにとって手段となると述べている。[13]

　さらに，対立する新たな利害を解決するに当たって，評価は発展し，新たな方向を打ち出し，新たなコンテクストを獲得する。道徳性が関係しているのは，こうした問題を孕んだコンテクストにおける選択と創造的な解決である。もしあらゆるものが本来的な価値を有しているならば，意思決定はいくぶん恣意的になる。例えば，もし価値づけの経験を生み出す潜在性とは無関係に，あらゆる木が独自の本来的な価値と存在する権利を有しているとするならば，いかにしてわれわれは切り倒すべき木を選ぶことができるであろうか。[14]すべての木を「救う」ことはできないということを，われわれは常識によってわかっている。議論がなされなければならないのであるが，文献の示すところによると，価値づけの経験を生み出す潜在性に基づいて，また最終的に厳しい選択がなされなければならない場合は，人間の価値づけの経験を生み出す潜在性に基づいて，最終的には議論がなされている。[15]

　このほかにも，自己と世界とが連合する形での「十分に達成された成長（fully attained growth）」というプラグマティックな理想が，価値が個体にではなくシステムに付与される環境中心主義へと変わっていくのかどうかという疑義も出されるであろう。ここでもまた，こうした二者択一はプラグマティックなコンテクストの中では有効ではない。時としてシステムの方が重要であり，また時として個体の方が重要であったりするのであって，それは意味のある道徳的状況が創発するコンテクストと問題となっている対立的な主張の

性質によって決まってくる。以前に強調したように,個体とシステムとを完全に分離することはできない。なぜなら,一方は他方と密接不可分に結びついているのであり,他方との関係においてその意味を獲得するからである。

多様性と連続性とは密接不可分に関係しあっているということが示されてきたことからもわかるように,孤立した個体という考え方は全体として抽象化の産物である。個体もシステム全体も価値を担う存在ではなく,むしろ価値は個体間の相互作用の上に創発する。全体は個体間の相互作用を通してその価値を獲得するのであって,継続的な発達を構成する諸関係から孤立したものとして個体の価値を理解することはできない。実際,システムと個体の対立を巡る議論は,全体として経営倫理学が有している特徴そのものを暗黙のうちに受け入れることを基礎としており,そのために経営倫理学の立場は環境倫理学とはかなり性質の異なるものとなっている。その特徴というのは,コミュニティを理解するには不十分な枠組みと,しばしばこの問題の根幹にある原子論的な個体主義である[16]。皮肉なことに,環境倫理学は,経営倫理学において援用されている権威ある哲学者たちがよく用いる原子論的な個体主義とコミュニティについての不十分な理解をはっきりと拒否する一方で,環境倫理学自体はそうした哲学者たちに由来する自滅的な二分法を払拭できないでいる。かくて,同じ問題のいくつかが,環境という新たな衣裳をまとって現れている。

経営者は,環境を純粋に道具的なものとして,つまり人間のために利用される存在としてとらえた上で,環境をも包摂した道徳的に責任のある意思決定を行なうことはできない。また,自然は権利を持っているとか,あるいは生態系は個々の社会のニーズや人間的見地から構造化された諸機能に取って代わるのだと抽象的に言ってみたところで,経営者にとってあまり参考にはならない。われわれはすべての木を救えるわけではないし,すべての種を救うことに平等な関心を寄せられるわけでもない。必要とされているのは,企業はより広い意味での環境との関係を通して存在しており,環境は自然界へとつながっているという認識である[17]。

企業の責任ある意思決定は,コンテクストの中に位置づけられ結果に基づ

いて評価されることから，環境に対する配慮を含んでいなければ，配慮が適切だということにはならない。ある特定の事例において，どのような行為の道筋がとられるべきかは，もちろん具体的な状況とそれに伴う独特な形で対立する要求から現れてこなければならない。しかし，あらゆる道徳的な意思決定におけるのと同様に，われわれが埋め込まれている社会，文化，政治，自然といったさまざまな環境との間でわれわれが有している多面的な相互関係に深く適合すればするほど，人間存在を豊かにすることのできる仮説を提供するために，創造的な知性を秩序立て再組織化する能力が現れる可能性は大きくなるだろう。

1. こうした点に関する議論については，1章を参照。

2. カントやアリストテレスのような経営倫理学によって援用されている伝統的な哲学者たちは，産業社会に道徳的思考を広めた諸特徴を乗り越えることを目指して，時として環境倫理学の理論に関わる議論の中で用いられている。しかし，環境倫理学において支配的な動きは，自然環境が倫理的思考に対して投げかけている諸問題を扱うために，伝統的な立場を越えて，他のアプローチの開発へと進むことである。そのため，これら2つの分野の理論に関わる道筋は本質的に異なっている。

3. この点に関する詳しい議論については，Peter Singer, "The Place of Nonhumans in Environmental Issues," *Moral Issues in Business,* ed. Williams Shaw and Vincent Barry. 4th ed. (Belmont, Calif.: Wadsworth, 1989), p.471を参照。

4. この点については，Christopher D. Stone, "Should Trees Have Standing?—Toward Legal Rights for Natural Objects," (*Moral Issues in Business,* pp.475-479. に所収) によって詳しく論じられている。

5. こうした考え方に関するより詳細な言説については，Kenneth E. Goodpaster, "From Egotism to Environmentalism," in *Ethics and Problems of the 21st Century,* ed. Kenneth E. Goodpaster and K. M. Sayre (Notre Dame, Ind.: University of Notre Dame Press, 1979), pp.21-33. を参照。

6. こうした考え方に関する詳しい議論については，Roderick Frazier Nash, *The Rights of Nature: A History of Environmental Ethics* (Madison, Wis.: University of Wisconsin Press, 1989).を参照。

7. こうした考え方の発展型は，Holmes Ralston III, *Philosophy Gone Wild: Essays in Environmental Ethics* (Buffalo, N. Y.: Prometheus Books, 1987), p.121. に見ることができる。

8. 生物中心的全体論および生態系中心的全体論に対して絶えず向けられてきた批判は，これらの哲学がコミュニティ内における個体の役割と人間一般の価値を両方とも減じてしまうという点である。Laura Westra, *An Environmental Proposal for Ethics* (Lanham, Md.: Rowman and Littlefield, 1994) は，通常の批判をかわす考え方を提起するために彼女独自の「統合の原理」を用いているが，それによって彼女の「生物学的全体論」はディープ・エコロジーのさらに極端な形式から引き離されている。かくて，彼女はあらゆる生命に対する絶対的尊重について，「この立場は賞賛するのは容易であるが，採用するのは困難であると思う」(ibid., p.125) と述べている。それでも，彼女は通常の批判を受けている標準的な立場から自らを遠ざけるように懸命に努めなければならないという事実は残る。コミュニティに関するプラグマティックな概念は，彼女が到達しようとして

いるバランスを維持する上でおそらくかなり役立つであろう。

9．これは，環境に対する無関心をしばしば助長する有神論の信仰とはまったく異なるものだということを，ここで指摘しておかねばならないだろう。

10．ウィリアム・ジェイムズは，最も広範囲に及ぶ道徳的な関わりは，存在の宗教的な次元を理解する人たちによって保たれていると述べている。

11．William James, "On a Certain Blindness in Human Beings", *Talks to Teachers,* in *The Works of William James,* ed. Frederick Burkhardt (Cambridge, Mass.: Harvard University Press, 1983) p.149.

12．かくて，前に引用したジェイムズの言葉の中に，「無邪気」ということの特徴をわれわれは見出すわけである。

13．Anthony Weston, "Beyond Intrinsic Value" および Eric Katz, "Searching for Intrinsic Value: Pragmatism and Despair in Environmental Ethics" において展開されている議論を参照。なお，両論文は *Environmental Pragmatism,* ed. Andrew Light and Eric Katz (New York: Routledge, 1996) に所収されている。

14．ほとんどの全体論者はうまい具合に種を個体と見なしているので，環境に関する全体論は必ずしもこうした問題を抱えてはいない。かくて，たとえ木には本来的な価値があるかもしれないが，安定，統合といった生態系の基準と一致するような何らかの理由があれば，木という種に属する特定の例を切り倒すことを正当化することができる。しかし，個体にではなく種の方に本来的な価値を置くことで，全体論者は個体の道徳的価値を考えなければならないという問題に直面している。

15．したがって，例えば，成長した古い森は，個人に対して価値づけの経験を生み出す潜在性を有しているという点で貴重なものである。しかし，ここで問題を孕んだ状況が出現する。人間はより多くの住居を求めていることから，成長した古い森は，木材用に切り倒されるものとして，人間に対して価値づけの経験を生み出す潜在性を有している。しかし，個人はアウトドアの楽しみも経験しているのであるから，成長した古い森は，森として，個人に対して価値づけの経験を提供する潜在性を有している。さらに，成長した古い森の上記の例をはじめとする様々な価値の次元において，森が持っている価値づけの経験を生み出す潜在性は，実際の価値づけ，あるいは実際の個人による価値づけだけでなく，未来永劫にわたって価値づけの経験を生み出す潜在性へとつながっている。こうした未来の価値づけのための潜在的可能性は，現在の問題を孕んでいるコンテクストから除外できるようなものではない。というのは，こうした潜在的可能性が影響を受けるのは，未来においてではないからである。そうした潜在的可能性は現在のコンテクストの内にあるのであって，われわれによる現在の意思決定の影響を受けることになる。

16．かくて，ウエストラは，ディープ・エコロジーに対して提出されている通例の批判から脱しようと努め，全体は個々のメンバーの合計あるいは総和と同じではないということを強調している。彼女の *An Environmental Proposal for Ethics* を参照されたい。原子論的な個体主義の持つ集合的思考は，全体論によって生み出されている諸問題の唯一の源ではない。しかしながら，全体論が提起しているあらゆるものを有機的に統一するという考え方は，原子論的な個体主義が抱える諸問題に対する反動であり，極端な場合，それ独自の問題を生み出しかねない反動である。

17．企業に関するこうした理解については，本書の他の諸章において，より詳細に論じられるであろう。

7
科学技術的環境の中のビジネス

　科学技術はもちろん現代文化の重要な側面であり，わずか数年前に誰かが起こりうると思っていたことをはるかに越えて環境に影響を及ぼしている。科学技術についての議論は，さまざまな定義を提供してくれる。だが，そうした定義は，総合すると科学技術という言葉の統一のとれた理解を示すものではなく，むしろこの言葉の意図されている内容がとらえどころのない性質のものだということを明らかにしている。それと同時に，そうした定義はどれも，実際にはある意味で「同じこと」を語っている。誰もが一般に行なわれている方法で共通の理解を有しているものであっても，それに与えられた解釈には多様なニュアンスがあるということを考慮し，本章では問題となっていることについてのみ独自の「定義」を提起することにしよう。採用されることになるプラグマティズムの一般的枠組みの中では，科学技術は道具の創出と使用を通しての世界との生産的な関わり合いとして理解することができる。そうした道具は，問題を孕んだあるいは潜在的に問題を孕んでいる状況を取り除くために用いられ，状況の再構築や豊かな意味を有する経験の導入を通して，コンテクストの統合へと至るような結果を生みだすことによってその使用が進められる。このような活動は人間の経験一般に広く行き渡っているものであり，またその一部を構成するものでもある。

　話を続ける前に，注意をいくつか喚起しておいた方がよいだろう。ただし，こうした注意については，すでに3章の科学的方法に関する議論の中で若干異なる方向から提示している。環境を操作するという目的とそうした操作を行なうコントロールの道具としての科学的概念の現代的な使用は，人間活動が傾注されるべき機械的な操作ではない。むしろ，その反対の方がここでの

論点により合致している。すべての人間活動は，その最も初歩的なレベルであっても，指導によって導かれ，思惟によって環境を変革する活動なのである。そういうものとしては，人間活動は道具的ないしは科学技術的であり，科学技術に由来する抽象度の高い操作的で道具的な目的は，人間の経験一般が有する可能性そのものの基礎に根差している。さらに，前の諸章においてつねに強調したように，人間活動には価値を負荷され価値によって動かされる次元が行き渡っており，この次元の科学技術への浸透の度合いは，最も洗練され科学によって動かされている特徴においてさえも高い。

すべての経験は科学技術的である。ただし，経験はとにかく機械論的なものだという意味においてではなく，何かを知る手段としてまた存在する手段として，人間がとっている行動の構造自体が，状況を変革し意味のある経験を豊かにする——これらは際立って科学技術的な特徴である——ための道具の使用を具現しているという意味においてである。人間が行なう具体的な活動の性質そのものに具現されている原初的な科学技術活動は，活動がなされるあらゆるレベルにおいて科学技術の基礎を提供しており，すべての科学技術活動は，人間が自分たちの世界を創造的に構造化することに参画する最初期の活動様式に見られる特徴を帯びている。したがって，より原初的な次元にある科学技術活動を検討することによって，多様な科学技術を評価するための規範的な指標を提供することができる。たとえこうした科学技術が，非常に高度で抽象的な科学の発達から現れた場合でさえもである。[1]

この時点ではっきりさせておかねばならないのは，すべての経験は実験的であり，またすべての経験は科学技術的でもあるということを現在の立場は主張しているのだという点である。これは今述べた2つの次元を融合させるものではなく，むしろ両者が不可分に結びつきあっていることに注意を促すものである。科学が継続的に発展していくにはなお一層洗練された道具の使用が求められるという点で，科学は科学技術に依存している。科学は2つの意味で道具の使用に依存している。第1に，科学の発展は科学技術が生み出したなお一層洗練された有形の産物に依存している。[2] 第2に，科学はこのような形で科学技術的なものに依存しているだけでなく，さらに深い意味にお

いても科学技術的なものに依存している。科学的な方法とは実験的な方法のことであり，そこには予測された結果に基づいて代替的関係にある可能性を実験によって検証することが含まれている。科学的あるいは実験的な方法の道具は，着想（ideas），意味，シンボルあるいは理論であり，これらによって継続的な活動が導かれる。[3] 着想は結果を変換し，新しい意味を持たせてより豊かなものとする道具であり，これによって科学技術は科学的な方法の不可分な部分となっている。さらに，すべての科学技術は，実験結果を操作するのに用いうるさまざまな方法を試すには道具の使用が必要となるという意味で実験的であり，道具の妥当性はその道具がもたらす結果によってのみ判断することができる。したがって，科学技術は科学とまったく同じものではないが，両者は1つの統一された過程の中で相互に結びつきあった諸機能であると見ることができる。

人間としての人間が行なう活動にとり最も重要で原初的な道具は，着想，意味，シンボルといった道具である。というのは，これらは個我の創発を見越しておくという役割の中で機能しているからである。これらの道具は，社会的なコンテクストにおける協働的な行為に必要な調整や協調の中で発達する。この過程において，人間という有機体は自分の行動を展開していく中で他者のパースペクティヴや態度を取り込む。意味のコミュニティと個我の発達をもたらす共通の内容が発達するのは，こうした過程を通してである。[4] パースペクティヴというのは経験を組織する道具であることから，この過程は本来的に科学技術的‐実験的なものであり，いかなるパースペクティヴの妥当性も，実験的な方法すなわち経験の継続的な道筋を方向づける上でパースペクティヴが果たす役割を検証することによってしか判断することができない。

自己とコミュニティの理解の中に埋め込まれている規範もまた，多様な科学技術を評価する規範を提供している。かくて，科学技術が適切に機能するための指針は，共有された着想と意味という道具の原初的な機能の中に埋め込まれていることになる。これらの道具は，一般的他者の受け入れを通しての自我の形成，コミュニティを構成する継続的な調整，そして人間存在に浸透している実験的‐科学技術的な方法のダイナミックスを同時に考慮に入れ

たものである。すべての科学技術は、このような根幹をなす実験的‐科学技術的基礎から現れたのであり、もし究極的に科学技術がこうした基礎を豊かにしないのであれば、それは科学技術自体の基盤を崩壊させることになる。[5]

　このような考え方は、科学技術の指針に関して何が言いたいのであろうか。第1に、上記のような考え方は、科学技術の哲学において最も論議されている問題の1つ——科学技術は善なのか悪なのかということに関わる問題——を正当性のないものとした。これは、人間の行なう活動は善なのか悪なのかということを問うことと似ている。人間の諸行為やそれらが用いる科学技術は、具体的なコンテクストの中で機能するものであるから、実験によってしか判断することができないのである。人間の行為の中には善いものもあれば、そうでないものもある。科学技術の中にも善いものもあれば、そうでないものもあるのである。人間の行為を評価する規範は、人間の行為が有する本来的に価値を負荷されコンテクストに基づいているという性質から発展したものであり、こうした性質はそのような規範を確認し必要とされる再構築を行なうだけでなく、そういった規範が発展する基礎を提供している。同様に、多様な科学技術自体を評価する規範は、具体的な人間存在が有する本来的に科学技術的でコンテクストに基づいているという性質から発展したものであり、こうした性質はそのような科学技術を善か悪かという形で判断するための基礎だけでなく、多様な科学技術のための基礎をも提供している。科学技術は善か悪かという一般的な問いは、（ギルバート・ライルの用語を使うならば）カテゴリー・ミステイクであり、法というものが合法的かどうかを問うのに似ている。ある法が合法性という規範に則っているかどうかを探ることはあるかもしれないが、しかし合法性を構成しているのは法であり、法体系そのものなのである。

　手短に言えば、科学技術の規範は上述のような過程にとって外部ではない。科学技術をそれが果たしている機能にとり外部となっている規範によって判断することはできないが、そうした機能はそのひだの中に具体的な人間存在の領域を包摂している。人間が行なう他の活動におけるのと同様、科学技術的な活動においても、もし行動を導く作業仮説として規範を引き出したいと

思うならば，経験が抽象化，予断，分裂によって歪められる前に，経験の十全さの価値を負荷された性質へと立ち戻ってみなければならない。なぜなら，規範は継続的で具体的な過程にとって外部ではないからである。

　さらに，科学技術をそれ自身われわれが利用できる中立的な道具として特徴づけるということがよくあるが，現在のパースペクティヴからすれば，そのような特徴づけは不十分である。というのは，科学技術は世界におけるわれわれの存在のあり方の本質的な部分となっており，われわれがいかに世界を知り価値づけを行なうかということと不可分に結びついているからである。科学技術は目的を達成するための単なる手段ではありえない。以前に論じたように，手段－目的という絶対的な区別は存在しないのである。ある1つの状況において科学技術的な活動の結果として生じたものは，その条件であるかもしれず，実際，状況が異なれば，その一部となるかもしれない。

　こうした立場は，科学技術的決定論という問題，すなわち科学技術は自律的なものであり人間のコントロールを越える独自の生命を有するものであるのかどうかという問題に対して，はっきりとした態度をとっている。科学技術は人間が行なう活動の豊かさから抽象化された産物であり，またそれゆえに科学技術は独自の生命を有してはいない。科学技術は自律的な力ではなく，むしろその存在自体の本質的な部分である価値の次元の中に現れ，それによって動かされている。善かれ悪しかれ，ある特定の科学技術がもたらした結果の多くは，その開発者と利用者によって意図されていたものではなかったかもしれないが，さまざまな状況の中で潜在的な可能性を把握することによって意図されていない結果を予測する能力は，当該の科学技術の開発と利用に対して責任を負っている人々の道徳的なビジョンに由来している。科学技術が時として人間のコントロールを免れ自律的な地位を占めているように思われる理由，つまり科学技術的決定論という考え方は，科学技術は予期せぬ結果をもたらすということである。

　しかしながら，これは先進的な科学技術の問題に特有のことではない。着想，意味，物理的な機械といった道具の使用を通して経験を組織する方法は，すべて予期せぬ結果を招いている。先進的な科学技術は独自の生命を有して

いるように思われるが，それはその予期せぬ結果がきわめて大きく複雑であるために，そうした結果の多くがわれわれの持つ変化を加える能力を越えているように思われるからである。しかし，デューイが述べているように，科学技術の問題に対する答えは，科学技術を減らすのではなく，よりよい科学技術を増やすことにある。そして，多様な科学技術がもたらす結果を評価し新たな方向づけを行なうには，つまりそうした科学技術が具現しているさまざまな価値と科学技術が一部をなしている良い点と悪い点とを把握するには，先進的な科学技術のノウハウは，道徳的な生活を送る上で必要とされる適合，創造性，想像力といった道具の高度化を伴っていなければならない。具体的な科学技術は効率の点から判断されるであろうが，実行可能性と同様，効率も達成されるべき目標に依存している。いかなる科学技術であっても，効率や実行可能性を測る究極的な基準は，人間存在を高めることに継続的に貢献しているかどうかという点にある。

　本来的には実験的なものである科学技術は絶えず再評価されねばならないが，そうした再評価の中にはわれわれ自身の価値観についての継続的な評価が含まれている。いかなる科学技術も何らかの価値群を具現しており，ある科学技術がある社会の中で成功を収めると，今度はその科学技術の持つ諸価値が強化される。どの科学技術もある種の価値を増進する一方で，ある種の価値を抑える働きをしており，継続的に使用されると独自の明確なスタイルを帯びるようになる。特定の科学技術を受け入れたり拒絶したりするとき，われわれはわれわれ自身の価値観と世界におけるわれわれ自身の位置に関するわれわれ自身の理解についての意見表明を行なっているのである。

　先進的な科学技術は，地平の拡がりを見越したものである。シンボルの操作が自己‐他者という相互関係の発展と成長を見越しているように，現代の先進的な科学技術もEメール，webサイトなどの操作を通して，他者の包含をさらに拡げていくことを見越している。これによって，絶対的な他者をコミュニティの自己‐他者という関係の中に包含することが可能となる。科学技術は，包含の絶えざる拡がりを見越すことができるのである。

　しかし，ここにはまた1つの危険が潜んでいる。というのは，こうした包

含が拡がっていくにつれて，標準化という危険が現れてくるからであり，交渉やコミュニティの順応性のある調整はこの標準化に取って代わられてしまいがちである。多様性は順応性に取って代わられてしまうのである。かつては多様な参加者であったものが，継続的な調整が進んでいくにつれて，システムの中で機能する部分と化してしまうわけである。もし包含を見越した平準化がコミュニティを破壊するものであってほしくないというのであれば，個体性という極は保持されねばならない。科学技術が提供する包含はより広範囲に及ぶ他者の包摂をもたらしうるが，それはまた他者の標準化という犠牲を払った上でのことである。

さらに，科学技術は複雑になるにつれて，より排他的になる可能性がある。これはコミュニティの他者が絶対的な他者へと変換される科学技術のエリートへと至るものであり，コミュニティを断片化させてしまうことになる。標準化と排他は対極に位置するものというよりは，むしろ互いに補強し合いながらコミュニティを破壊しているのかもしれない。また，間違った拡大すなわち標準化の拡がりは，断片化のもう１つの次元へと至る可能性がある。個体性は標準化されにくいものであり，標準化は十全できわめて多様な状態にある人間から，標準化にしたがわせることのできる特徴を抽象化することによってのみ達成することができる。したがって，断片化した個人はそうした抽象化されたものに基づいて扱われ，またもや自己とコミュニティの成長という相互に結びついた過程が強く求めている人間の豊かさ，多様性，創造性は抑えられることになる。

このようにあらゆる形で，人は他者への適合の感覚と他者に合わせる能力を失っていく。もし科学技術が，適切な歯車の標準化，科学技術のエリートの自己囲い込み，あるいは存在の十全さへの関与に代わる抽象化の使用として拡大を進めるのであれば，科学技術は継続的な成長を損なうことになるだろう。

こうした議論から，科学技術の過程自体は，具体的な人間存在の継続的な過程の本質的な部分として，またその過程が人間存在の中で発達することから，科学技術がどんなに抽象的なものとなっても，抽象化が可能で多様な科

学技術の継続的な評価を効果的に導くものとして使用することのできる貴重な価値を有していると考えられる。このような価値は，以下に示したものを必要としている。すなわち，個々人の創造性の促進，共有された意味，参加的なコミュニティの生活，他者への適合——ただし多面的に関連し合っているコンテクストの中にあって，多面的な価値を負荷され質的な十全さを持った存在の具体性への同時的な適合を伴うもの，質的な十全さ，意味のある生命の注入としての成長，つまり存在の美的‐道徳的豊かさの増大，そして継続的な成長を見越して世界と関わり合う方法としての実験による開かれた探求である。このリストは，先進的な科学技術は技術的な熟練の向上を必要としているが，それだけではまったく不十分であるということを示している。求められているのは，そうした技術的な熟練の基底には，あらゆる含意を伴いながら具体的な人間として世界に存在する技能が発達しなければならないということである。

どれほどのことを述べてみたところで，存在の豊かさを切断して孤立した抽象的な産物へと変えてしまった知的伝統のために，浸透している存在の美的‐道徳的性質と浸透している存在の実験的‐技術的性質の双方をプラグマティックに強調することは，一部の人々にはいくぶん矛盾を抱えるものとして映ったままになるであろう。そこで，次節に進む前に，こうした特徴がいかに両立しうるものであるのかということだけでなく，いかに密接不可分に結びつきあっているのかということをも要約しておくのは価値のあることであろう。

きわめて重要な生きた道徳性は，経験の「感じられる」次元への，すなわち価値づけの多様性が究極的に根差している人間存在の衝動一般と，価値づけと価値あるものの権利が継続的で実験的な探求の過程で形作られる拡大と発達へのより深い適合を育むことを要求している。そのような適合は，人間存在に浸透している美的な次元，つまり**ある１つの経験**が統一された全体として有している質的な特徴とデューイが呼んでいるものを経験することに対する感受性を要求している。こうした感受性を高めること自体は，実験的な探求という方法から切り離すことができない。というのは，**ある１つの経験**

が統一され統合された全体として有している質的な特徴は，それ自身のちょっとした過去に関する意識と，内的な統合と充足を調和のとれた結実へと至らしめる創造的に組織化し秩序づける運動についての感覚とを伴うからである。目標志向の実験的な活動を通して経験を統合することを学習するとき，人はそれと同時にそうした経験の美的な次元を高めていく。そして，美的なものには感情的なものが含まれており，感情的なものはさまざまな態度や見解の統一に寄与するのであるから，美的な次元を高めることは他の諸次元を高めることになる。

したがって，実験的な方法自体は状況の再構築を通してコンテクストに基づいた統合へと至る結果を生み出す道具であり，経験に豊かな意味と調和を注ぎ込み，それによって存在の美的‐道徳的次元を高めていく。さらに，存在の美的‐道徳的な意味での豊かさへの適合は，それ自体が継続的で実験的‐科学技術的な活動の方向を導くための道具であり，こうした活動が生み出す類の諸結果をもたらすことになる。簡単に要約して言うならば，経験は徹頭徹尾全体論的なものであるため，経験がうまく機能している状態を孤立した技能へと切断することはできないということになろう。科学技術の性質についてのこのようなプラグマティックな理解を背景として，次節以降ではより具体的に科学技術とビジネスの諸問題や，科学技術の中に埋め込まれた価値観はどのようにすれば科学技術がビジネスに対してまたビジネスを通じて社会全体に対して投げかけている実際的な問題のいくつかへの洞察を提供することができるのかという点に目を向けていきたいと思う。

科学技術の管理

市場経済においては企業は主要な機関であり，新しい科学技術はそれを通じて導入される。また，企業は一義的には経済上の目標に関心を持つものであるため，ある特定の技術の安全性および／あるいは環境に対する影響については非常に限定された問いかけしか行なわないであろう。ある特定の科学

技術の使用あるいはそれに関する意思決定について，企業に所属するエンジニアたちの抱いている懸念が，財務，予算，スケジュールといった組織の利害を優先し，こうした懸念を見過ごしてしまいがちな経営者たちと衝突するということがよくある。そうした事例の多くに見られる問題は，上述したような企業の性格が原因となっている。このような懸念を見過ごしてしまった結果，悲惨な結末が生じた数多くのよく知られている例が存在する。[6]

この問題の本質を明らかにしようとしたこれまでの試みは，多様な道を辿ってきた。まず，この問題は資本主義システムに固有の構造的な問題としてとらえることが可能である。資本主義システムにおいては，企業組織は現代の科学技術の要求とは正反対の価値群を満たさなければならないからである。また，この問題は組織あるいは方針の問題としてとらえることも可能であるが，それはエンジニアにより多くの権限を与えたり，エンジニアや専門家（technicians）の側からの内部告発を容易にするような変化が組織に現れることを求める問題としてである。

この問題に関してソースタイン・ヴェブレンが構造レベルで行なった分析では，彼が機械過程（machine process）と呼んでいたものと営利企業（business enterprise）と呼んでいたものの間の区別を伴うモデルが用いられていたが，これらは依然として1つの連続した活動であるところのものの2つの側面にすぎない。だが，資本主義システムとその構造的欠陥についての彼の分析は，私有財産制の廃止に基礎を置いたマルクス主義者による標準的な分析よりも多くの点で洞察に富んでいる。

ヴェブレンが述べているように，機械過程もしくは科学技術は高度に抽象的な概念であり，それは紀律に基づく思考の習慣，規則性，調整，画一性，標準化，互換可能性を要求する緊密かつ詳細な手はず（arrangement）から成っている。機械過程は，ヴェブレンによれば，非人格的で機械的な因果関係に基づいているのであるから，このような特徴を有しているというのは必然的なことである。[7] 機械過程の中に，原料，機械，建物，道具，熟練，技術といった諸要素が，物的財の効率的な生産のために組織されており，それを動かしているのはエンジニア，専門家，機械工，科学者である。

しかしながら，この機械過程は，ヴェブレンが営利企業と呼んでいる別の実体によって管理されコントロールされており，営利企業は生産過程において用いられる資本財のコントロールを通して機械過程をコントロールすることができる。私有財産制という考え方は，この種のコントロールの重要な要素である。なぜなら，財の生産に当たって，こうした資本をどのように使用し結合するかを決定する最終的な権利は，資本の所有者たちに与えられているからである。資本をどのように用いるかということに関するこのような意思決定は，所有者たちへの金銭的な報酬に基づいてなされるが，彼らは利益率を高めるかぎりにおいてのみ産業効率に関心を持っているにすぎない。[8] かくて，機械過程はその経営能力の上に資本化されているのであって，産業的な意味での能力の上に対してではない。[9]

ヴェブレンが論じているところによれば，コミュニティの利害は企業取引の性格と一致するが，金銭原理に基づいた組織機構全体は，究極的にはコミュニティの利害に役立つように機能する適切で安全な科学技術に依存している。しかし，コミュニティは全体として，科学技術的な意味での利害よりも経営上の利害の方が社会に恩恵をもたらすのに役立つものだという誤った考え方を通して，経営上の利害が最も重要であるということを支持し擁護しつづけている。[10]

ヴェブレンは，こうした手はずの中で諸問題が進展していくのを見ていたのであり，営利企業はそれが依存している機械過程によって最終的に蝕まれることになるであろうという予測を彼は立てた。[11] 利益を生み出すためには，営利企業の既得権益は産業システムに対する外部からの干渉と妨害をますます引き起こすことになるからである。こうした既得権益が資源の配分をひどく誤ることにより，我慢の限界を越えて利潤がさらに減少し，国民への配当が減じられる段階へと入っていく。[12] これは，ヴェブレンが「機械過程の文化的帰着」と呼んでいる「世俗化の傾向」を構成するものである。結局のところ，ヴェブレンが予測したのは，エンジニアたちが集まり，行動計画を練り，不在所有を即座に禁ずることを決定するような産業社会では，革命が起こることになるだろうということであった。しかしながら，ヴェブレンが予測し[13]

た革命は起こらなかったのであり，そうした革命がどのようなものなのかを想像することは困難である。この点については，ヴェブレン自身はほとんど言うべきことを持っていない。

　ガルブレイスの分析はヴェブレンの分析ほど革命的ではなく，組織と政策の変化の必要性に焦点を当て，現代の企業組織の意思決定過程にもっと多くのエンジニアや技術関係の人たちを含めるべきだと主張するものである。企業内における意思決定についてのガルブレイスの理解は，彼の「テクノストラクチャー」という概念の中に要約されている。テクノストラクチャーとは，組織における集団的意思決定に対して専門的な情報を提供するすべての人たちを指している。このテクノストラクチャーは，意思決定のタイプにもよるが，経営者，技術関係の専門家，科学者，そして関わりを持つであろう他の識者たちによって構成されている。[14] ガルブレイスが言いたかったのは，現代の科学技術は複雑であるため，最高経営者が企業に最大の利益をもたらすような意思決定を行なうのに十分な知識を持つことは不可能であるという点である。最高経営者は組織内の技術関係の専門家たちにますます依存し，彼らを意思決定の過程に包摂していかなければならず，そのため意思決定とコントロールを組織のトップからより低いレベルへと移し，さらに多くの従業員たちを巻き込むようになってきている。こうして，単なる地位や肩書きではなく知識を持っている人たちへと，ある程度権限が委譲されてきたのである。

　このような方向への動きが現れてきたのは，現代の科学技術が複雑であるために，企業は意思決定にさらに多くのエンジニアや技術関係の人たちを巻き込んでいかなければならなくなったからである。しかし，多くの例がはっきりと示しているように，ある特定の事柄に関する経営上の意思決定がなされなければならないときに，エンジニアたちがその意思決定の過程から締め出されるということは起こりうる。さらに，たとえ技術関係の人たちが経営上の意思決定に強い影響力を持つようになったとしても，また組織構造が変更されエンジニアリングが組織のトップレベルでより大きな権限を有するようになったとしても，非常に重要な意思決定がなされなければならないときには，トップのエンジニアは経営者の資格において経営上の意思決定を行な

うことが求められるであろう。こうした理由から，エンジニアを経営者にすることは問題の解決にはならないように思われる。実際，大部分ではなくても多くの経営者たちがエンジニアとしての経歴を持っているような企業においてでさえ，そうした経営者たちはヴェブレンが営利企業と呼んでいるものの一部になる傾向があり，その価値観や要求に左右されている。

　最終的な分析では，こうしたエンジニアとしての価値観と経営者としての価値観の間の対立という問題は，私有財産制や不在所有が廃絶される何か新しい種類のシステムを発展させることで解決できるような資本主義の構造に関わる問題ではない。科学技術を効率的かつ効果的に管理する上で，社会主義システムは資本主義システムよりもさらに劣っていたのであり，環境問題に関する不安についてはほとんどまったく対応してこなかった。上記の対立問題は，企業組織の中でエンジニアや技術関係の人たちにより大きな権限を与えることで対処できるような組織の問題でも方針の問題でもない。科学技術の誤用を巡る諸問題は，科学技術が本来的に有している社会や道徳の次元に対する理解が欠如していることにある。こうした理解の欠如は，結果として科学技術が機能している状況の十全さから，また人間生活の豊かさを高める上で科学技術が果たしている役割から，科学技術が抽象化されてしまうということと関係している。

　確かに，ヴェブレンが企業組織という形態に固有の有用な区別をわれわれに提供してくれたおかげで，企業内における技術に関わる側面と経営に関わる側面の間の対立がある程度理解しやすくなってはいるが，企業が直面している道徳的なジレンマについての理解を提供するという点では，彼の分析は的を射たものではない。経営の金銭的な面に基づく諸原理はそれだけでは機能しえないことや，利潤だけではコミュニティの役に立っているかどうかを判断する十分な尺度を提供できてはいないということをヴェブレンは認識しているが，彼の分析は全体として機械過程を物質的な意味での生産性を最大化するという自立した理想を有する自律的な機械論的システムとしてとらえている。さらに，このような抽象的なシステムに参画するに当たって陶冶されるべき人間の「徳」は，人間活動の機械論的な見方に由来している。ヴェ

ブレンが描いた機械過程は，コミュニティ全体の福祉が最大の生産性と等しい場合にのみ，前者に対して利益をもたらすというものである。科学技術を機械過程にとって外部となるような目標をもたらす道具として理解することはできないということをヴェブレンは認めているようであるが，機械過程は還元主義という抽象的で制約のあるレンズを通して眺められているので，そうした目標自体もまた同様に制約のあるものとなる。

　豊かさと複雑さを持った状況は，完全な具体性の中で機能する人間を必要としている。ヴェブレンが示唆していたように，エンジニアたちは技術的要因だけに基づいて組織を運営することはできないし，経営者たちも経済的要因だけに基づいて組織を運営することはできない。こうした人たちは単なるエンジニアでも，また単なる経営者でもないのである。チャレンジャー号の危機において，エンジニアリングのトップはエンジニアとしての職責をではなく経営者としての職責を果たし，経営者として思考するように求められたが，本質的にはそのとき彼は一時的に経営者としてふるまうことを求められていたのであって，実際，そのような対応を彼は示した。しかしながら，経営者としての役割とエンジニアとしての役割の下には，全体論的な人間というものが存在するのであって，そのようなものとして機能するためには，状況の十全さとそうした状況の中に現れる対立的な価値観に対して適合を図っていかなければならない。

　科学技術は本質的につねに実験的である。エンジニアや専門家たちは多様な科学技術の安全性と実行可能性について疑問を提起するが，彼らは正しく，したがって彼らの懸念は経営者が考慮すべき事柄よりも優先的に扱われるべきであるといった必然性は存在しない。しかし，考慮に入れる必要のある科学技術の働きについては，「合理的な疑い」という疑問を彼らは少なくとも提起すべきである。経営者たちが多くの状況において実際にしているのは，現実の世界で実験を行なうことであり，そうした実験によってエンジニアや専門家たちの懸念が無用のものとなるのを願っているのである。もしこのような経営者たちが科学技術によって生み出された実験的な状況の中に自分自身や自分の愛する人たちがいることを想像した上で，他人をさらすことになる

危険が容認できるものであるのかを尋ねたならば，彼らの意思決定は異なるものになるであろう。もっとも，これは人間の生死に関わる問題と利益とが確率行列において同等の重みしか持たない非人間化され非コンテクスト化された抽象的な産物という視点から，状況をとらえるのでなければの話である。また，そのような実験の妥当とされる結果について「合理的な疑い」がある場合には，少なくとも個々人はそうした実験に関与したときに直面する危険の性質について知る権利を持っているのであり，もし直面している危険が受け入れがたいと判断されるのであれば，詳しい情報に基づいて参加しないという意思決定を行なうことができる。

そのためにはコミュニティとの対話が必要であるが，コミュニティへの参加が果たす役割も，他の次元におけるのと同様，最も重要な位置に置かれる必要がある。ある特定の科学技術の実行可能性と安全性に関して疑問を提起するとき，自分の職と出世を危うくしてでも道徳的英雄になるといったようなことは，経営者たちにもエンジニアたちにも期待するわけにはいかない。むしろ，必要とされているのは開かれた対話であり，それを通して彼らが組織の残りの人たちとの間で自分たちの知識と責任を分かち合い，結果として一般の人たちとも分かち合えるようになることである。例えば，取締役会は，プロジェクトに関与している経営チーム全体と同様，行なわれている実験の性質とそれに伴う危険とを知る必要がある。科学技術に関わっている人は誰でも，これまでに行なわれてきた実験による検証の結果が現実の実験を正当化するものであるのかどうかを自問しなければならない。万一そのような実験が失敗であったならば，こうした人たちは意思決定を行なった責任を進んでとり，実験は利用可能な証拠に基づいて合理的にも道徳的にも正当化されたものであるということを一般の人たちに向けて証明するであろうか。先進的な科学技術が提起する諸問題は，科学技術の根幹へと立ち戻ることを求めている。その根幹とは，人間存在としての具体的な十全さ――先進的な科学技術が正当なものだということを示す理由づけの強化――であり，企業コミュニティという1つの風土の中で意思決定がなされるのを可能にし，企業コミュニティがより大きなコミュニティを豊かにするような形で発展していくこと

につながるコミュニティ観である。企業というものは，より大きなコミュニティの中で創造的な次元として機能しているのである。

科学技術と労働者

　科学技術はもちろん人間を解放するとともに，ビジネスの場において労働者の福祉に貢献しうるものである。それは最も過酷で最も肉体的に要求の厳しい種類の労働を多少なりとも取り除き，科学技術がなければ人間の労働が必要となるような反復的で退屈な仕事を遂行することができる。しかし，科学技術は人間を疎外し，労働者たちを彼らの内にある本質的な部分から切り離してしまう可能性も有している。
　科学技術がより単純だった頃には，道具を使って仕事をしていた職人たちは，自分たちの道具や自分たちが作った製品に対して一体感を持ち，それらを自分たちの体，着想，努力の延長線上にあるものとして経験していた。職人たちの活動は，彼ら自身の創造的なビジョンによって導かれていたのである。職人たちは，自分たちの手仕事が統一のある目的を持ったものとして展開していくのを経験することができた。そうした仕事には，全体論的な人間の関与が見られたのであり，想像力が考慮され経験の感覚的次元に対して一定量の感受性が求められた。「手作り」という表現は，このような特徴をとらえたものと言うことができる。なぜなら，当然のことながら，「手作り」のものは何らかの道具によって作られているのがふつうだからである。
　現代の複雑な科学技術はさらなる専門化を必要としたが，これは科学技術の過程全体を掌握することは労働者には不可能だったからである。道具の特化が進んでいくにつれて，そうした道具を使っていた人たちもより狭い分野へと専門化していった。職人たちは，もはや科学技術を自分たちの利益に適うように利用し管理することができなくなり，科学技術に対するコントロールを失った。このような過程が続くことにより，科学技術の専門化がさらに進み，組織もますます複雑になっていったため，労働者たちが自分たちの作っ

た最終製品に対して疎外感を感じるようになったのは必然であった。もはや労働は最終製品とともに自己の延長線上にあるものではなく，外部化され他者のコントロール下に置かれたのである。労働者たちは，各部門に分けられ最終製品から切り離されるようになると，全体という感覚を失った。こうして，少なくとも最終製品の出来栄えに関するかぎりにおいて，労働者たちは自分たちの諸行為の結果から切り離されてしまったのである。また，退屈で機械的なやり方で1つの仕事を何度も繰り返すことが求められるようになると，労働者たちは創造性までも失った。[15] 流れ作業の登場によって，疎外のこうした諸側面は最も徹底した形をとって現れた。

　このように科学技術が進歩していく中で，科学技術の構造化を導いたビジョンは，またもや人間を機械のごとく行動する原子論的な単位としてとらえるものであった。労働者たちはさらに大きな機械の歯車と見なされ，自分たちの仕事を機械のごとく何度も繰り返し遂行することが期待された。労働者たちは消耗品であり，同じ仕事を遂行できるように短期間の訓練を受けた他の労働者たちと交換することが可能であった。このような労働者たちは，全体性の中にある人間として，つまり創造的な個人としてとらえられていたのではなく，機械による生産過程のある側面に適合した個々の単位としてとらえられていた。実際，こうした労働者たちは単なる生産要素にすぎなかったのである。

　こういった労働者観が頂点に達したのは，科学的管理法においてであった。科学的管理法は，個々の課業を素早く習得し効率的な遂行が可能になるように最も単純な部分へと細分化することを目標としていた。労働は労働者にとって完全に外的なもの，効率のために科学的な方法で細分化することのできるものとして扱われていた。このような考え方は職場にだけ当てはまるものとされていたが，ギルブレスとケアリーの *Cheaper by the Dozen* (1949) をはじめとする書物は，同じ原理を家族の扶養にまで拡張した。そこでは，子供は製品に相当するものと見なされ，効率が子供を育てる際の重要な目標となっていた。

　労働者の非人間化と闘うために整えられてきた種々の技術と計画が収めた

成功の度合いはさまざまであったが，そうした計画のすべてがある程度悩まされてきた要素の1つとして，職場に未だ存在する労働者と経営者の間の分裂状態がある。多くの労働者たち，とりわけ労働組合化された職場の労働者たちは，職場を人間化しようという努力を大して変わり映えのないものとして，つまり従業員からさらに高い生産性を搾り出そうという経営者たちのさらなる努力としてしか見ていない。このような受け取り方をしているかぎり，労働者たちは職場を人間化しようという努力に抵抗を示す。したがって，こうした計画は，労働者が好意的な受け取り方をしている場合ほどには効果的ではない。欠けているのはコミュニティという感覚であり，それに代わって存在しているのは分派である。

　プラグマティックな見方が有している意義に関しては，サンデルが自由労働（free labor）と賃金労働（wage labor）の対立と呼んでいるものが提供している代替的な選択肢についての彼自身による議論に目を向けることによって明らかにすることができるだろう。[16] この議論は，サンデルが共和主義的な理想とリベラルな理想の対立と名付けている彼の全般的議論の一部を構成するものである。[17] 自由労働は共和主義的な考え方を表す概念であり，個人は自治（self-government）に参加するかぎりにおいてのみ自由であるが，自治を進めるためにはある種の習慣と人格面における特質が必要とされると主張するものである。それゆえ，サンデルによれば，自由労働は市民的な概念である。賃金労働は，それが雇用者と従業員の間の合意に基づく産物であることから，自発的なものではあるが，道徳的で自立した市民を形成するという意味においては自由ではない。

　自由労働は究極的には自分自身の道具や作業場，生産手段を所有している諸個人によって遂行されるものであるから，賃金稼得者としての地位が永続的なものではなく，経済的な意味での自立へのステップにすぎない場合にかぎり，自由労働が賃金稼得者を意味することはありうるとサンデルは説明している。自由労働を自由なものにしているのは，労働者が賃金と引き換えに働くことに合意しているという点ではなく，それを越えて自営と好機の地位へと前進する機会の方である。サンデルの考え方では，賃金労働が引き起こ

す貧困だけではなく，それが市民としての能力を損なうということも，賃金労働に関わる問題なのである。

　サンデルは労働運動の歴史を遡り，労働者が資本家になり自分たちの労働の成果を分かち合う協働システムを求めた主張だけでなく，1日8時間労働を求めた主張も，概して市民であることへの配慮に基づくものであったことを示している。例えば，労働者側の指導者たちが勤務時間の短縮を求めた主たる論拠は，自由な合意という概念に基づいていたのではなく，勤務時間の短縮は労働者たちに本を読んだり公共の問題に関与することによって道徳的な市民としての特性を向上させるための時間をより多く提供することになるという考え方に基づいていた。1日8時間労働の指導的な提唱者であったアイラ・スチュワードは，余暇の増大は労働者たちが自分たちの生活様式と他の人たちの生活様式とを比較することを可能にし，現在の生活を低下させるような条件を受け入れないようにするからだと主張していた。主眼点は長時間労働という苦役を軽減することだけでなく，労働者たちの習慣と慣習を変革し，その過程で彼らを道徳的に向上させるということにもあったのである。[18]

　しかしながら，サンデルが続けて述べているように，賃金労働を永続的に受け入れ，社会の再構築という考えを捨て，賃金と労働条件の点から労働に対するより大きな分け前を得るためだけに働くという労働組合主義の1つの見方への漸進的な変化が見られた。今や賃金労働は永続的な条件として受け入れられ，アメリカの法的，政治的な文脈においては，自由は市民的な概念から主意主義的（voluntarist）な概念へと変わってしまった。すなわち，市民としての徳の陶冶や自治という問題から純粋な合意に達するための条件という問題へと変化したのである。

　サンデルによって提起されたような二者択一的な考え方を前提とするならば，労働とコミュニティの成長の未来はいくぶん荒涼としたもののように思われる。科学技術が複雑さを増すにつれて，労働者が市場において自立した生産者となる機会をほとんど提供しない賃金労働の職につく人たちがさらに増え，それとともにさらに多くの人たちが市民としての能力を損なうことになるからである。[19]

プラグマティックなパースペクティヴは，サンデルの説明が示している荒涼とした代替的な選択肢を切り崩すものであるが，それはこうした選択肢が生まれ出た賃金稼得者という還元主義的な見方を拒絶することによってである。選択は，一方における市民としての徳の陶冶や市民生活への民主的な参加と，他方における市民になるための教育を提供することのない（dehabilitating）科学技術の範囲内での契約の自由との間でなされる必要はない。なるほど，マクマホンは政府と企業の間の類似性をとらえることによって，民主的に経営されている企業の中では，株主や他のステークホルダーというよりはむしろ従業員が企業の市民なのだという考えを示している。[20] 従業員はその行為を適切な形の権威によって組織化されるが，それはちょうど国家や自治体の市民の行為が適切な形の権威によって組織化されるのと同じである。かくて，マクマホンは，従業員は選挙民を構成すべきであるという結論を出している。確かに，企業をコミュニティとして理解するのであれば，[21] 企業生活への参加は市民としての徳の発達を妨げるというよりは，むしろそうした発達を促進するはずである。

　あらゆる科学技術と同様，ビジネスの世界の至るところで見られる科学技術は，市民としての徳を促進する過程の本質的な部分になりうるが，科学技術にそれが生まれ出た土壌を豊かにするという道徳的な課題を遂行させたいのであれば，その前に科学技術自体がそうした土壌によって育まれなければならない。ただし，この過程は十全さ，多様性，自立性すべてにおける個人の発達に焦点を当てることが求められる。それはまた，原初的なコミュニティ観の再生と，継続的な成長の過程には創造的であると同時に順応しようとする次元が必要であるという認識も求められる。前の諸章で論じたように，個人とコミュニティが自由であるのは，それらが順応しようとする極を捨てるときにではなく——それは自己が関係的な性格を持っていることを前提にするならば，不可能であるが，自己の内部とコミュニティの内部で創造的な極と順応しようとする極の間に適切なバランスが存在するときにである。こうしたバランスは市民のコミュニティにおいてだけでなく，企業のコミュニティにおいても生じる必要があるが，企業のコミュニティが適切に機能するなら[22]

ば，それは市民としての徳と参加的な民主主義とを考慮に入れた習慣と人格上の特質を育む一助となりうる。もっとも，企業がこのように機能するためには，経営上の利害だけでなく科学技術に関わる利害も，それらが埋め込まれている具体的で関係的なコンテクストのネットワークの中で理解されることが必要であり，さらには経営上の利害，科学技術に関わる利害ならびにコミュニティの利害は，具体的な成長の継続的な過程において不可分に結びつきあっているのだという認識が必要である。

1. 科学技術の人間的で解放的な次元に関する詳細な研究については，Larry A. Hickman, *John Dewey's Pragmatic Technology* (Bloomington and Indianapolis: Indiana University Press, 1990) を参照。

2. ルイス・マンフォードは，非常に大きな影響力を持つことになった著書において，中世における機械仕掛けの時計と近代の科学的な世界観が後に発達したこととを関係づけている。時計は時間を客体化し，測定することのできる不連続な部分へと変えたが，これによって時計の針が文字盤の上を動くように，時間も機械のように動くことになった。こうして，時間は継続的な活動に従事している人間の経験と日常的な関心から切り離されたのである。*Technics and Civilization* (New York: Harcourt, Brace, 1934) の "The Monastery and the Clock" pp.12-18. を参照。

3. こうした道具を科学的方法において機能するものとしてとらえる立場に関するより詳細な考察については，3章を参照。

4. これらの論点は，すべて1章で展開されている。

5. こうした一般的な議論は，科学技術的な活動は人間とともにはじまるということを意味するものではない。なぜなら，より下等な動物の活動もまた科学技術的なものとして特徴づけることができるからである。しかし，自意識の上に立って科学技術的な行動が出現しうるのは，着想，意味，あるいはシンボルによる過程という道具を用いることによってであり，それは人間の知能という道具から生まれる科学技術的な手続きや産物を大量に伴う。人間だけに固有の企てとしての科学技術は，シンボルによる活動と反省的な活動とが相互に結びつきあった特徴の創発，あるいは別の言い方をすれば，共有された意味と己我の創発とともに現れる。したがって，科学技術にはそれを方向づける人間の目的と，それが埋め込まれている社会的，文化的な意味での諸価値が注ぎ込まれることになる。

6. 頭に浮かぶ例としては，O型リングに問題のあったスペースシャトル「チャレンジャー号」の悲劇，ブレーキが十分にかからなかった空軍の新型A7D機，子宮内避妊器具の問題に関わるダルコン・シールド訴訟がある。

7. ソースタイン・ヴェブレンがはっきりと述べているように，「機械過程は，知能に関して厳格で執拗な調教師である。それは厳密で絶え間ない思考を要求するが，そうした思考は量的正確さという標準的な基準にしたがってなされる思考である」。*The Theory of the Business Enterprise* (New York: Augustus M. Kelly, 1965), pp.308-310 (小原敬士訳．『企業の理論』勁草書房を参照した)．

8. Thorstein Veblen, *The Instinct of Workmanship* (New York: Augustus M. Kelly, 1964), p.217.

9. Thorstein Veblen, *The Engineers and the Price System* (New York: Augustus M. Kelly, 1965), p.107.

10. Veblen, *Instinct of Workmanship*, pp.351-352.

11. Veblen, *Theory of the Business Enterprise,* p.375.
12. Thorstein Veblen, *Absentee Ownership and Business Enterprise in Recent Times* (New York: B. W. Huebsch, 1923), pp.442, 445.
13. Veblen, *The Engineers and the Price System,* pp.166-167.
14. John Kenneth Galbraith, *The New Industrial State* (Boston: Houghton Mifflin, 1967), pp.13-17.
15. 現代社会における疎外に関する興味深い議論については, John Lachs, *Intermediate Man* (Indianapolis and Cambridge: Hackett Publishing Company, 1981) を参照。
16. Michael J. Sandel, *Democracy's Discontent* (Cambridge, Mass: Harvard University Press, 1996), pp.168-199.
17. これのより一般的な議論は, 8章の焦点になる。しかしながら, 「共和主義的な」および「リベラルな」という用語は, 現代の政治舞台におけるこうした用語の使われ方と混同すべきではないという点は付記しておかなければならない。
18. Ira Steward, "Poverty", *American Federationist,* 9 (April 1902), pp.159-160 ; Steward, *A Reduction of Hours an Increase of Wages* (Boston: Boston Labor Reform Association, 1865).
19. *Democracy's Discontent.*
20. Christopher McMahon, *Authority and Democracy: A General Theory of Government and Management* (Princeton, N. J.: Princeton University Press, 1994), p.14.
21. 企業についてのこうした理解は, 11章において展開される。
22. この点は, 11章でさらに展開される。

8
公共政策的環境の中のビジネス

　政府と企業を公共政策と市場とに融合させることは，公共政策の理論をステークホルダー，社会契約，その他の企業理論の中で競い合っているもう1つの理論としてとらえる傾向の中で大きな要因でありつづけてきたが，[1] これらの理論が支持者を獲得していったことから，公共政策の理論は地歩を失ってしまった。例えば，一般に用いられている政治モデルでは，企業は政治的な引き立てを求めて競い合うもう1つの利益団体として描かれているが，それとの類推から，ステークホルダーの図式においても，政府はもう1つのステークホルダーとしてとらえられている。

　政府はある種のステークホルダーではあるが，公共政策過程においては主要な登場人物であるので，ステークホルダーをはるかに越えた存在である。同様に，企業は利益団体ではあるが，自由市場の過程においては主要な登場人物であるので，利益団体をはるかに越えた存在である。政治モデルは，企業という機関を単なるもう1つの競合的な利益団体として言及することはあっても，自由市場を競合的な利益団体として言及することはまずないであろう。そのようなことをすれば，異なるレベルの抽象化を同一視していることになってしまうからである。同様に，政府という機関をもう1つのステークホルダーとしてとらえることは可能であるが，公共政策をもう1つのステークホルダーとして言及することは意味をなさない。公共政策と自由市場経済は，コミュニティのダイナミックスの中で裁定を行なう2つの機関であり，一般的他者と個人との間で適切なバランスを保つ2つの手段を表している。市場志向の経済においてコミュニティが継続的に成長していくためには，そのようなバランスが維持されなければならない。市場経済を権力を求めて競い合うもう

8 公共政策的環境の中のビジネス　　　143

　1つの利益団体と名付けることはできないが，企業は自由市場における支配的な勢力である。同様に，公共政策をもう1つのステークホルダーと名付けることはできないが，政府は公共政策における支配的な勢力である。
　ほとんどの公共政策の決定は政府活動を通してなされるが，公共政策は政府そのものではなく社会的な意思決定の過程なのであって，抽象的なレベルにおいては自由市場と対比されるものである。政府はもう1つのステークホルダーである，あるいは企業はもう1つの利益団体であると，同一の論調で言うことはできる。また別の論調であれば，政府を公共政策過程における主要な登場人物として，あるいは企業を自由市場の過程における主要な登場人物として語ることもできる。しかし，政府をもう1つのステークホルダーとして語り，まったく同じ論調で，政府を公共政策過程における主要な登場人物として語ることは，ある種のカテゴリー・ミステイクを犯すことになる。
　これら2つの論理に適った機能は，どちらもドナルドソンとプレストンによるステークホルダー・モデルについての議論の中に示されている。この2人の著者が述べているところによれば，ステークホルダーの管理には，すべての適切なステークホルダー———政府をさまざまなタイプのステークホルダーの1つとして含める———が有している正当な利害に対して，注意を同時的に払うことが必要であり，ステークホルダー・モデルの基礎そのものによって，いずれか1つの構成員の利害に対して不当な注意を払うことが禁じられている。かくて，ドナルドソンとプレストンは次の点を強調している。

> 確かに，ステークホルダーとしての企業に関わる概念を支持するような制裁（sanctions），規則，慣例（precedents）は法的には未だ実行に移されていない……しかし，やがて成文法と慣習法が，利己主義的な経営者たちの道徳的危険（moral hazard）を抑え，それと同時にステークホルダーとしての経営者に関わるより広い概念———株主の利益にただひたすら役立とうとするのを慎む概念———を積極的に認めるような取り決めをまとめ上げることができるようになるのはほとんど確実である。[3]

　このように，公共政策の理論はステークホルダーの理論と競合していないだけでなく，社会契約論や社会の中の企業を扱う他の諸理論とともに，ステー

クホルダーの理論がもたらす洞察を実行に移せるような理論的枠組をも整えている。

　相互浸透システムの理論を発展させる上で，プレストンとポストの研究は公共政策の理論を紹介し，公共政策を市場システムに関連づけた初期の試みとしてとらえることができる。[4] 相互浸透システムの理論は，経営と社会の関係に対する理論的なアプローチであり，1970年代に流行した考え方であるシステム概念の延長線上にあるものである。この２人の著者は，システム概念を用いて公共政策に対する理論的支持を提供し，２つの部分からなる問題を処理しようとしていたようである。その問題とは，第１には，われわれが社会と呼んでいる集合的な多元性を見失うことなく，市場契約と搾取のモデルに潜んでいる個体主義的な諸概念に対して適切な配慮をいかに払うかということである。第２には，市場システムが持っている個体主義を見失うことなく，テクノストラクチャー・モデルに潜んでいる協働と集合的なものという諸概念に対して適切な配慮をいかに払うかということである。これら２つのシステムは完全に分離独立しているわけではないが，どちらか一方が他方をコントロールするというようなこともなく，両者の関係は相互浸透という言葉によって最もよく描かれると彼らは述べている。[5]「単に入力と出力の量や性格を変えるのではなく，他方のシステムの構造を変えてしまうほどの一方のシステムの力こそが，相互浸透システムのモデルとより単純で付随的な概念ないしは上部システムという概念とを区別しているのであり，それは影響と制約を考慮に入れてはいるが，必ずしも支配したりコントロールしたりすることのないモデルである。[6]」しかし，プレストンとポストとによるこうした初期の草分け的な試みは限られたものでしかなかった。というのは，彼らが原子論的個体主義が拒絶された場合にのみ機能するような立場を展開していた事実が存在したからである。

　公共政策は，市場を機能させつづけるのに必要とされる政治的な規制の過程を越えたものである。公共政策は，市場に道徳的なビジョンを注入するのを手助けする社会的な規制の過程であり，前の諸章で論じた文化，環境，科学技術の問題を扱うために，独自の裁定機関を発展させている。さらに，市

場システム自体は経済的なものであるだけでなく社会的なものでもあり、したがって道徳的な性質を持ったものでもある。公共政策は、ある一定の道徳的感受性が存在しなければビジネス・コミュニティの中で機能しえず、また公共政策がそうした感受性に取って代わることは絶対にできない。市場での報酬や公共政策過程からの処罰に基づくだけでは、人は道徳的に行動することができないのである。報酬や処罰は、コールバーグの言う道徳的発達のうちでは最も低い段階に相当する[7]。道徳性は公共政策にまさるものであり、公共政策は道徳面での理解力によって育まれねばならない。そして、過度の経済的処罰がなくとも、道徳に適った行為が繁茂するような社会経済的なコンテクストを提供することによって、今度は公共政策の方が道徳的感受性や市場の諸力の道徳的な方向を育んでいくべきである。

公共政策過程の作動原理は、正義、公平、公正といった概念である。これらの概念は、資源配分に関わって公共政策過程でなされる意思決定を正当化するためによく引き合いに出される。効率が多くの公共政策による措置の中で考慮される（あるいは、少なくとも考慮されるべき）事柄であることは確かであるが、多くの場合、正義、公平、公正のために効率は犠牲となるであろう。政府は、民間企業によってはなしえないような方法で、妥協と交渉という複雑な過程によって前進し、権力を制限するために権限を分割し、行き過ぎを抑える。このような正義、公平、公正という概念を量的に測定する尺度は存在しない。それにもかかわらず、公共政策がこうした線に沿っていけばいかにうまくいくかということを、社会はだいたい認識している。もしある行為の手順が社会のかなりの人たちにとってひどく不公正なものであると考えられたならば、そうした政策を変えようという圧力が高まるであろう。こういった原理は公共政策過程が機能するのに重要であり、これによって政策の結果が社会にとって受け入れ可能なものとなっている。例えば、もしある政策が正義を推し進めるものであるならば、その政策の影響を受ける市民の側に大きな犠牲を強いることになっても、結果は受け入れられることになるであろう。

公共政策と市場

　公共政策とその市場経済との関係についてのプラグマティックな理解は，社会的な規制あるいは公共政策と市場経済に関するセイゴフの議論に目を向けることによって，最もよく核心に触れることができるだろう。なぜなら，彼の立場とプラグマティズムの立場の間に見られる一致点と相違点は，どちらもこの問題への有益な洞察を提供してくれるからである。[8] どちらの立場も，公共政策は社会的過程であり，原子論的な方法によって，あるいは市民の個人的選好が公共政策全体の中にまとめられていくといった何か機械的な過程として理解することはできないと主張している。人々は公共政策過程に参加し自分たちの価値観を表現するとき，相互作用的な社会的過程を通して，どのような種類の未来に自分たちが住み，それを享受したいと思っているのかを表明している。コミュニティの中にいる人たちは個人の総和ではないし，満たされるべき選好の集まりでもない。コミュニティの中にいる人たちは，個人では作り出しえなかった目的や願望を集団を通して発展させているのである。[9]

　セイゴフによれば，きれいな空気や水といった公共政策の目標は，個人的な必要や選好として解釈することはできない。また，これらは市場だけによって価格を決めることもできない。むしろ，こうした目標は公共的な価値を持ったものとして法制化や，規制への道を進むことになるであろう考え方もしくは信念なのである。こうした目標は，われわれの国民性に由来するものであり，ある価値判断を行なったりある政策を推奨したりする人は，何が好ましいのかということだけでなく，何が正しいのかということについても知っていると主張している。公共政策過程に参加している人たちは，主に自分たちが必要としているものをはっきりと示すことのできる選好の集まりというよりは，むしろ諸問題をその真価に基づいて議論することのできる理性的な人間として，自分たちのことをとらえている。消費者の選好は個人の消費機会

に関する利害を明らかにするが,公共政策を通してなされる価値判断は一般に社会における資源配分に関わっている。公共政策過程によって,人々は自分たちが個人として何を買いたいと思っているのかということだけでなく,自分たちが何を信じているのか,どのような存在であるのか,そして何を支持しているのかを表現することが許されている。公共政策過程は人々が集団として選んだ価値観を反映しているが,そうした価値観は人々が個人として追求している必要や利害と対立するかもしれない。[10]人々は自家用車を好みバスを嫌うかもしれないが,公共輸送を賄うために,ガソリンに税金を課すことを公約する候補者に投票しようとするであろう。[11]

セイゴフは,「コミュニティの中にいる人々は,1人だけでは知りえないであろう目的や願望を,皆がいっしょになることによって知るのである」という理由から,コミュニティは個人の総和や満たされるべき選好の集まりではないということを強く主張しているが,その際にプラグマティックな立場と似た立場にあることをはっきりと示している。「国家というものは総和などではなく,国家が達成しようとしている目的の中に,どんなに限られたものであれ独自の生命と特徴とを持ったコミュニティなのである。」[12]また,セイゴフはコミュニティのメンバーは間主観的な意図に参加することができるという説得力のある主張をしている。しかしながら,社会的な法制化が有する道徳的な性格に焦点を当てることによって,彼は市場の失敗はけっして社会的な規制の基礎ではないと述べるとともに,社会的な法制化と経済的な法制化とを明確に区別している。こうした考え方との関係において,セイゴフはまた市民と消費者,価値観と選好,公と私,徳と方法とを明確に区別している。[13]

セイゴフは,市場において人々は消費者として私利に基づく選好を満たそうともっぱら躍起になっているが,公共政策過程においてはコミュニティのより大きな利益に関心を持っていると論じている。彼によれば,われわれが市民として心に抱いている利害,目標あるいは選好は,われわれが個々の消費者として満たそうとしている利害,目標あるいは選好などとは論理的に異なっているという。[14]公共政策過程とその過程に包摂されている市民たちは,「個人の私的な利害の総和とは論理的に切り離されたものであり,そうした利害

の総和については，今日であれば社会的な計算（social calculus）や効率的な市場という点から定義してもよいであろう。」[15] プラグマティックなアプローチからすれば，市場と公共政策，個人の総和とコミュニティ，個人の選好と公共財などは論理的に区別することができるという点で，セイゴフの立場は原子論的な思考の残滓を依然として隠し持っている。さらに，プラグマティックな考え方によれば，個人は共有された意味，目標，そして価値観を構成する継続的な調整の中に創発するものであるから，個人は間主観的な意図に参加することが**できる**というのが本当のところであって，そうした意図に参加しないなどということはありえない。選好は自己の創造的な次元と適合しようという次元の間の継続的な調整によって形作られることから，選好が純粋に個人的であるということはけっしてないのである。

　セイゴフの立場とプラグマティズムの間のこうした違いは非常に根深いものがあるが，この点については，そのような違いが現れているより技術的な事例に目を向けることではっきりとわかるであろう。その事例において，セイゴフは論理的に誤りであると適切にも考えていることを訂正しているが，プラグマティックな視点からすれば，彼はそうした論理上の誤りを新たな論理上の誤りをもって訂正しているのである。セイゴフは，客観的な確信や信念を考察する際に，主観的な必要や欲求にとってのみ適切な問いを用いることで，論理上の混乱が生じているということを正しく述べている。かくて，彼は次のような区別を行なう。

　　個人が自身の私的な選好を表明するときには，「私はXを欲する（望む，選ぶ）」と言うであろう。個人がコミュニティにとって何が正しいかあるいは最もよいか——政府は何をすべきか——ということに関する考えを表明するときには，「われわれはXを欲する（望む，選ぶ）」と言うであろう。コミュニティの利害や選好を表現する文は，コミュニティ（「私」ではなく「われわれ」）を論理上の主語としてとることから，正しいにしろ間違っているにしろ，間主観的な合意があるということを主張していることになる。これこそが，まさに消費者の選好と市民の選好の間にある論理上の違いである。[16]

　しかしながら，この論理上の誤りは「個人の」選好の論理と「市民の」選好

の論理とを混同しているのではなく，感じられる価値ないしは選好についての理性のない言明と，評価つまり価値のあるものは何かということに関する主張，結果についての実験による検証から生じる主張とを混同しているのである。したがって，例えば，たばこの代用品としてチューインガムではなく，やはりたばこを購入することを選ぶあるいは望むという発言を個人はすることができるが，それにもかかわらず代用品としてガムを購入することの方がより望ましいと判断し，ガムを買うようになるということはありうる。何が望ましいかということに関わるそうした主張は，正しい場合も間違っている場合もありうるのである。

　同様に，コミュニティの意思決定に際し，市民からなるコミュニティはアメリカ合衆国がある国際紛争に関わらないでおくことを選んでいるあるいは望んでいるといったことを市民は発言するかもしれないが，それと同時に，たとえその過程でアメリカ国民の命がいくらか犠牲にならざるをえないとしても，コミュニティが**望ましい**と考えていること，なされるべきこと，なすのが正当であることは，人間の自由全体のためにその争いに加わることであると主張するかもしれない。またも，選好や欲求は正しいのかそれとも間違っているのかという判断ができなくなるのであるが，望ましいこと，なされるべきことに関する主張はある評価の結果として生まれた主張であり，正しいのか間違っているのかを判断することは可能である。こうした区別は価値に関わる主張の認識のレベルでなされるものであって，「私」という主語と「われわれ」という主語の間でなされるものではない。

　セイゴフの分析は，ここでもまた個人と市民との間で明確な論理上の区別をつけているが，そのような区別はプラグマティックな枠組みでは否定されている。こうした論理破綻が生じるのは，個人が集合としてまとめられ市場で計算されることになる選好の原子論的な束として理解されているからである。セイゴフは彼が設定した二分法のこういった２つの側面の間には対立の生じる可能性があることをはっきりと述べているが，他方において，これら２つの側面が実際には相互に浸透性のあることを理解しそこねている。プラグマティックな立場からすれば，公共政策についてなされてきた主張の多く

は市場にも当てはまることから，市場と公共政策過程の間のそのような明確な区別は維持できるものではない。プラグマティックな考え方では，市場システムというのは，競争によって消費者に対する権力が制限されている自律的な企業に向けて，個人が消費者としての個人的な欲求を単に表現するだけの機械論的な過程ではない。消費者が抱く個人的な欲求は個人主義的なものではなく，相互作用的なコミュニティにおいて共有されている欲求の一部なのであって，そのようなコミュニティの中で，企業は市場を通して表現されるこうした欲求を形作るとともに，それに対応しているのである。

　市場過程は，公共政策過程と同様に，より良い生活を求める社会の欲求を表現する社会的過程であり，企業によって生産される物的財やサービスはそのような生活に貢献しうるものである。それは相互作用的な過程であり，どのような財とサービスが生産されるべきかということに関して満足のいく解決策に到達するために，企業と消費者が互いに影響を及ぼしあっている場である。特定の種類の財やサービスを必要とし欲していることを表現するとき，人々は単に自分たちの選好だけでなく，自分たちが何者であるのかということも表明している。また，人々は相互作用的な社会的過程を通して，どのような未来を自分たち自身と子供たちのために欲しているのかをも決定している。したがって，市場システムと公共政策とは同じような社会的過程なのであって，両者はダイナミックに結びつきあいながら社会において適合をはかる機関として機能しているのである。

　さらに，このような社会的過程が機能するためには，価値観が共有されていなければならない。公共政策過程が機能するためには，人々は特定の公共財やサービスを共通の利害に適うものとして合意していなければならず，また生きる価値があると彼らが信じているような生活をするためには，きれいな空気や競争の存続といったものは保持する価値のあるものだという価値観を人々は共有している必要がある。加えて，市場システムが機能するためには，人々は消費志向の生活態度をともにし，生産される財およびサービスとの関係を組織する最良の方法として，私有財産制と個人所有という取り決めをともにしていなければならない。また，ある種の財とサービスは自分たち

自身がよりよい生活を得るための必要と欲求を満たしているということに，人々は合意していなければならない。

　一方においては市場過程を通して，また他方においては公共政策過程を通して，企業と社会の間で進行する不断の調整によって，特定の価値観が創発してくる。そうした価値観とは，市場において販売される財とサービスに関わる価値観と，公共政策過程を通して提供される公共財と公共的なサービスに関わる価値観である。これらの価値観は共有されるとともに独特の性質を持つものであり，経験の継続的な進展の中に創発してくる。個人も社会全体も価値の担い手ではなく，価値観はむしろ個人と社会の間の相互作用の中に創発してくるのである。市場システムは，公共政策過程を通して表現されるコミュニティの利害に適うように自らを絶えず調整するが，そうした調整は単に受動的なものではなく，市場の反応は公共政策の継続的な展開の一部となる。このダイナミックで創造的な相互作用が，そうしたものとして認識されるようになるにつれて，企業は具体的存在の繁栄のために，公共政策と市場とが協力しあうのを可能にするような方法で，思慮深く詳しい情報に基づいた創造的な入力を，こうした継続的でダイナミックな変化に提供する責任をますます負うようになるであろう。

　対立的な価値づけをも含んだ困難な状況を解決する際に，社会における企業行動を組織する通常のやり方が機能しない場合，行動を組織する新たな規範や方法が，問題を首尾よく解決しようという試みの中で，状況を再構築するものとして現れてくる。こうした調整が発生すると，企業は企業行動を変化させる新しい法や規制を通して社会問題に対処することを強いられるようになる。こうした変化は，単に社会的存在としての企業の性質の中に潜在的に含まれているにすぎないが，それによって企業は自身がその一部となっている社会とともに変化することを余儀なくされる。換言すれば，企業は社会から離れて存在しているのではなく，社会の中に埋め込まれ，社会の価値観の変化にさらされているのである。実際，企業が進んでいく方向は，社会の価値観の変化の本質的な部分となっている。もし企業が相互に高めあう成長の過程において責任ある役割を果たしたいと考えているのであれば，状況の

相反する要求に対する感受性に根差した諸結果についての公正で開かれた評価を提供するに当たり，企業の指導者たちは継続的な変化を受け入れ，困難な状況を再構築し，そのために創造力に富んだ可能性を心に描き，そして他者のパースペクティヴに立つ意欲と能力とを持っていなければならない。

　このように，企業が機能している市場と公共政策過程は互いに複雑な関係にある。公共政策過程は市場に影響を与え，市場で表現される価値観は公共政策に影響を与えている。例えば，諸問題が公共政策過程を通していかに処理されているかということが，ある種の問題に対する公共の意識を高め，結果として公共の期待を変化させるかもしれない。こうした変化は公共の価値の経験の変化にさらにはずみをつけるものであるため，異なる種類の財やサービスを市場で販売するために生産すれば儲かることになる。しかしながら，このような期待に応えることは容易である，あるいは困難であるということを企業が経験すると，市場の経験はまた公共政策へとフィードバックされる。市場は考慮に入れるべき重要な（例えば，有効性についての）情報を提供しているのである。

　1970年代からは，市場の結果が公共政策過程を通して変えられることが増えてきたため，公共政策は企業行動を左右するますます重要な決定因となっている。企業行動に影響を与えるさらに多くの法や規制が議会を通過するにつれて，公共政策過程において起こっていることは，企業にとってなお一層重要なものとなってきている。企業による社会的行動の多くは，政府が設けた何らかの規制に対応した結果であるか，もしくは社会的行動に関係する法によって，企業が法的責任にさらされる環境が変わったことに対応した結果である。こうした変化によって，企業は市場システムと公共政策過程の双方において機能しなければならないということが次第に明白になりつつある。どちらの過程も，企業と企業の社会的役割について社会が下す必要のある広範囲な意思決定を遂行する上で不可欠である。

　ここで強調しておかねばならないのは，公共政策過程と市場システムは結び合わされるものとはいえ，2つの別々に機能する「存在」などではなく，むしろ自由市場社会にあっては，公共政策過程と市場システムは社会的調整

の継続的な過程において密接不可分に結びつき合っている2つの次元なのだという点である。企業と社会の間の関係は本来的に関連性を持ったものであり，どちらも他方から独立して存在することがないように，市場システムと公共政策過程とが互いに独立した形で機能していると述べることは，全体として不可分に結びつきあっているものの2つの側面を弁別しようとして，抽象化の過程に関与することと同じである。これは，自己とコミュニティの機能のしかたに似ている。調整の過程には2つの相互作用的な極（自己とコミュニティ）があると述べることは許されるとしても，それぞれの極は他方の極に基づいて意味と重要性，ありていに言えばその存在自体を獲得しているのである。こうした継続的な調整は実験的な方法というダイナミックスを反映しているが，これは問題を孕んだコンテクストを継続的に解決していくための着想が経験によって検証されるものだからである。

　このように，市場システムと公共政策過程はいくぶん異なるものとしてとらえることができる――分析と議論のためには，これらを別個のものにしておいたほうがいくつかの点で有益である――が，両者は理論上もまた実践上も密接不可分に結びつき合っている。市場と公共政策過程とでは，人々の行動は異なるであろうし，果たす役割も異なってくるであろうが，本質的には人々は人間として行動しており，市場と公共政策過程において行なう自分たちの選択に独特の次元をもたらしている。ただし，市場と公共政策を通して表現される共通の目的を通して一般化された他者に，人々は順応しなければならない。公共政策過程と同様，市場も個人の選好に対応することはできない。部分の総和を越えるコミュニティ観といったものがすでに存在していなければならないのである。

公共政策と市場システムの競争

　競争の理想的な形は，産業の集中，大きな参入障壁，製品差別化のまったくない純粋な競争である。しかし，実際には，どの産業においても競争が完

全な形で均衡することは絶対にないため，まったく規制のない市場は集中へと向かう傾向がある。市場システムについて言えることであるが，もし目的が競争相手に勝つことであるならば，最終的には1つないしは少数の企業が，より優秀な競争者であるがゆえに，あるいは幸運にもちょうどよい時にちょうどよい場所でちょうどよい商品を持っていたがゆえに，当該の産業を支配するようになるだろうということが当然に予測される。結果として，今日の経済ではほとんどの産業が寡占的になっており，そこに参加している少数の大企業は自分たちの行動がライバル企業に，したがって市場全体に与える影響を認識し，ほぼ直接的に取引を行ない，自分たちの行動が相手に与えると予測される影響を考慮している。現代の大企業は，自分たちがコントロールできない需要と供給という非人格的な諸力にただ受動的に対応しているのではない。実際，こうした大企業はある程度の経済力と市場における影響力を有しているのであって，集中を通じての競争緩和によって市場をコントロールする能力を持ったものとして規定される。かくて，共謀によってあるいは需要と供給の働きや価格メカニズムに干渉する他の方法によって，市場は失敗することになるであろう。さまざまな種類の反トラスト法は，市場システムを機能させる上で不可欠の構成要素である。

　競争の過程は，永遠に持続する自然な機械論的過程ではない。むしろ，競争はコミュニティが維持しようと努めるものなのであって，それは競争がコミュニティが有している1つの価値，つまりコミュニティがその福祉向上のために絶対に必要なものと考えている価値だからである。こうした価値の実現は社会によって達成されるのであって，ある種の経済システムの中に埋め込まれ自然に与えられているような事実ではない。ビジネス・コミュニティ自体は，競争のゲームを続けることに共通の利害を持っている。このコミュニティに属するさまざまなメンバーが，ある特定の法的および規制的な要求や裁判所による決定にどんなに強く反対しても，彼らは皆競争的なシステムを維持し，競争のゲームを続けるのに必要なことをするといった共通の価値観を持っている。ビジネス・コミュニティのメンバーは，競争のゲームを何でもありで最終的にシステムが破壊されてしまうような野放し状態へと堕落

させることには関心を持っていない。競争のゲームを続けるのに必要なものは何であるのかを決めることは，社会全体をも巻き込んだ継続的で実験的な企てなのである。

　市場システムとそれがどのように機能しているのかということに関する伝統的な理解――それは市場システムと公共政策とを分けるセイゴフの考え方に反映されている――では，競争というものを，個人の自我に制約を加え，競争が適切に機能しなくなる独占的な地位を企業が獲得するのを防ぐある種の自動調整装置としてとらえている。こうした伝統的な考え方は，公共政策過程は市場の効率を高めるようなことはしないというセイゴフの主張に反映されている。リンドブロムは別の考え方を提起するとともに，公共政策の役割について市場の効率との関連から，次のように要約している。

> 伝統的な経済理論の大きな誤解の1つは，経営者たちが自分たちの財やサービスの購買によって自らの諸機能を果たすように仕向けられており，それはあたかも市場志向のシステムにおいてなされる膨大な生産の仕事が，もっぱら売り手と買い手の間の交換関係によって動機づけることが可能であるかのようだという点である。そのような脆弱な基盤の上には，すぐれた生産システムを確立することはできない。さらに求められているのは，市場と政治的な利益という形で政府によって提供されるさまざまな誘因である。市場の需要自体は自然に発生するわけではないので，そうした需要も政府によって育まれなければならない。市場志向のシステムにおける政府は，つねにこういった必要不可欠な活動のために多忙でありつづけた。[17]

市場システムは経済システムであるだけでなく社会システムでもあり，このことはまだ議論されていない意味でも確かである。多くの人たちは生活のかなりの部分を企業やその他の経済実体で働いて過ごし，さらに生活の大半を財やサービスを買い求めることで過ごしている。市場はわれわれの社会生活の多くが展開されるコンテクストを提供し，われわれの社会的な相互作用の多くに対して手段を提供している。市場社会が出現すると，それまで存在しつづけ人々に役割や機能を処方するのに役立っていた伝統的な社会システムは，この市場社会に取って代わられてしまった。それまで経済活動はつねに

社会システムに従属してきたのであり，社会的な相互作用に備え，人々にアイデンティティと帰属意識を与えたより大きな社会的現実の一部にすぎなかったのである。しかし，市場システムと市場原理がいわば優勢になり，それら自身が自然に社会システムとなったことから，社会生活の他の側面は市場での義務と役割に従属するようになった。市場自体が社会が組織される際の原理的な様式となり，生産者と消費者という役割は，他の経済的な役割とともに社会における主要な役割となった。[18]

　こうして最終的に，資本主義は人間関係と社会的関係を方向転換させ，人間と自然との関係を変えてしまった。以前は，経済的関係はより広範な社会的コンテクストの中に埋め込まれ，それに付随するものであったが，現実問題として市場システムは社会的関係を経済システムの中に埋め込んでしまったのである。市場志向の社会の変化は，いわゆる生産要素であるところの自然，人間，資本を市場で売買することのできる擬制的な経済財へと変えることによって生じた。根本的には社会的な性格を持ったものを経済的な要素として擬制化することによって，それ以前には経験したことのない財とサービスの生産時代を招来することになり，それはまた社会，政治，環境の面で前例のないほどの混乱を引き起こす諸力をも解き放ってしまった。[19]

　しかしながら，経済は社会の残りの部分からきれいに切り離すことのできないものであり，その残りの部分を吸収してしまうこともできない。経済システムは，われわれが日常的に行動する社会文化的な基盤のうちの単なる1つの次元――それは他の次元と不可分な関係にある――として，社会構造の中に完全に織り込まれている。確かに，プラグマティックな考え方からすれば，また5章でも論じたように，社会的なものを飲み込んだ現実とはかけ離れている「経済システム」は，存在の十全さのうちの識別可能な次元に，たとえ仮定のものではあっても独立した地位を与えるという誤謬から生じた産物である。存在というものは，あらゆる点で本来的に社会的なものであり価値を負荷されたものだからである。こうした誤りは，具体的な社会的存在のうちにある識別可能な側面を，社会的存在の因果関係を示すメカニズムにしてしまったことに由来している。この市場への伝統的なアプローチのしか

たが抱えている問題点は,究極的には「市場」つまり「経済システム」は現実においてはもちろん,概念としても自立することさえできないという点にある。分析のためにこのような方法で市場を独立させることは,社会における識別可能な力として市場を理解されるようにしているコンテクストそのものから切り離すことになる。社会的な法制化は本質的に経済的な次元を含んでおり,経済的な法制化は本質的に社会的な次元を含んでいるのである。

公共政策の機能——比喩を通しての概観——

公共政策は,市場システムとのダイナミックな相互作用の中で,市場システムが効果的に機能することを可能にする継続的な調整に備えるものである。おそらくこの役割は,社会変化の神話的/叙事詩的循環と呼ばれる社会変化の理論を説明し,これを市場志向の社会に当てはめることによって,最もよく理解することができるであろう。この理論あるいはモデルは,宗教史についてのポスト啓蒙主義による批判的研究から発展したものである。[20]その名称が示唆しているように,神話的/叙事詩的理論は2つの主要な循環から成っている。神話的循環は,ある社会における意味と連続性についての共有された感覚を維持するという問題に取り組むものである。他方,叙事詩的循環は,基本的には1つの社会から別の社会への根源的な変化を扱っている。これら2つの循環は,実はクーンによって論じられている通常科学の諸段階と科学革命にほぼ相当する。[21]

神話的/叙事詩的理論によれば,社会は神話を通して意味に関する共有された感覚と現実についてのある特定の見方を維持するという。神話とは現実とある社会とを媒介する共有された物語を集めたものであり,それゆえに個人の発達と社会の変容へと方向づけられている。社会というものは,通例,できるかぎり長期にわたって自己を保存し,また伝統的な過程の継続性をさらに維持していくために,神話を生かしつづけることならばどのようなこと

でもする。しかしながら，文化的な英雄の叙事詩的な闘いの過程を通じて，社会は根本的な変化を蒙ることになる。叙事詩は，歴史，人間関係，決裂をもたらすような出来事において生起する不連続に焦点を当てる。こうした2つの循環が合わさることで，均衡状態にある社会と根本的な変化を蒙っている社会のためのモデルが提供される。[22]

　資本主義システムに当てはめるならば，最初期の神話的現実は「見えざる手」であり，これは社会がいかにして物的財とサービスをそれ自身に対して供給しているのかという点に関わる現実を神話的にとらえたものである。見えざる手は，人々に豊かさを約束する神の世俗化した形である。もし見えざる手だけが働くようにし競争が行き渡るならば，どの人のカップも富と豊かさで溢れることになる。人々は自分自身の私利を追及することができ，社会全体も恩恵を受けることになる。したがって，自由企業と企業家精神の物語は，すべてこの最初期の現実の一部なのである。

　この最初期の現実は，結果的には資本主義システムがどう機能しているのかということについての構造分析的な考え方を提供するより科学的な概念へと分化している。そうした考え方は需要と供給という機械論的な概念によって示されたが，それが主張していたところによれば，これらの2つの力こそが，事実上，資源を適切な場所へと配分し，働きたいと思いまた働く能力のある社会のメンバー全員に完全雇用を提供する見えざる手であるという。経済理論というのは，われわれが市場システムをよりよく理解し，必要なときには政策の変更を処方することができるように，市場システムの働きを科学的な専門用語で記述するために発達したものなのである。

　しかしながら，結果的には，現実に関する最初期の考え方の正当性が問われるような矛盾が現れる。競争的な自由企業のシステムは，思うがままにさせておくと，寡占や独占へと向かいがちになる。かくて，競争の欠点が出現する。とくに景気後退や不況のときには失業も現れるが，それを国民自身のせいにすることはできない。多くの人たちは資本主義社会が生み出す豊かさを分かち合うことができず，また多くの人たちはホレイショー・アルジャー風の物語［訳者注：成功は独立心と勤勉によって得られるという考え方］を生きる

ことはできない。それどころか，多くの人たちは希望を失って貧困の中に根を下ろしつづけるのである。社会的損害は，汚染や適切に処理されない有毒の廃棄物という形でも現れる。

　もし社会が依って立つ現実についての最初期のビジョンを維持したいのであれば，こうした矛盾は何らかの裁定を必要とする。アメリカ社会では，資本主義システムが機能しつづけるのを可能にするために，政府が公共政策による諸措置を通じてそうした矛盾を処理する主要な調停者になっている。神話的循環は非常に保守的であり，妥当な裁定の条件が見出されうるかぎりは，社会は安定しつづけるであろう。もちろん，変化は生じるであろうが，そうした変化は元々の神話の構造の中に組み込まれているので，変化として知覚されることはないであろう。

　しかしながら，もしこうした矛盾についてうまく調停や仲裁を図ることができないならば，叙事詩的循環が始動し，旧秩序は崩壊しはじめる。矛盾の影響を受けた人たちは，嘆きと呼ばれてきたものの中に自分たちが疎外され抑圧されてきたことを表現する——嘆きとは，世界を支配する諸力が介入するようにと合法的に嘆願することである。結果として，人々を疎外や絶望から救い出す英雄が出現し，新たな裁定機関と自ら方向性を決定する目標を持った新しい社会秩序の指導者となる。そして，そのような秩序は神話的な循環を通して，それ自体を維持しつづけていく。[23]

　こういったことは，帝政ロシアにおいてボルシェビキ革命の最中に起こったにちがいない。資本主義システムの矛盾は，ロシアでは調停を図ることができなかった。最終的には，英雄（レーニン）が現れ，マルクス主義の理論から取ってきた現実についてのビジョンに基づいて，資本主義社会の諸制度（私有財産制）を廃止するとともに，新たな社会主義の秩序を建設することによって，抑圧された人たちを絶望の縁から救い出すことを約束したのである。出現した新秩序を支えるために，こうした変化は古い神話の打倒と新しい神話の確立を必然的に伴った。

　このような秩序における現実についての最初期のビジョンは，「各人には必要に応じて与え，能力に応じて取る」という神話であった。このシステムが

どのように機能するかを説明するための弁別的な原理は，階級闘争という考え方であった。ところが，矛盾として現れてきたのは，品不足や世界の多くの国々と比べると生活水準が低いといったことであった。すべてのうちで最も根本的な矛盾は，労働者たちが社会を動かしていた官僚制から疎外されていたということと，労働者の楽園であるはずだった社会において労働者の権利を高めるために労働組合が結成されたということであろう。ソビエト連邦において，こうした矛盾は政治的宣伝，追放，その他の威圧的な手段を通して国民の社会的紐帯を強化することによって長年の間うまく調停が図られていた。

しかしながら，最終的には新しい指導者層が登場し，既存の社会を改革しより生産的で民主的な社会に変えることが意図されていたペレストロイカ（内部改革）とグラスノースチ（情報公開）に関連した諸政策を通して，ソビエト社会を変革しようとした。しかし，現実の矛盾はこのような諸措置によって処理するにはあまりにも大きすぎ，1980年代半ばにミハイル・ゴルバチョフによって変革が始められると，変革それ自体が生命を持つようになり，ソビエト連邦の崩壊と東欧諸国のソ連の勢力圏からの離脱へとつながった。事実上，ゴルバチョフがしたのは，ソ連を新しい叙事詩的循環の始まりへと導くことだったのであり，彼が舞台から姿を消した後はボリス・エリツィンによって引き継がれた。しかし，新たな秩序は依然として確立されず，ロシアと旧ソ連に属していた他の共和国では，叙事詩的循環は権力闘争を伴いながら続くことになった。

おそらく，1990年代後半のロシアで起きたことは，市場での行動をコントロールする公共政策の枠組みがきちんと整っていない場合，どのようなことが起こるのかということを示す好例を提供するものである。ロシアに現れたのは，一部の人たちは金持ちになっても残りの大多数の国民は苦しむことになるというかなり規制のない市場経済であった。結果として生じたのは，富の夥しい不均衡，すなわち国民が長い間は耐えられそうもないような不均衡であった。また，ロシアのマフィアは出現しつつあった市場をコントロールし，生み出された利益の分け前をかすめ取ることが許された。市場が繁栄す

ることのできる枠組みを提供する法や規制のシステムがきちんと整っていない場合には，そのような結果は必然的であるように思われる。実際，どんなことでも許されるところでは，市場は野放し状態になるということが起こっている。

　通常，社会は神話様式で動いている。真の叙事詩が現れるのは，調停されることのない矛盾のために，社会秩序が依って立っている現実についての基本的ビジョンが崩れたときだけである。叙事詩的循環はつねに根本的な社会の変化を扱う。たいていの場合，叙事詩的循環の結果は新しい社会秩序の確立である。万一新しい社会秩序が確立されなければ，人々は数世代にわたって抑圧と無政府状態に直面する可能性がある。生活に意味と秩序を与えてくれる新しい神話や神は現れないかもしれないという危険を冒しながらも，人は古い神話や神々を破壊するのである。

　こうしたモデルの時間枠が予測不可能なものであることは明らかである。神話的な安定の過程は，大きな混乱もなく数世代さらには数千年にわたって続くこともありうる。疎外の段階に達したときでさえ，叙事詩的循環は数世代の間生じないかもしれない。反対に，急激かつ徹底的な社会変化のきっかけを作るのに欠かせない英雄的な人物が一夜にして現れ，革命が数時間のうちに成し遂げられるということもありうる。このモデルは，どの段階あるいは動きについても，時間に関わる変数を概算する基礎を提供するものではない。ソビエト連邦の旧共和国と東欧諸国が，21世紀を生き延びることのできる新しい経済秩序と社会秩序に落ち着くには，数十年ではないにしても数年はかかるであろう。

　このように公共政策はわれわれの社会において調停者の役割を果たしており，システムが本来どう機能すべきかということとシステムが実際にどう機能しているかということとの間に時として現れる対立を解決するための継続的な裁定機関を提供している。もしこうした矛盾を社会のかなりのメンバーの満足が得られるように解決することができるならば，社会を動かす基本的な制度と様式に関するかぎり，根本的な変化は避けられ，社会は本質的に安定しつづけるであろう。そうした社会の自己理解は保持され，ほとんどの人

たちはそれまでと同じ神話やイデオロギーの正しさを依然として信じるであろう。

　しかしながら，このことはすべての神話が等しく有効であると言っているわけではない。なぜなら，そうした神話は根本的に異なる結果を生み出す可能性を有しているからである。神話は，対立と矛盾する要求という困難な状況を再構築する際に，具体的な人間の経験の豊かさを増大させるのに役立つような形でうまく機能することができるのかどうかという試練につねに耐えていかなければならない。しかし，最も有効な神話でさえ，人間の経験を組織するために想像によって作り出された構造なのであって，究極的な自然の法則といったようなものを直接支配しているわけではない。

政治理論，公共政策，プラグマティズム――概観――

　以前に示したいくつかの点で，セイゴフの立場はプラグマティックな立場とまったく異なってはいるものの，彼の一般的な政治スタンスの中には，深く根を下ろした良好な関係の基礎が横たわっていることから，以下の総括的な議論では，セイゴフの一般的な立場に戻ることになろう。このことは，現在の社会理論についての広範囲に基礎を置いた考え方に目を向けることによって，最も明確に示すことができる。そのためには，ここでの議論は，個体主義とコミュニティの問題，すなわちわれわれ自身の社会を本質的に「苦しめている」とマッキンタイアが述べている問題を巡ってのセイゴフとサンデルの比較に少しの間目を向けることになろう。マッキンタイアがこの問題について詳述しているように，アメリカは実際には両立不可能な道徳的，社会的理想の上に築かれているのかもしれない。一方において，共通の「究極的な目的（telos）」に関するコミュニタリアン的な考え方があり，他方において，個体主義および多元主義の理想がある。かくて，「相互に矛盾した原理群に対する公の忠誠という形で，道徳的秩序が体系的矛盾を求めるような政治体制の中にわれわれはいる」と彼は述べている。[25]

こうした緊張は，自己の性質と自己と自己の存在するコミューン的な秩序との間の関係についての両立しえない理解に根差している。一方において，自己は本来的に独立したあるいは原子のようなものとして理解されており，自己が選択してこなかった社会的あるいは道徳的紐帯から生じる厄介事からは自由の身にある。このような考え方に立つ個体主義と多元主義を支持することの目的は，道徳的な中身を欠いた権利の手続き的な保護を唱えるリベラルな政治理論に現れている。他方において，共通善へと進むことを考えている道徳的紐帯の中に含意されているように，自己は本来的にコミューン的なものとして理解されている。共通の「究極的な目的」というビジョンは，共通善あるいは善に関する共通の概念を高める立法へとつながる熟慮についての共和主義的なビジョンによって支持されている。サンデルとセイゴフは，連続体の中に位置する問題に対して，相対する2つの極から取り組んでいるのであり，彼らの解決策を簡単に比較してみることは，プラグマティックな立場が有している意義を示すのに役立つ。
　セイゴフは，環境保護のために社会立法が必要だということに自分が焦点を当てていることと，サンデルが「手続き的な共和政」と呼んでいるものについてのリベラルな考え方とを組み合わせている。セイゴフは社会構造と社会政策を明確に区別しており，リベラルな理論は包括的な考え方として社会政策のレベルにではなく，社会構造のレベルに適用されると述べている。リベラルな人たちは，善き社会とそうした社会を実現するのに必要な社会政策について，リベラルとしてさまざまな考えを持っているが，リベラルな社会政策はリベラルな政治理論から導き出すことはできない。セイゴフは，リベラルな人たちは政策のレベルでは中立や平等に関するリベラルな政治理論に依存するのではなく，「美的判断，道徳的直観，人間としての思いやり，正直さ，理知，良識」に依存していると述べている。こうした特質は，「人々が自分自身の価値観を高め，能力や想像力を発揮することのできる生き生きとしていて多様で暖かい環境」を提供する。[26]
　しかしながら，リベラルな政治理論はリベラルな社会政策と概念的に分離されねばならないとするとき，どこかおかしいように思われるであろう。だ

が，本当のところは，これは実情ではないようである。なぜなら，個人の自己成長を考えに入れた特質を育む環境を提供すること自体が，リベラルな政治理論と概念的に結びついている道徳的内容であると思われるからである。さらには，何がこうした特質を育むのかということについての議論は，それ自体が共通善についての議論である。ただし，それは個人の権利や多元主義を侵害する内容としての共通善ではなく，個人が自身の自由を建設的に利用する能力を育むような共通善である。

　サンデルは反対の方向から進むことにより，自由についてのリベラルなビジョンはこうした自由を届けることのできる政府を用意することはできない，なぜなら「それは自由が必要としているコミュニティの自己と市民としての関与を呼び起こすことができないからである」と論じている。[27] リベラリズムによって提起されている「薄い多元主義（thin pluralism）」は多元主義自体にとっての問題であり，自治の手段を損ない，「ある種の寛容さはもたらすものの，相互理解という多元主義を培うことはできない」。[28]「もしアメリカの政治が自由に関わる市民の紐帯を復活させたいというのであれば，多元主義的な社会の公的な生活はいかにして市民としての関与が求める広範囲に及ぶ自己認識を市民の中に培っていくのか……を問う方法を見出さなければならない」とサンデルは述べている。[29] サンデルは共通善に関する議論では共和主義的な立場を強調しているものの，個体主義と多元主義を侵害する共通の内容としての共通善ないしは共通の究極的な目的を求めてはいない。そうしたものは自由を損ない，相違点を鋳つぶしてしまうからである。むしろ，サンデルが共通善として唱えているのは，参加型の政府の繁栄を促進するような特質の発達と繁栄を考慮した環境の追求である。

　プラグマティックな見方からすれば，セイゴフとサンデルは相対する2つの極から問題に取り組んではいるが，社会がそれ自身の発展をコントロールするような方法で，対話に従事するのに必要とされる特質を持った市民の成長を求める共通善ないしは共通の究極的な目的を，どちらも唱えているように思われる。セイゴフは責任を伴う自由とコミュニティの生活に必要な特質の発達が重要だということを強調しているが，そうした特質を本来的にコミュー

ン的なコンテクストから現れるものとしてとらえてはいないという点で，プラグマティズムが重視しているところとは異なっている。それどころか，究極的にはセイゴフのリベラルな考え方は，理論上足かせをつけられていない自己を「まとめる」という直観に依存している。逆に，サンデルは真の多元主義はコミュニティというコンテクストの中でのみ繁栄すると論じてはいるが，多元主義なしではコミュニティ自体が繁栄することも，さらなる発展を続けることもできないという認識を欠いている。その点で，プラグマティズムが重視しているところとはやはり異なっている。

　このように，セイゴフとサンデルは相対する出発点からスタートしているが，どのようなことを唱えているのかという点ではかなり類似した結論へと向かっており，どちらも自分自身の出発点からの自然な成り行きとして相手の次元を考慮に入れている。だが，セイゴフもサンデルも相手の極が自分自身の出発点が有している活力と本質的に結びつき合っており，その原動力の一部になっているとは考えていない。プラグマティズムによれば，1つの継続的でダイナミックな過程が持っているこうした2つの次元をうまくバランスさせることは，人間の自由にとって本質的なものであり，それは参加型の社会的過程によってなされる調整や適応を通して社会が継続的に発展していくということだけでなく，独特な存在である個人は創造性や自発性を発揮する中で大いに成長するということをも見越している。公共政策過程の目標は，プラグマティックな政治／社会理論の中に埋め込まれたものとして，人間の豊かさを十全に促進し，結果として生じる特質の繁栄を促進することにあるが，そうした特質は自由の行使と人間が埋め込まれ本質的な部分となっている多様な関係の継続的な発展への参加を見越している。

　以前に論じた自由市場と公共政策の間の概念に関わる溝だけでなく，セイゴフのリベラルな視点とサンデルの共和主義的な視点の間の概念に関わる溝も，究極的には原子論的な個体主義の長い伝統がわれわれに押しつけてきた油断のならない二分法に根差した偽りの争点に基づいているのかもしれない。二分法からは十分に手の届かないところにあると主張している立場においてさえ，その残滓が暗黙のうちに作用しているということがきわめて頻繁に見

つかっている。このことは，あまりにも油断がならずあまりにもとらえどころのないことの多い不連続の領域と，それに関わって自滅へとつながるような二分法とに，あまりにも容易に後戻りすることを避けるために，つねに警戒を怠ってはならないということを指摘するものである。こうした後戻りを避けるのにおそらく最も安定した概念の足場となるのは，自己というものの本質，別の言い方をすれば，人間であるということの本質をプラグマティックに理解することであろう。

1. これらの諸理論については，10章で論じられる。
2. Thomas Donaldson and Lee Preston, "The Stakeholder Theory of the Corporation: Concepts, Evidence, and Implications", *Academy of Management Review*, 20, no.1 (1995), pp. 65-91.
3. Ibid., p.87.
4. Lee E. Preston and James E. Post, *Private Management and Public Policy: The Principle of Public Responsibility* (Englewood Cliffs, N. J.: Prentice Hall, 1975).
5. Ibid., pp.26-27.
6. Ibid., p.26.
7. Lawrence Kohlberg, *The Psychology of Moral Development: The Nature and Validity of Moral Stages*, 2 vols. (New York: Harper & Row, 1984) を参照。
8. Mark Sagoff, *The Economy of the Earth: Philosophy, Law, and the Environment* (Cambridge: Cambridge University Press, 1988). セイゴフは公共政策よりもむしろ社会的な規制について論じている。
9. Ibid., p.121.
10. Ibid., p.17.
11. Ibid., p.53.
12. Ibid., p.121.
13. Ibid., pp.7-8.
14. Ibid., p.8.
15. Ibid., p.11.
16. Ibid., p.8.
17. Charles E. Lindblom, *Politics and Markets: The World's Political-Economic Systems* (New York: Basic Books, 1977), p.173.
18. Karl Polanyi, *The Great Transformation* (Boston: Beacon Press, 1944) を参照。
19. Robert H. Hogner, "We Are All Social: On the Place of Social Issues in Management," in *Contemporary Issues in Business and Society in the United States and Abroad*, ed. Karen Paul (Lewiston, N. Y.: Edwin Mellen Press, 1991), p.8.
20. Owen Barfield, *Poetic Diction: A Study in Meaning* (New York: McGraw-Hill, 1964); Joseph Campbell, *The Hero with a Thousand Faces*, 2nd ed. (Princeton, N. J.: Princeton University Press, 1971); Edward F. Edinger, *Ego and Archetype* (Baltimore, Md.: Penguin, 1974); Mircea Eliade, *Patterns in Comparative Religion* (New York: Sheed & Ward, 1958); Claude Levi-Strauss, *Structural Anthropology*, trans. by Claire Jacobson and Brooke

Grundfest Schoepf (New York: Basic Books, 1963) を参照。
21. Thomas Kuhn, *The Structure of Scientific Revolutions,* 2nd ed. (Chicago: University of Chicago Press, 1970), 1節を参照。
22. Ken Kochbeck, "The Mythic/Epic Cycle and the Creation of Social Meaning," unpublished paper (Washington University, St. Louis, Mo., 1970), p.3.
23. Ibid., p.4.
24. Ibid., p.7.
25. Alasdair MacIntyre, "Is Patriotism a Virtue?," Lindley Lecture, Philosophy Department, University of Kansas, 1984, pp.19-20.
26. Sagoff, *Economy of the Earth,* pp.166-167.
27. Michael J. Sandel, *Democracy's Discontent* (Cambridge, Mass.: Harvard University Press, 1996), p.6.
28. Ibid., pp.117, 119.
29. Ibid., p.203.

9
グローバルな環境の中のビジネス

　多国籍企業にとって地球規模ないしはグローバルなコンテクストについてのプラグマティックな理解は，前の諸章で展開してきたようなコミュニティについての理解をさらに拡大する形で映し出したものである。したがって，本章は新しい考え方を導入するというよりは，これまで展開してきた主題のいくつかをグローバルなパースペクティヴから整理しなおすものとなるであろう。

　個人とコミュニティの間の伝統的な対立はグローバルな舞台にも登場し，相互に結びつき合いながらも対立する2つの傾向を通して姿を現している。一方において，世界の文化的な多様性のかなりの部分が地球規模での同化を通じて破壊されようとしている。それと同時に，またこのことへの対抗手段として，民族的，宗教的そして他の文化的な諸集団が，このような同化の脅威に抵抗して，境界線を戦闘的に定めようとしている。[1] マーク・セイゴフがこうしたジレンマを要約しているように，同化も市場の諸力に対する戦闘的な抵抗も，文化の存続へとつながることになりそうな道を提供してはいない。[2]

　孤立主義かそれとも一枚岩のグローバリズムかという両極端を避けるための規範的な枠組みは，どのようなものであれ個体を犠牲にした同質的な集合全体かそれとも集合全体を犠牲にした個体かという選択を提供する原子論的な個体主義の長い歴史を明確に拒絶するものでなければならない。この場合，原子論的な単位は独自の伝統と意味を有する個々の文化であり，集合全体は市場の諸力というグローバリズムが持つ画一性である。必要とされているのはグローバルなコミュニティであり，孤立主義的な「部族意識（tribalism）」と同様，グローバリズムが多様な文化を飲み込んでしまうことによって，真

にグローバルなコミュニティが生み出される可能性はない。

　コミュニティのダイナミックスが地球規模のレベルで求めているのは，いかなるコミュニティも有している本質的なダイナミックスである。しかしながら，対立する主張を裁定するグローバルな機関が存在しないことから，地球規模のレベルでコミュニティのダイナミックスを維持するのはさらに難しくなっている。裁定されるべき理論上の違いもはるかに大きい。しかし，こうした違いは，揺るぎないほど強固な理論上の違いすべてと同様，個々の状況とその中に含まれている対立する要求に目を向けることによってのみ解決することができる。

　継続的なすべてのコミュニティ活動に見られるように，裁定は一から順番に現れ，具体的な状況を評価しまた評価される規範として，作業仮説の中に具現化される。国際的な規約というのは作業仮説であり，道徳に関わるすべての仮説と同様，一から順番に受容されていく。そうした規約が最終的に有している正当性は，漠然とした道徳観を明確に表現することにあるが，それはさまざまな文化的コンテクストにおいてさまざまな具体的規則を通して導き出されはするものの，その豊かさにおいては，文化的に多様な具体的細目の基底をなすとともに，それを越えて溢れ出していくものである。また，対立的な利害と裁定の必要を示すすべての状況におけるのと同様，求められているのは深く幅のある開かれたパースペクティヴに基礎を置いたコミュニケーションによる相互作用を通して，さまざまな集団が互いに調整を図る継続的で実験的な過程である。ディジョージがこの点について述べているように，国家同士がどのような慣行が正しいかということについて意見が一致しないとき，「視野を広げ，他のパースペクティヴを取り込むこと」が求められる。[3]そして，ディジョージが敷延しているように，このような視野の拡張は倫理に関する自分自身のパースペクティヴを放棄することを含意してはいないし，また自分の考え方を押し付けることを，たとえそのようなことができる立場にあったとしても認めてはいない。[4]

　パースペクティヴの開放性を否定することは，一方において，ある特定の文化が他者や客観的な評価に対して閉じたパースペクティヴの中で機能して

いるという誤った仮定へとつながる。またそれは，他方において，文化はいかなるパースペクティヴをも持つことのない状態で機能すべきであり，そうすることによって究極的な共通の合意に到達すべきだという誤った仮定にもつながる。閉じたパースペクティヴという仮定は道徳的相対主義のさまざまな立場に帰着し，パースペクティヴを持たないという仮定はある種の道徳的絶対主義へとつながる。極端な場合には，道徳的相対主義は無責任な寛容に陥るのに対して，道徳的絶対主義は教条的な押し付けとなる。プラグマティックな考え方は，継続的な再評価と不断の検証を伴う知性に基礎を置いた多様性という価値状況を考慮するような方法で，人間が人間として持っている共通性と個々の人間が人間として持っている独自性とを組み合わせようとしていると見なされてきた。

　そうした人間の状況が要求しているものは，その最も深い意味では，複数のコミュニティからなるコミュニティとして理解することができる。ただし，それはコミュニティは多くの閉鎖的なコミュニティを包摂したものであるという意味においてではなく，他のすべてのコミュニティが基礎を置かねばならず，またそれらすべてに対して開かれている下地としてのコミュニティ（grounding community）こそがコミュニティであるという意味においてである。この下地としてのコミュニティは，普遍的なコミュニティと同じではない。普遍的なコミュニティというのは，あらゆる個人があらゆる他者と相互に作用し合うような関係にあるコミュニティのことであろう。それに対して，下地としてのコミュニティというのは，個人は人間として他の個人と相互に作用し合う関係にあり，またこの下地のレベルにおいては，すべての個人は共通する面を有しているということを示すように意図されている。もっともそれは，個人は単一の世界の中に埋め込まれた根本的に似たような動物であるという点においてであり，単一の世界とは個人の経験に対して開かれており，生き残り成長するために個人同士がうまく相互作用し合わなければならないような世界のことである。下地としてのコミュニティの力学は，人間に共通して見られるもの，すなわち人間としての人間のレベルを表しており，人間としての人間は具象性，埋め込み，具体性を包含したものだということを示

している。[7]

　真にグローバルなあるいは普遍的なコミュニティという理想にまでは達しないものの，コミュニティの他者と「絶対的な」他者ないしは他性を有する他者とは区別されねばならない。コミュニティの他者は，コミュニティを構成する継続的な調整というダイナミックスの本質的な部分である。絶対的な他者は，別の調整過程の一部にはなっているかもしれないが，コミュニティにおける調整の範囲外にある。真にグローバルなコミュニティは，異文化の絶対的な他者を生気にあふれた多元的なコミュニティを構成するコミュニティの他者へと変換することのできる調節と継続的な発展のための機関を提供しなければならない。下地としてのコミュニティに固有の過程，つまり人間に共通して見られる存在のあり方は，道徳面での具体的な適合の中に色濃くはあっても漠然と感じられる文化を超越した価値（transcultural values）を提供するが，そこに現れる諸規範はこうした継続的なコミュニティのダイナミックスにとって外的なものではない。

　しかし，こうした価値は抽象的な形で存在しているのではなく，多様な伝統，文化，生活様式の中に埋め込まれたものとして存在している。以前に論じたように，自我のエネルギーは一般化された他者という制約の中にうまく閉じ込めることはできない。というのは，そうした制約は自我の成長を弱め，最悪の場合，ある種の自我の自殺行為へとつながることになるからである。それと同じように，自身の歴史と意味のある存在というコンテクストの切断を通じての自殺を求めるような基準を，国家や文化が受け入れるなどということは考えられない。したがって，このようなプラグマティックな立場は，価値の形成において，恣意的な選択という相対主義にも，真の選択はないという絶対主義にも至るようなことはない。

　相対主義を伴わない多元主義というテーマについては，ドナルドソンが *The Ethics of International Business* の中で，権利というパースペクティヴから展開している。すなわち，同書において，道徳の哲学を国際経済のレベルに適用しても，「異文化間の比較は意味がないという懐疑的なニヒリズムや，個人的で文化に中心を置いた道徳性の楽観的な拡張が生み出されることはな

い」と彼は述べている[8]。ドナルドソンが展開した10の一般的権利は，「諸国民が同じリストを作ることができないときでさえ[9]」，そうした諸国民に適用しうると考えられており，多元主義が相対主義へと落ちていくのを阻止する共通の核を形成している[10]。

ソロモンの相対主義を伴わない多様性という問題に対する焦点の当て方は，徳の倫理を背景にして生まれたものであり[11]，そうした倫理は，最良の状況下では「成功した人生の原動力を構成する不可欠な部分」となるべきものである。ソロモンの主張するところによれば，基本的なあるいは一般的な徳というものが存在するが[12]，徳は「本質的に社会的な特性[13]」であり，「コンテクストに縛られ」，また「文化によって異なっている[14]」。ソロモンは，徳はより一般的な倫理の原則の具体例ではないが，いかなる徳も一般化することが通常可能であり，一般原則の具体例を示すことさえあるだろうと述べている[15]。確かに，彼が徳に起因するものと考えている共通性と多様性は，いくぶん異なってはいるが似たような形で，規則にもしたがっている。道徳の規則が重要だということを前提とするならば，そうした規則のリストが欲しくなるかもしれないが，そのような営為は時間の浪費になるだろうとソロモンは指摘している。「道徳の規則を知らない人は，何かを学ぶということはしないのである[16]」。確かに，プラグマティックなパースペクティヴからすれば，そうした規則が抽象的なパースペクティヴから何を表現しようとしているのかということについて人が豊かで根源的な感覚を持っていないとしたら，そのような抽象的なものが明らかにしようとしている中身などは存在するはずがないと言えよう。

この点に関して，ソロモンは続けて述べている。「道徳の規則に関する実際上の問題は，そうした規則を受け入れるべきかどうかということではけっしてない。むしろそれは，道徳の規則をいかに適用するかということである」。ただし，コンテクストが異なれば，こうした適用のあり方も異なってくる[17]。したがって，ソロモン自身の徳の倫理を論じるのであれ，規則を含んだより一般的な態度を論じるのであれ，そのような誰にでも見られる特質は，多様なコンテクストにおいて多様な形で導き出されるのであり，こうした多様なコンテクストは，ある特定の文化の中で機能している人々の欲求や好みに影

響を及ぼすとともに，その影響をも受けているのである。

　このような背景から，「あらゆる文化的な違いの最終的な解体と真の「世界」市場の創設がその主要な「徳」となっている」グローバル企業の制度化という考えにソロモンは反対している。彼によれば，これほど危険なものはおそらくないだろうという。実際には，個人差や自由な選択は国際舞台では非常に重要であるのに，消費者としてはどの人たちも欲求や好みの点で基本的に同じであるということを，この概念は前提としているからである。[18] グローバル企業の性格をこのように特徴づけるならば，その正当性が制度化されるのは本当に危険なことであり，そうなったときには「決定的な悲劇」がもたらされるであろう。[19]

　しかしながら，もし企業がコミュニティ生活の本質的な部分であり，コミュニティというコンテクストからしか出現しないものであるならば，グローバル企業の正当性の制度化は，グローバルなコミュニティの中でそれが置かれている状況に依存することになる。真にグローバルな企業は，自ら定めた継続的に進みゆく成長を共通の目標として具現している真にグローバルなコミュニティという風土の中でのみ発展することができる。そして，コミュニティのダイナミックスを前提とするならば，こうしたことが生じうるのは，進展する道徳的生活を構成する順応性と多様性という2つの極を認める道徳的なコンテクストにおいてのみである。かくて，グローバルなコミュニティの市民として，企業は多様性と自由選択を尊重する道徳的責任を持つことになるが，どちらもさまざまな文化が有するものであり，コミュニティ生活の継続的なダイナミックスにとって不可欠なものである。

　5章では，生産と消費がコミュニティの存在という社会的過程から分離され，独自の生命を持った「経済システム」として理論的に具体化されるに至るまでの経緯を辿った。その過程で，「経済システム」はさらなる財とサービスの生産および消費を越えたより広く大きな道徳上の目的から分離された。経済システムは「利潤動機」というただ1つの目的によって導かれ，それ自体が自己を正当化する目的（self-justifying end）となったのである。5章でも論じたように，求められているのは経済発展，生産，消費を人間存在の道

徳的土壌へと戻す急進的な思考である。道徳的土壌は，当然，継続的な目的と方向を枠にはめるものであるが，上記の諸要素はそうした土壌から切り離されてしまっている。人間が意味のある生活を得るための多元的な社会環境，文化環境，自然環境を破壊しながらも，生活の質を高めていくものとして経済発展を語るのは，経済発展という概念の中に取り込まれた生活の質というものを抽象的で関連性を認めないような形で理解していることの証である。

　成長についての新しい理解が必要とされている。それは，経済発展，生産および消費に対して人間存在をその十全さと複雑さにおいて高めるという目標に根差した道徳的方向を提供するような理解であり，成長の具体的な理解，「具体的な成長」の理解である。経済成長は状況の十全さから抽象化されたものであり，経済成長が具体的な成長を促進するのではなく弱めるときには，それによって「経済成長」はそれ自体が存在している現実を歪めてきた抽象化の産物であるということが示される。自律的な経済成長という破壊的な抽象化は，具体的な成長という道徳的土壌へと戻されなければならないが，それは経済成長が道徳的土壌に由来するものであり，究極的には経済成長に対して意味と活力を与えるものだからであるということが論じられた。

　「グローバル企業」という考え方は，「経済システム」の持つ抽象的で自己を正当化する目的をさらに本質から外れた段階へ持ち上げてしまうであろう。なぜなら，こうした考え方はグローバルなコミュニティに埋め込まれているという意識を欠いているだけでなく，実は埋め込まれるべきグローバルなコミュニティの存在そのものを欠いているからである。多国籍企業は，グローバルなコミュニティ，すなわち真にグローバルな企業が出現する可能性をもたらすコミュニティへと進む原動力を強めるだけでなく，破壊をもする強い潜在力を有している。ソロモンは，グローバル企業という考え方について否定的な評価を下す中で，現時点での見解にしたがえば，コミュニティという馬の前に企業という馬車をつなげるような本末転倒な試みは破壊的な結果をもたらすことになるとはっきりと指摘している。

　グローバルなコミュニティが発達する可能性は，人間存在を構成するものとしてのコミューン的な生活が有する二極的なダイナミックスをプラグマティッ

クに理解することに本来はあるのだという点については，フリーマンとギルバートからの支持を得られるであろう。実際，広い人間のコミュニティという考え方は「相対主義を魅力的なものにするような直観と，相対主義を理論としては無効にするような直観とをわれわれに与えている[20]」という洞察に満ちた主張を彼らは行なっている。以前に見たように，本来コミューン的なものとしての人間存在は，多様な社会文化的コンテクストによって輪郭を示され普遍的に共有されている特徴を具現している。フリーマンとギルバートが説明しているように，「もしわれわれが同じ種類の経験——例えば，言語学習，家族の絆，意味のある仕事といった経験——を共有しているならば，われわれは原則を探すことのできる共通基盤をすでに持っているのである[21]」。このようなコミュニティを基盤として，フリーマンとギルバートはどこであってもコミューン的な相互作用に適用することが可能な「共通の道徳性」を提案するとともに，道徳的な活動が具体的な社会文化的‐歴史的コンテクストの中に創発するものであることから，そうした活動の文化面での多様性を考慮に入れている。

　グローバルなコミュニティが発達するためには，地球規模の裁定機関が発達しなければならない。なぜなら，そのようなコミュニティは多様性と順応性という異なる次元の継続的な調整によって成立しているからである。リチャード・ディジョージは背景となる機関に焦点を当てることで，この問題に取り組んでいる。ディジョージは，こうした機関が発達する可能性を，普遍的な合意が得られている道徳上の原則に合意することよりも価値があり可能性のあるものとして考えている[22]。彼が指摘しているように，背景となる国際的な機関は2国間ないしは国家のグループ間での調整からはじめることが可能であり，複数の地域的なシステムが相互に作用し合うにつれて，そうしたネットはさらに広がり，最終的には真にグローバルなものとなる。ディジョージは，背景となる機関の発達に対して，地域限定的なネットワークからパースペクティヴを徐々に広げることによって，また合意を育む基礎として特定の状況に焦点を当てることによって，「下から上へ (ground-up)」というアプローチをとることを提唱しているようである。例えば，かなりの先進国とさ

ほど発達していない国は，公正さは必要であるということの一般的な意味では合意するが，国際的なレベルにおいて公正さを構成しているものは何かという点に関しては，両者は非常に異なる理論的あるいは抽象的な考え方を持っていることが多いと，彼は述べている。だが，ある特定の取引が当事国にとって公正であるのかそれとも公正ではないのかという点については，しばしば合意が得られている[23]。

　国際的なレベルでの道徳的多様性は，（多様性一般がそうであるように）コミュニティの中でうまく機能しうるが，そうした多様性が調停できないほどの対立を示したときには，もしコミュニティを維持する必要があるならば，社会変化は対立する要求を処理する新たな方法を発達させることにつながらなければならない。こうした調整の過程は，他の場合と同様ここでも，創造的な再構築を通してのコンテクストの拡大と，一般的なパースペクティヴと新たなパースペクティヴの統合が何らかの方法で維持されるようなコミュニティの成長とを必要としている。これには裁定機関**を経由しての**実験的な再構築だけでなく，裁定機関そのもの**の**継続的で実験的な再構築をも必然的に伴う。このことは，裁定機関が不安定で暫定的なものであるグローバルなレベルによく当てはまるが，以前東側に属していた諸国のように急激な変革を経験した社会にもまたよく当てはまる。

　プレストンとウインザーが，国際的な政策機構（international policy regimes）についての議論を展開する中で強調しているように，そのような機構は「動態的で発達的な現象」として理解される必要がある。そうした現象は，時間の経過とともに変化し，単なる静態的な構造として扱うことができないものであるが，この点についてはほとんどの研究によって無視されがちである[24]。さらに，プレストンとウインザーが行なった政策機構の特徴づけは，コミュニティの裁定機関に関するプラグマティックな理解についての正確な特徴づけを提供している。というのは，こうした政策機構は正式の合意や時間の試練に耐えてきた組織のような重要な制度的要素を含んではいるが，「最も重要」なのは「状況の変化に応じて，またしばしばかなり微妙に変化する傾向を持った行動の理解と規範」だからである[25]。

プレストンとウインザーは，このような発達には上から下へ（top-down）ではなく下から上へという性質があることを認識しており，グローバルな規約の正式採用は一般に「これまでに確立された取り決めと行動を現実に変化させる」ものではなく，むしろ「相互に理解しあっている」慣習「の簡潔な表明」として役立つものだと主張している。[26] さらに，こうした規約は，コミューン的な生活内部のさまざまな慣習から創発するものとして，本来的に道徳的な性格を有している。[27] この道徳に関わる次元は，究極的にはグローバルな規約に拘束力を持った特質を与えている。なぜなら，フレデリックが述べているように，合意された原則にはしたがわなければならないという正式の圧力よりも重要なのは，規範，倫理，道徳に関わる諸力がいかに人間の認識と行為に影響を及ぼしているのかという点の方だからである。[28]

コミュニティのダイナミックスは，個人内部のダイナミックスとして，個人と地域のコミュニティという一般的他者の間のダイナミックスとして，あるいはその土地固有の独特な文化とグローバルなコミュニティという他者の間のダイナミックスとして理解されても，変わりはないと考えられてきた。グローバルなコミュニティにとって，それはいかなるコミュニティにとっても同様であるが，全体の利益について語る場合，この「全体」というのは個人を吸収している何らかの集合体としての共通の他者のことではない。むしろ，全体とはコミュニティそれ自体とコミュニティが包摂している二極性を持ったダイナミックスのことであり，全体の成長は新奇性と順応性という2つの次元間の適切なバランスと両者間の継続的な調整とに依存している。

このように，コミュニティに関するプラグマティックな理解は文化の多様性を道徳面から守っており，したがって貧困に釘付けとなっている文化の生活を特徴づけているさまざまな意味を斟酌し，またそれらから学習する一方で，そのような文化に対して援助を行なう必要性を道徳面から守っているのである。グローバルなコミュニティは，その創造的な極すべての活力と継続的な発展を考慮に入れているだけでなく，そうした活力や発展を求めている。自己とコミュニティの成長は，適合を深めることを通して他者のパースペクティヴをさらに幅広く使用することを要求しているのであるから，あまり発

展していない文化やあまり力のない文化に対する懸念は，自分自身と自分の文化への外部から課された避けがたい侵害としてだけでなく，好意的に使用され自分自身と自分の社会を拡張するものとしても，最良の場合には理解される。

　国際的なレベルにおいては，新奇性という極はおそらく維持するのがとくに難しいであろう。いかなる科学技術も何らかの価値群を具現しており，そうした科学技術がある社会の中で成功を収めると，今度はその科学技術の価値が高められていく。どの科学技術もある価値群を増進させ，その他の価値群を抑制し，科学技術の継続的な使用とともに独自のスタイルを取るようになる。外国の科学技術を使用することは，単に技術や機械的な過程を使用することではない。むしろ，それは世界における存在のあり方を使用しているのであり，こうした使用はさまざまなタイプの文化的混乱を容易に生み出しうる。例えば，多国籍企業と多国籍企業がもたらす科学技術と製品は，地平の拡大と絶対的な他者のコミュニティにおける自他の関係への包摂とを見越しており，こういった形でさらなる包含を促進していくのである。しかし，7章で示したように，このような包含の進展は標準化という危険をもたらすものであり，交渉やコミュニティの融通の利く調整は順応性という同化に取って代わられる傾向がある。産業のエリートが特定の文化の中に現れはじめていることから，包含は標準化だけでなく排他性という絶えざる脅威までももたらしている。標準化の進展とエリート主義の出現は，どちらも社会的混乱，場合によっては社会的自殺へと至る可能性を有している。

　しかしながら，国際舞台において道徳的な多様性を認めることの重要性を無効にしているのは，コミューン的な相互関係性の中で人間に共通して見られるもののレベルから現れている，あいまいで文化を超越した道徳的知覚である。ただし，こうした知覚はその姿を現すある特定の文化的なコンテクストから抽象化されることによって存在しているわけではけっしてない。人間の行為自体は，ビジネス上の取引を行なうために，約束を守ること，契約を遵守すること，真実を述べることといった規範を具現したものである。なぜなら，このような規範は一貫性がなければならないという「プラグマティッ

クな命法」(C. I. ルイス)に根差したものであり，もしこうした規範が拒否されるならば，思考や行為は無意味になってしまうからである。[29] デューイが強調しているように，手段－結果という関係の多くの表れとこの関係が必然的に含んでいる一貫性は，生活自体の諸条件に根差している。実際，合理性というのは，まさに「手段－結果という関係をそういうものとして一般化した考え方」[30]なのである。

　われわれはコミューン的な生活の継続的な過程の中に埋め込まれているというとらえにくい原初的な感覚はさらなる規範を含むものであるが，それはまた規範がそうした過程にとって外部ではないからである。7章で示したことであるが，コミューン的な生活から創発するものとして科学技術が有している諸価値は，次のようなものを必要としている。すなわち，個人の創造性の促進，共有された意味，参加型のコミュニティ生活，他者への適合とそれに伴う多元的な関連を有するコンテクストと多元的に価値を負荷され質的な豊かさの中にある存在への同時的な適合，生活に重要な意味を与えるものとして，つまり人間存在の美的－道徳的豊かさを高めるものとしての成長，さらに継続的な成長を考慮し世界を結びつける方法としての開かれた実験的な探求である。

　さらに一般的ではあるがあいまいな規範は，われわれが原初的にはコミューンに埋め込まれているという直観からも探り出されるかもしれない。例えば，成長というものを継続的で動態的な変化の中で個人の次元と共通の次元との間の適切なバランスを含んだものとして理解することによって，公正さがバランスのとれた相互関係（reciprocity）として重要なものと見なされるようになる。ただし，それがいかにして多様な文化と具体的な規則の中で導き出されるかは，社会によって大きく異なるであろう。具体的な慣行へとさらに目を転ずるならば，一貫性がなければならないという「プラグマティックな命法」と組み合わせることで，公正さは賄賂が道徳的不正として一般に認識されていることを理解するための方向性を示してくれるであろう。[31] 公正さは，競争の過程にあるすべての当事者は賄賂の過程に公然と参加することを認められるべきだと要求するが，この場合，賄賂はもはや賄賂ではなく，市場シ

ステムでの公然かつ公正な競争に伴う新しいタイプの入札制度となっている[32]。公正なものとされた賄賂は本質的な矛盾を来すか，あるいはもはや賄賂ではなくなるかのどちらかである。しかしながら，賄賂の構成要素となっている特定の慣行はコンテクストに依存しており，きわめて多様な解釈を受ける余地が大いにある。例えば，ある詳細な研究では，賄賂とゆすりを構成する要件は何かということの認識において，ギリシャ人とアメリカ人とでは相当に異なっていることが示されている[33]。

　ここで強調しておくべきことは，一貫性という原則は，プラグマティックなものとして，抽象的な人間の理性にではなく人間の習慣に根差しているという点である。この一貫性という原則は，上から申し渡された普遍的な規則などではけっしてなく，われわれが埋め込まれている環境にうまく対処しなければならないという行為志向の必要性から抽出されたものである。このような活動が進展していく中でわれわれを導いてくれる漠然とはしているが豊かな道徳観には，グローバルな重要性を持った認識が含まれているが，それはこうした認識が理に適っているからではなく，きわめて重要な人間的衝動が有している道徳的活力が注ぎ込まれているからである。そうした衝動は非常に一般的で広く行き渡っていることから，上のような漠然とした認識は明示的で反省的な意識の対象となる必要はない。事実，この漠然とした認識は反省的な意識の抽象的な活動から溢れ出したものである。フレデリックも同じような主旨のことを述べている。すなわち，「形や力，表現様式は社会によって異なっているが，中核的な原則は繰り返し現れている。それには十分な理由がある。そうした原則は自然の声を表現したものであり，道徳的意味の最小核について語っているという理由である」[34]。出現しつつあるグローバルな裁定機関の活力源とそのような機関が抽出する規約と合意は，われわれがコミューン的な生活に自然に埋め込まれていることに根差した原初的な道徳的活力である。あらゆる多様な次元と豊かな複雑さの中にあるそうした裁定機関に，この道徳的活力が注ぎ込まれなければ，裁定機関が提供することになるのは，自己管理下にある本物の成長が進展していく豊かな基盤というよりも，むしろ単に精力を欠いた実りのない営為の方である。

9 グローバルな環境の中のビジネス

1. マーク・セイゴフはこれら2つの傾向を,次の論文の中で概観している。"What Is Wrong With Consumption?" Paper presented at the Ruffin Lectures, The Darden School, University of Virginia, Charlottesville, Va., April 1997.
2. Ibid.
3. Richard T. De George, "International Business Ethics," *Business Ethics Quarterly*, 4, no.1 (1994), p.4.
4. Ibid.
5. こうした区別は,プラグマティズムとコミュニティという論題についてサンドラ・ローゼンタールが行なった会長演説に関して,アメリカ形而上学協会の1996年大会においてベス・シンガーと交わした議論を通して発展したものである。
6. ジョージ・アレンは,自己実現には3つの次元,すなわち独特な個人の次元,相互依存的な次元,人間すべてに見られる次元があるという主張の中で,いくぶん似通った主張をしているようである。*The Realizations of the Future: An Inquiry into the Authority of Praxis* (Albany, N. Y.: SUNY Press, 1990), p.157.
7. 一般化された他者という概念に対するセイラ・ベンハビブの批判との関連から,1章で行なったこの問題についての議論を参照。
8. Thomas Donaldson, *The Ethics of International Business*. The Ruffin Series in Business Ethics (New York and Oxford: Oxford University Press, 1989), p.5.
9. Ibid., p.91.
10. この相対主義を伴わない多元主義というテーマは,トマス・ドナルドソンとトマス・ダンフィーが統合的社会契約論を発展させる上で,彼らの著作の中心をなす関心事となっている。彼らの次の論文を参照。"Toward a Unified Conception of Business Ethics: Integrative Social Contracts Theory," *Academy of Management Review*, 19, no.2, (April 1994), pp.252-284と "Integrative Social Contracts Theory," *Academy of Management Review*, 19, no.2 (April 1994) pp.252-284 および "Integrative Social Contracts Theory: A Communitarian Conception of Economic Ethics," *Economics and Philosophy* 2, (1995), pp.85-112。
11. Robert C. Solomon, *Ethics and Excellence: Cooperation and Integrity in Business* (New York: Oxford University Press, 1992).
12. Ibid., p.207.
13. Ibid., p.191.
14. Ibid., p.196.
15. Ibid., pp.194-195.
16. Robert C. Solomon, *The New World of Business: Ethics and Free Enterprise in the Global 1990s* (Lanham, Md.: Rowman and Littlefield, 1994), p.117.
17. Ibid., pp.117-118.
18. Ibid., p.329.
19. Ibid.
20. R. Edward Freeman and Daniel R. Gilbert, Jr., *Corporate Strategy and the Search for Ethics* (Englewood Cliffs, N.J.: Prentice Hall, 1988), p.40.
21. Ibid.
22. Richard T. De George, *Competing with Integrity in International Business* (New York and Oxford: Oxford University Press, 1993). とくにpp.23-41を参照。
23. Ibid.
24. Lee E. Preston and Duane Windsor, *The Rules of the Game in the Global Econo-*

my : Policy Regimes for International Business (Boston : Kluwer Academic Publishers, 1992), pp.xix-xx.

25. Ibid., pp.245-246.

26. Ibid., pp.236-237.

27. プレストンとウインザーは,「多国籍の政策機関の発達が一般に良いものなのかそれとも悪いものなのかを議論することは不毛である」という意味で,自分たちの研究は「規範的というよりも実証的」だということを強調している (Ibid., p.xix)。しかしながら,これはそのような政策機関自体が部分的にであっても道徳に関わる次元によって構成されてはいないということを意味するものではない。

28. William C. Frederick, "The Moral Authority of Transnational Corporate Codes," *Journal of Business Ethics,* 10 (1991), p.173.

29. C. I. Lewis, *Our Social Inheritance* (Bloomington : Indiana University Press, 1957), p.100.

30. Dewey, "Logic: The Theory of Inquiry," in *The Later Works, 1925−1953,* ed. J. Ann Boydston, Vol.12 (Carbondale and Edwardsville : University of Southern Illinois Press, 1986), pp.10, 387.

31. ディジョージが指摘しているように,賄賂を我慢して許す文化と賄賂を許容する文化との間には大きな違いがある。*Competing with Integrity,* pp.12-15を参照。

32. リチャード・ディジョージは,異なる方向からではあるがいくぶん似通った指摘をしている。

33. John Tsalikis and Michael La Tour, "Bribery and Extortion in International Business: Ethical Perceptions of Greeks Compared to Americans," *Journal of Business Ethics,* 14, pp.249-252 ; 64.

34. William Frederick, *Values, Nature, and Culture in the American Corporation* (New York : Oxford University Press, 1995), p.293.

第3部
企業の性質

10
プラグマティズムと企業に関する
今日の経営倫理学のパースペクティヴ

　1章では，プラグマティズムを経営倫理学で用いられてきた伝統的な倫理学の理論——その理論とプラグマティズムとは主として著しい対照をなすものだが——と比較して概観した。本章では，プラグマティズムを現在のパースペクティヴと比較して見てみよう。そのパースペクティヴのほとんどは，もっぱらビジネスにおける倫理問題の中で／のために展開されてきたものであり[1]，企業と全体として社会に対するその関係についての新しい理解に導くものである。プラグマティックな立場は，これらの現在のパースペクティヴと調和するのみならず，ある場合には，理論上の付加的なサポートをも提供できる，ということが理解されるだろう。

フェミニスト哲学

　経営倫理学におけるフェミニスト哲学，ないしは時にケアの倫理と呼ばれるものとプラグマティズムの関係でもって，この議論を始めるのが有益である[2]。この哲学における支配的な傾向は，密接な諸関係の中で評価される性格の特徴，つまり共感，思いやり，信頼，友情といった諸特徴に焦点を当てる。この哲学は，この焦点に沿ってカントの普遍的な道徳律や功利主義的計算のような抽象化を拒否する。なぜなら，このような抽象化は道徳的な意思決定者をその個別的な生の独自性から引き離し，道徳的問題をそれらが埋め込まれている社会的・歴史的コンテクストから引き離しもするからである。その

うえ，このような抽象化は，合理的に理解されたルールないしは合理的な計算を包含しており，諸状況の十全性やそこに関わる人々の態度や相互関係に対する感受性の役割を無視する。これは，フェミニスト哲学によれば，いわゆる「道徳的公平」に導く。それは，すべての個人の尊重を促すのでなく，諸個人を匿名の交換可能なものとして没人格的に見ることによって，実際は諸個人への尊重を否認する。

フェミニスト哲学における個人へのこの関心は，原子論的なエージェントという個人主義に焦点を当てることではなく，むしろ諸個人の関係とそれらの関係が包含するいたわり，共感，関心に焦点を当てる。この哲学は以下のように指摘する。つまり，女性の「声」ないしパースペクティヴは，道徳理論の展開を支配してきた抽象的な権利や正義に関する男性の声とは，概してラジカルに異なっている，ということである。[3] フェミニスト思想は，社会的協同を支持する自由で自律的かつ平等な個人間での契約を含む権利の概念や，諸々の人間関係を，通常，選択不可能で，不平等な者の間に生じ，同情およびいたわりを含むものとして理解することを拒絶する。親子関係やコミュニティ的意思決定のモデルが，しばしばそこで用いられる。諸関係に焦点を当てることは，フェミニスト哲学を他のパースペクティヴに適合させ，それらのパースペクティヴに共感的に加わることの必要性が重要である，ということへと導く。

このようにして，フェミニスト哲学は，プラグマティックな倫理学の中心構造の一部を形作る道徳経験と同一の特徴に焦点を当てる。しかし，フェミニスト哲学は，その洞察を補強するための体系的に展開された概念的フレームワークを何一つ持っていない。それは1つの世界観についての洞察を収めてはいるが，その洞察を組織だったものにする，1つの世界観の概念的構造を含んではいない。プラグマティックな倫理学は，以下のようなものへの哲学的基盤を提供する。つまり，自我についての関係的な見方，関係のコミュニティ的な性質，他者のパースペクティヴをとることの必要不可欠性，人間存在の美的‐道徳的諸次元の増進を含むものとしての自己とコミュニティの成長，形式化された抽象的なルールや手続きにおおわれている理性の深化，

諸個人とその独特な状況——そこで諸個人が編み込まれて道徳的問題が生じる——に対する調和ないし感受性の中心的な重要性，である。プラグマティックな哲学は，フェミニスト哲学ないしはフェミニスト哲学が出現する以前の統一的な理論構造の中にあるケアの哲学のさまざまな洞察を統合することにおいて，フェミニスト哲学の洞察に関心ある者にとって探究すべき豊富な領域であるように思える。

　この点の例示は，権利論のプラグマティックな再概念化に向かうことによって与えられよう。

権　利　論

　これまでのまとめで示されたように，フェミニスト哲学は，伝統的な権利論が通常，全く大いに個人主義的な人間理解に基づいている一方で，それらの理論が個人を匿名で交換可能なものとして没人格的に見ることによって，諸個人への尊重を否認していることに異議を唱える。権利論は，外的な結びつきを通じて自分達を拘束する契約——その契約は人々がある種の絶対的な権利を放棄することを要求するものであるが——を結ぶことで一体になる，抽象的で個人主義的な人間に焦点を当てる。したがって，ある意味において，社会は常に，ある者にとっての絶対的な権利の侵害である。

　権利論についてのこのフェミニストの描写は，取るに足らない問題あるいはおそらく良く言って取るに足らない問題状況を持ち出しているとして異議を唱える者がいるだろうが，権利とコミュニティ間のこのコンフリクトは権利論の解釈全体に広がっており，実際には，これらの理論のある種の基底にそのコンフリクトを内包しているのである。アラン・ゲヴァースは，権利とコミュニティの相互関係についての彼の優れた著作において，その状況を以下のように述べている。[4]

　　主要な解釈様式の1つにおいては，道徳・政治哲学の中で権利に焦点を当てることは，社会的紐帯と独立して存在する原子論的実体とみなされる個人を第一義

的に考慮することを伴う。一方，そのかわりにコミュニティに焦点を当てることは，人々をお互い生まれつき情緒的な社会的関係を有しているものとみなすことである。……これらの見方によれば，権利は，競争と対立を前提とする。なぜなら，権利は，自己探求的な個人が自分達の相互に対抗する関係において踏みにじられないという保証として意図されているからである。他方，コミュニティは，このような対立の欠如を伴っている。それは，共通利益と協力，相互の共感と仲間感情を意味する。結果的に，権利主義は社会を原子化し，人々を互いに疎外するものと非難される。しかし，人々が社会的調和をなすコミュニティの結合を維持するときには，権利は必要ではない。……そのゆえ，権利の要求は利己的で，かつ道徳性とコミュニティに対立する。[5]

チャールズ・テイラー，マイケル・サンデル，ジョン・シャルベ，ジュディス・トムソン，アラスデア・マッキンタイア，そしてマイケル・ウォルツァー[6]といった現在の著名人への言及を通じて，諸文献の中に行き渡っていることをゲヴァースが示すこの見方によれば，権利とコミュニティは「相互に支えあう関係を有する」[7]という主張は受け入れられない。

ゲヴァースは，権利とコミュニティの間のより肯定的な関係が何人かの思想家によって提示されてきたと指摘するが，彼は，「これらの思想家は，コミュニティと権利の間に主張されている対立の根底にある，広範囲に渡る協力的で相互主義的な意味で『コミュニティ』を解釈している」[8]と疑問を呈している。実際，これらの思想家によって展開された，権利とコミュニティの間に発展する諸関係は，ある重要な意味において全くコミュニティを含んでいない，ということを彼はさらに説明している。[9]

権利論のプラグマティックな再概念化は，フェミニスト哲学のための拡張された概念的基礎と，それらが通常根ざしている権利と社会契約への新しいアプローチ，すなわち権利とコミュニティが両立するのみならず密接不可分に絡み合っているという再概念化を，同時に提供する。[10]プラグマティックなパースペクティヴからは，絶対的な個人的権利ではなくて，契約上の権利の方がより自然なものだと言える。しかしながら，この権利観は，少なくとも理論上は，原初的な参加者による社会契約によって既にできあがっている社会に諸個人が生まれる，ということを単に示してはいない。この見方は，権

利は単に政府の法制化ないしは契約上の同意の結果である，ということを示しているのでもない。最後に，それは，具体的な状況とそこに含まれる諸個人に適合するよう配慮することで抽象的な諸原則を置き換えうる，ということを示してはいない。むしろ，この権利についての見方が指摘せんとしていることは，人間であることの「自然」状態は関係的に他者に結びつけられていること，そしてコミュニティのダイナミクスと離れては，いかなる個人的権利もありえないということである。なぜなら，諸個人はコミュニティ的調整のコンテクストの中に現れ発展するからである。それゆえに，まさに権利を有することにおいて，人はコミュニティの義務を有する。これらは同じ硬貨の両面である。

いかなる絶対的な個人的権利もありえない。なぜなら，念頭におかれるべきは，自由と制約の間での調整への必要性が，主我 - 客我（I－me）のダイナミクスの形で自我の内部構造に組み込まれているからである。その自我は，個人的パースペクティヴと社会的パースペクティヴ間の創造的で継続的な解釈的相互作用からなる。このゆえに，一般的な意味において，自我の自由はこれら2つの次元間の適切な関係の中にある。前に強調されたように，自由は規範や権威の制約に対立してあるのではなく，自我のこれら2つの次元の適切でダイナミックな相互作用を要求する自己管理（self-direction）の中にある。自由は他者に影響されないことのなかにあるのでなく，人が新奇な決定や行為において「他者」を自らの中に取り入れるそのやり方の中にある。ミードが強調するように，このダイナミックな相互作用関係は，人に，「ある者が属するコミュニティの言葉で自己自身に語るための能力，コミュニティに属する責任を自己自身に負う能力——その能力は，他者が警告するであろうように自己自身に警告する能力であり，何が人の権利であるかと同様に義務であるかを認識する能力である——」[11]を与える。

しかし，自我のダイナミクスから理解されるように，この責任と規準は，それら自体，一般化された他者の態度の内部化からだけでなく，その人自身の創造的なインプットに関する過去の反応によるこれらの態度の作用からももたらされてきた。人の創造的な個性は，一般化された他者によって虜にさ

れているのでも決定されているのでもない。のみならず，一般化された他者は，それ自体，人自身の過去の創造的な行為から部分的には形成されてきたのである。この一般化された他者は，1節で強調されたように，絶対的な他者でも抽象的な他者でもなく，自我が編み込まれているコミュニティの生活と個我からなる具体的なダイナミクスの本質的部分としての他者である。

　責任的な社会的権利は個人的自由なくしてはありえないけれども，個人的権利は社会的権利でもある。権利は本来関係的である。純粋に個人的な権利などというものはなく，権利関係というものが存在し，すべての権利関係は資格と義務両者を含む。したがって，継続的なコミュニティの調整は，諸権利で身を固めた個人をその権利を制約する共通の他者と戦わせるものとしてでなく，むしろ資格と義務という関係上の両極——いずれも他方なくして機能しえない——の間に適切なバランスを見出すためのコミュニティの試みとして理解されねばならない。自由な個人と同様に自由な社会はこのバランスを求める。このようなわけで，全体の善は，個人に対峙する一般他者もしくは集団他者の善ではない。全体の善は個人と一般他者間の適切な関係である。なぜなら，全体はコミュニティであり，コミュニティが個人と一般他者を包含するからである。もしも，権利が，社会が侵害しようとする個人的所有——それをめぐって，ある個人と他の個人が競い，個人と集団が競う——と理解されるならば，権利はコミュニティ的な協力よりもむしろ利己的な派閥主義かつ敵対的な関係に導くであろう。デューイが述べているように，「権威の原理」は「純粋に制限的な力」と理解されてはならず，方向を与えるものと理解されねばならない。[12]

　このことは，人間としての人間が，暗黙裏に契約的な布置——それが，順にごく自然な互恵，調整そして分配上の正義に具体化する——の中に生まれる，ということを示している。プラグマティックな立場は，ロールズとローティによって強調されるように，自律，連帯，そして公正に基づいているが，これらの特徴が人間存在のコミュニティ的な性質に根づくことによって，より深くそうなるのである。そのうえ，プラグマティズムは，各人の成長をコミュニティの発展の一手段としてと同時に，コミュニティの発展の目的ない

し目標としても認識する。あるいは，より正確には，各人は手段でも目的でもなく，相互関係にある貢献者であり，かつ受領者でもある。実際，手段と目的との分離はそれ自体，近代的な世界観の2つの伝説の遺物——事実‐価値の区別と原因と結果についての還元主義的な分離——に根ざしている[13]。手段は，それらが要素をなす全体ないし目的への寄与であり，すべての結末は同時に満たされるべき新しい将来性への始まりである。すべては関係的な質でも直接的な質でもあり，道具的な特性でも完成的な特性でもある。諸関係は徹頭徹尾，質的であり，それらが創発的な価値を吹き込まれるのである。個人が栄えることの道徳的な真価は，人間のコミュニティが栄えることの道徳的な真価と分けることはできない。

社会契約／権利論の中心的な洞察の1つは，その自発的な性質である。さまざまな社会契約論とそれらの間の基本的な相異についての洞察に満ちた概説において，トーマス・ドナルドソンは「社会契約論のさまざまな見方の中に共通の要素，すなわち，当事者の**合意**への強調がある」[14]と指摘する。人間は暗黙の契約上の取決めの中に生まれるけれども，契約の受容はそれにもかかわらずプラグマティックな枠組みの中で自発的である。発展していく自己が一体化する相互関係の型は，外から強いられるのではなく，「客我（me）」の自己構成ならびに一般化された他者の再構成へと参入していく——このことが銘記されるべきであろうが——，「主我（I）」の自由で創造的な活動によって内部化されるのである。別の言い方をすると，自我の性質は他者のパースペクティヴの内部化を求める。外的な要求についてのルールにしたがった抽象的な考えからもたらされる義務は，他者のパースペクティヴの内部化に基づく調和のとれた関係に配慮することとは全く異なる[15]。そして，これまで見てきたように，人はなんらの権利をも，それに対応する義務の内部化なくしては内部化しえない。というのは，内部化されるものは本来的に関係的であるからである。

このように，人は人間存在の関係的な性質およびそのダイナミクスの一部である諸権利の関係から逃れることができないのに対して，特定の諸権利の諸関係——そのなかに人が生まれたその関係を含む——からは逃れることが

できる。特定の諸権利の諸関係は道徳的に評価されねばならないし，コミュニティのダイナミクスの中に包含されるコミュニティと複数の自我を豊かに成長させることにおいて，これらの関係の役割にしたがってさまざまな道徳的な重みを備えているだろう。人間存在の自然状態はコミュニティ的な存在であるので，人間としての人間の「自然権」はコミュニティに参加する能力を含むべきである。前に見たように，コミュニティは，自由と権威，新奇性と継続性，創造性と順応性双方を含むが，これは，権威，継続性および順応性が，部分的には，人の自由，新奇性そして創造性によって形成されてきたということである。それゆえ，コミュニティ的存在の自然権は，個人の自律への権利と社会的権威の発展の中に参加する権利双方を要求すると思われる。そして，各個人のこの権利は，皆にこの権利を与えるために各個人の義務に密接不可分に結びつけられる。自由の要求は，狭量な限定的な権利から継続的な成長を可能にする権利へと移るための要求である。[16]

それゆえに，プラグマティックな立場によれば，権利の関係的な性質は，コミュニティのダイナミクスに本来備わっている権利と義務の相互関係の中に現れる。自然権は，それらが，人間存在の性質を構成する関係的なダイナミクスの中へと参加することを私達に可能にするがゆえに，まさに自然である。[17] 権利の状況的・関係的性質——フェミニスト理論が強調しようと考えている性格である——の端緒を与えるのは，自由と制約，権利と義務，自己と他者というこの２つの次元——それらすべてが等しく，自我とコミュニティの性質の中に埋め込まれている——である。

ステークホルダー理論

もしも，プラグマティズムが，実際，フェミニスト哲学の洞察への理論的基礎を提供しうるならば，そして同時に権利論の性質を再考するために用いられうるならば，同様にステークホルダー理論にとっても何らかの価値を有するだろう。以下に簡潔に論じられるように，権利論とフェミニスト理論両

者は，ステークホルダー理論にとって方向性そして／あるいは支持を与えるものと見られる。

　エドワード・フリーマンは，1984年に自著を出版して，ステークホルダー理論[18]を実質的に創始した[19]。さまざまな研究者が，その概念をいくらか違ったやり方で定義しているようだが，それぞれの見方は概して同一の原理，すなわち企業はその方針と運営によって影響を受ける人々のニーズ，利害，ならびに影響力に留意するべきである，ということに立脚している[20]。典型的な定義はキャロルによって与えられているものである。それは，ステークホルダーは「組織の行為，決定，方針，実践，ないし目標に影響を与えうる，あるいはそれらによって影響を与えられる個人ないし集団[21]」として考えられよう，というものである。それゆえ，ステークホルダーはビジネスが行なうことにある種の利害関係を持ち，何らかのやり方で組織に影響を与えもするであろう個人ないし集団である。ステークホルダーのマネジメントは，マネジメントの決定を達成することにおいて，これらさまざまな集団や個人の利益や関心を考慮に入れることを含んでいる。

　フリーマンの最初の著作では，ステークホルダーは，特定の企業が成功しようとするならば対処されるべき重要なプレイヤーである，と告げられていた。企業のアイデンティティに結びつけられるものとして見られたり，企業が価値を創造するために応答する諸個人として見られるよりもむしろ，ステークホルダーは企業がそれ自体の前もって予定した目的（例えば，利潤極大化）を達成するための手段と見られた。フリーマンとギルバートの著作において[22]は，ステークホルダーは企業にとってより中心的で道徳的に重要な関係を呈することになった。ステークホルダーは目的と見られた——それは，「個人的プロジェクト」および利害関係を持つ諸個人であり，企業（今や目的のための手段である）は，それに役立つべく構成されるのである。ステークホルダーは，ステークホルダー理論の発展の各段階で全く違って理解されているけれども，原子論的個人主義という根底の共通基盤があり，企業の基本的なアイデンティティは，そのステークホルダーとは独立ないし分離しており，その見方は企業に対するステークホルダーの関係についての定義の中に埋め込ま

れている。フリーマン自身を含むステークホルダー理論の幾人かの研究者は，ステークホルダー理論における原子論的個人主義の問題を認識し，それを乗り越えようと試みている。フリーマンとその共著者は，自我の性質に関係づけて原子論的個人主義の問題を以下のように特徴づける。

　この世界観に埋め込まれた仮説の1つは「自我」は他の自己ないしはより大きなコンテクストから原理的に分離可能だ，というものである。人は，彼／彼女らが他者と有する関係とは独立してとらえられる別個の存在としてある。言語，コミュニティならびに諸関係はすべて自我に影響を与えるが，それらは個人にとって外的で，かつ個人に対して断ち切られているものと見られる。そして，その個人はこれらのコンテクストの要素から自律しており，またそれら要素に存在論的に先行する。ビジネスに当てはめると，企業はその供給者，消費者，外部環境などから独立した自律的なエージェントとして最も良く理解される。ここでもまた，より大きな市場の力やビジネス環境は所与の企業に大きなインパクトを持つが，それにもかかわらず，戦略についての議論で突出しているのは個々の企業であり，その突出しているところに私達はエージェンシーの所在をつきとめる。[23]

　この仮説の結果として，フリーマンと彼の共著者は，ステークホルダーが企業によって影響を与えられるが，「その基本的なアイデンティティに統合されない」人々と理解され，そして，その見方は「多くの著者によって提供されるステークホルダーの理解に反映している」と指摘する。

　これらの定義はすべて，企業の基本的なアイデンティティは，そのステークホルダーとは独立に，かつそれらから分離して定義されるという暗黙の前提を共有している。ビジネス世界のマクロ・レベルの眺めは原子の集合と見られ，原子の各々は，さまざまな企業の相互作用と取引を表す機械論的なプロセスの中で他の原子と衝突しているのである。[24]

　この見方から派生するステークホルダー理論に居座っているある種の伝統的な思考方法を再解釈しようという道のりの中で，ギルバートやウィックスとともにフリーマンは，このような再解釈のための手がかりとしてフェミニスト理論に向かった。[25] その著者達は，ステークホルダー理論の初期バージョンの重大な欠点を提起する。その欠点は主に，その理論が「理論を明瞭なものにするために個人主義的な自律‐男性主義的な思考様式」に余りにも依存

しており，「企業の意義と目的をより良く表明する」ために用いることのできる「数多くのフェミニストの洞察を過小評価している」ということである。[26]

　これらの洞察は，当該著者達によれば，コントロールされるべき外部環境に直面している自律的実体と企業を見る，長年の企業理解から離脱することを含んでいる。その実体は権力とオーソリティーの厳格なヒエラルヒーによって構造化されており，そのマネジメント活動はコンフリクトと競争の言葉で最も良く表現される。さらに，そこでの戦略的な経営意思決定は，経験的な調査による客観的な事実の収集と，性向・偏見・感情負荷的な知覚といったものに関わらない合理的で超然とした意思決定者とからもたらされる。これらに対してフェミニストの洞察は，ステークホルダー間の関係のウェブとして企業を理解することを含んでいる。そのウェブは，その環境と継続的な調和のとれた関係を樹立するなかで変化と不確実性の上に繁栄し，その構造は，ラジカルな分権化とエンパワーメントによってふちどられる。それは，その活動がコミュニケーション，集合的行為，ならびに調和させることに基づいて最も良く表現されるネットワークである。また，そこでの経営意思決定はケアする関係に根ざした連帯とコミュニカティブに共有された理解からもたらされる。[27]プラグマティズムが，この著作においてステークホルダー理論によって用いられたこれらのフェミニストの洞察に同意することは容易に理解されうる。

　ウィックス，ギルバートとフリーマンの論稿の結論は，企業の性質を再考するに際して，哲学的基礎の重要性を指摘する。著者達は，2つのグループのそれぞれ違った仮説が「首尾一貫した世界観を表現するために論理的ないし直観的に結びつけ」られる傾向があり，「一方［のグループ］に組みすることは，私達が他方を除外するということを要しない」[28]と主張する。例えば，ステークホルダーをマネージすることについてのフェミニストの理解に向けての動きは，競争を意義のないものとはしない。むしろ，それは「派生的な美徳」となる。——つまり「企業は首尾良いコラボレーションとチーム・ワークの結果として競争力あるものになる」[29]。競争の優先順位を変えることで，競争は古いフレームワークを除く新しい世界観のフレームワークの中に位置づ

けられる。これは，関係的ネットワークの中に競争の「論理上の位置」を変える。このように，競争の真の概念と企業生活の他の諸次元は，その概念の意義と機能をふちどる新しい関係的フレームワークによって変容させられ，かつそのフレームワークからそれらの重要性を獲得する。プラグマティズムは明確に統合され拡張された現在の世界観の中にまさに示される多様な変化する仮説を織り合わせるための概念的フレームワークを提供する。人間や企業と同じく，世界観は孤立的断片に分解されえない。

　首尾良いコラボレーションやチーム・ワークなくしては，企業はコミュニティとしてのその真の性質や道徳的正当性に放縦になる。企業は存続するためには競争できねばならないのに対して，存続は成長を要求し，成長は関係のウェブの強化を要求し，そして成長が目指す方向は，企業のコミュニティのダイナミクスの自己管理を通じて進化する。そのうえ，コミュニティの成長は経済的条件のみでは測られえない。なぜなら，その成長は全体における人間生活を豊かにすることを含むからである。企業の道徳的意味はコミュニティのダイナミクス——それによって生活が栄え，そのなかで価値の経験やその促進が現出する——に根ざしている。

　フリーマンは，企業の性質を再考することの遠大な意義を以下のように力強く表明している。「企業を記述しなおすことは，私達自身と私達のコミュニティを記述しなおすことを意味する。私達は道徳的なコミュニティないし道徳的な言説の観念とビジネスの価値創造活動の観念とを切り離すことはできない」[30]。そうすることは，フリーマンによれば，分離テーマを受け入れることを伴う。そのテーマとは「ビジネスの言説と倫理学の言説を分離しうる」[31]ということである。

　ステークホルダーの範囲を定めようとする試みと同じく，ステークホルダー理論が何ないし誰がステークホルダーでありや否や，ということを定義しえないという当該理論への批判は，おそらく的外れである。初期の定義の原子論的な性質にもかかわらず，ステークホルダー理論は，コミュニティの相互的なダイナミクスを組み入れる企業についての関係的な見方をその本質において具体化しており，その理論の力は，諸関係——その諸関係の中に企業は

その存在と，諸関係の多様な次元の中でこれらの関係を強化するための一手段としての企業の多目的的な性質とを保持している——の多元性と多様性のうえで経営意思決定に焦点を合わせることにある。フリーマンはまさしく，企業の再定義が必要とされるということを言っており，すでに見たように，彼は企業の再定義は自我の再定義を求める，ということを認めている。そして，結局，このような再構築された自我は，再構築された哲学的なコンテクスト——そのなかに概念的にその関係的な性質が位置づけられる——を要求する。

さらには，何がステークホルダーの要求として考慮されるか，はコンテクスト依存的であり，何らかの決定は，特定の問題から見たコンテクストの枠内で業務する意思決定者の道徳的なビジョンとしてのみ善でありうる。繰り返すと，道徳的な発展は単純化するためにルールを有することにあるのではなく，状況の道徳的な諸次元を認識できるように強化された能力を持つことにある。ステークホルダー理論はそのビジョンの方向をくっきりと描く。その理論は，抽象的には，境界を画することによってコンテクストの十全性を単純化することはできない。そのコンテクストに基づいて，そのビジョンは特定の諸コンテクストに関わる多様性を見つめるだろう。

ステークホルダー理論によって要求されるさまざまな主張にバランスをとることは，グッドパスターをして「ステークホルダーのパラドクス」と彼が呼んでいるものを慨嘆させ，かつそれに答えようとさせることへと導く。そのパラドクスにおいて，取締役と執行役員は，自分達を企業とその株主の信頼に足る従僕（ある種の部分性）とも，企業，その株主，そして多くの他のステークホルダー集団が住まうより広いコミュニティのメンバーともみなさねばならない[32]。しかしながら，彼とトーマス・ホロランは，実践理性の限界として実践的なパラドクスの概念を擁護した。その実践理性の限界は必ずしも慨嘆されねばならないものではなく，解決に進ませるよりもむしろそのままにしておいてよいものである[33]。その著者達は，「パースペクティヴについての人間の二重性は，私達にとって余りにも深遠でそれに打ち勝とうと望むことは理にかなっていない[34]」と言う。現在のフレームワークは，このパースペク

ティヴの二重性が実に深遠であるということに同意する。というのは，それが自我の核心に埋め込まれているためである。しかしながら，この二重性は矛盾でもパラドクスでもなく，むしろ自我の核心とコミュニティの核心に埋め込まれている二極的なダイナミクスを表しており，適切な調整がなされれば，自由で創造的な成長と，自己と他者の利害関係を含む多様でしばしば対立する利害を調和のとれた形でバランスさせることを考慮に入れるものである。

それゆえ，ステークホルダー理論は，その本質上，企業の関係的な見方のみならず，特定のコンテクスト内での業務としての倫理的な意思決定の状況的な性質を理解することにも場を提供するように思える。そういうわけで，プラグマティックなパースペクティヴは，隅々にまで行き渡る道徳的なコンテクスト――そのコンテクストの中で，個別的なコンテクストを取り扱うための指針としての特定の原則が現れ，形をなし，継続的な見直しを共有しうる――を提供すると思われる。

プラグマティックな哲学の中でのコミュニティについての規範的な観念は，2つの規範的な中核を統合する。その中核とは，フェミニスト理論にしたがって，フリーマンがさまざまなステークホルダー理論の規範的な中核に値するものと見ているものであり，また，環境をステークホルダーとして見るマーク・スタリックの見方から勢いを得ている生態学上の規範的な中核である。そして，契約上の中核に関する再設計されたバージョンである公正な契約の教義である。本章で前に論じたように，プラグマティズムは，フェミニストの観点のための哲学的基礎を与える。そして2節でのプラグマティズムと環境倫理学の議論は，環境がステークホルダー――その言葉はその節では用いられていないけれども――として見られるということ，ならびに自然環境が企業内で道徳的要求を有しているかどうかでなく，むしろ行為の過程を決める上で，いかなる状況においてその要求が主要な要因になるのか，あるいはなるべきなのかが問題になっている，ということを示唆した。

自然環境が企業に**対して**でなく企業**内で**道徳的要求を有しているというのが重要な点である。一般に企業とステークホルダー間と同様に，企業とその自然環境の間の真に調和のとれた関係――支配と統制ないしは「外部の」寛

容いずれかよりもむしろ相互の充実および啓発の関係——は，企業がその独自のパースペクティヴ・ネットワークの中にステークホルダーのパースペクティヴを内部化することを求める。なぜならば，これが継続的成長をなす調整と調和に導くであろう道だからである。企業の関係的な性質は，自我の関係的な性質が他者のパースペクティヴの内部化を求めるのとまさに同じく，この内部化を求める。自我にとってと同じく企業にとっても，外部の要求に関するルール主導的な抽象的概念としての正義と権利は，自分自身の存在を構成するパースペクティヴの多様性の中に「他者」のパースペクティヴを内部化することに基づいた調和のとれた関係に配慮することとは全く異なる。

　規範的な中核としての公正な契約の教義は，権利と契約についての再構築された理解ならびにこの理解が生み出す諸特徴に関する以前の議論によって見られたように，プラグマティックな哲学に理論的基礎を見出す。契約のプラグマティックな解釈——すなわち，その本質上，契約はコミュニティのダイナミクスに言外に含まれており，これらのダイナミクスが内包している自律と公平無私の諸特徴に場を提供している——は，規範的な中核としての公平な契約の教義が隆盛になりうるフレームワークを提供する。

　フリーマンは，ある種の規範的な中核が近代の所有についての理解と一致する一方で，これらの中核が常に所有のような原理的な基盤に還元できるわけではないと指摘する。しかしながら，ドナルドソンとプレストンは，所有という概念がステークホルダー理論の規範的正当化にふさわしい基礎を提供すると論じる。なぜなら，私的所有についての現在の理論的概念は，所有者に無制限な権利があるとはしておらず，したがって経営者が株主にだけ責任を負うという見解を支持しないからである。[36]この分野での最近の業績に言及して，ドナルドソンとプレストンは，所有権は人権の中に埋め込まれており，無制限の権利ではないと述べている。むしろ，所有権は個人間の関係である。プラグマティックな立場によれば，この権利の関係的な性質はすべての権利に当てはまる。なぜならば，権利は本質的に「権利関係」であり，継続的なコミュニティの調整に本来備わっている権利と義務の相互的なダイナミクスの中にのみ現れるからである。自由と制約，権利と義務，自己と他者という

二極は，すべて自我の性質の中に埋め込まれており，これらの継続的なダイナミクスの原因となる[37]。

ドナルドソンとプレストンは続けて以下のように指摘する。所有権についての関係的な理解は，所有物の分配を決定する原則に関する問題には答えない。その答えは主に功利主義，リバタリアニズムや社会契約理論に依存しており，それらはそれぞれ欲求，能力や努力そして相互の同意を強調する。彼らは以下のように論じる。これら競合する理論の間に理論上の争いが続いているが，コモンセンスはこれらのアプローチの各々がある種の有効性を持っていると示唆しており，また，所有権についての最も敬意を払われている現在の分析家は同意に達する傾向がある。それゆえに，2つ以上の基本的原則が，ある役割を演じることを可能にするような「多元的」な諸理論に向かう強い傾向があると強調しつつ，分配的正義について1つの理論が普遍的に適用可能であるという考えを彼らは拒絶する。

諸原則のこの多元性を用いれば，所有権の理論とステークホルダー理論を結びつけられると彼らは見ている。というのは，「分配的正義についての古典的な諸理論の根底にあるすべての批判的な性格が，現在のステークホルダー理論において普通考えられ，かつ示されているように，企業のステークホルダーの間に存在している[38]」からである。所有権の多元主義的な理論において用いられているのと同じ原則が，さまざまなグループに企業活動における道徳的な利害ないし関与を与えもする。したがって，ドナルドソンとプレストンは，これらの原則が，所有権についての現在の多元主義的な理論とステークホルダー理論にとっての規範的基礎両方を提供すると考えている。

多元主義の問題

ステークホルダー理論と同じく，所有権を解釈するにあたっての諸原則の多元性は，私達に再度，道徳的多元主義の問題，ならびに諸原則間で選択するにあたっての基盤を理解するための統一化された哲学的根拠の必要性をも

たらす。プラグマティズムのフレームワークからは、これらの諸原則は、それら自体、特定のコンテクスト内での人間活動の全体に埋め込まれたコミュニティの相互性のさまざまな次元を分節化する試みである。さまざまな原則は作用中のさまざまな関連する考察から抽出しうるが、これらの原則はこのプロセス内での基本的な道徳的調節から現出し、そのプロセスは余りにも豊富で諸原則の所与の組み合わせによっては捕捉されえない。プラグマティズムにとっては、それゆえ、ステークホルダー理論の究極的な基盤は、それがコミュニティのダイナミクスの中で直接に保有ないし感得された価値から現れ出るので、道徳的適切さという漠然とした感覚の中にある。同様の源泉——そこから多様な抽象的原則が諸々の作業仮説として創り出される——が、各人が尊重されねばならない道徳的地位を保持しているという原初的認識の源である。そして、ある原初的な道徳的調節は、それ自体諸々の作業仮説ないし抽象的な「諸原則」の多元性の中で成し遂げられうる。フリーマンは、ステークホルダーを単なる手段でなくて目的として扱うために、ある種の新カント主義の原則を提唱する一方で、このカント主義のフレームワークは私達が編み込まれている多元主義を許容しないということを認める。[39] プラグマティックな立場は、この原初的認識を明らかにするための試みにおいて多元主義を考慮に入れつつ、ステークホルダーの道徳的な地位を補強するための方法を提示する。

　多元主義の問題が、ステークホルダー理論にとってふさわしい規範的中核としての権利論の中だけでなく、ステークホルダー理論の中に現れるので、その問題を広いコンテクストの中に位置づけるのが有益であろう。このコンテクストは、ローティのネオプラグマティズムと古典的プラグマティズムの現在の立場を分離する前章とそれ以前の章において提示されたロールズの立場へのごく簡潔な反論とに関係する。なぜならば、多元的アプローチはローティとロールズから引き出されがちであるからである。フリーマンは以下のように述べている。「もしも、私達が、価値‐創造活動を影響をこうむる関係者間での契約的プロセスとして理解しうるという見方で始めるならば、ジョン・ロールズ、リチャード・ローティらによって明らかにされているような

自律，連帯および公正についてのリベラルな諸観念を反映している規範的中核を構築することができる」。[40] 4章において詳述されたように，ローティの多元主義は，避けられない歴史主義に直面して，結局，崩壊する。そこでは，私達が有するすべては，私達**自身**の歴史，文化，そして制度である。私達は想像力も持ってはいるが，これは完全な気まぐれへと衰える。私達の状況依存性は余りにも制限されていて，同時に余りにも気まぐれである。なぜならば，ローティは，私達が存する世界への私達の存在論的執着から私達を引き離したからである。

　ビジネスないし倫理学いずれかの原理への探求が誤った方向に導かれていると主張することにおいて，フリーマンは確かに正しい。このことは，いかなる基盤も存在しないからではなく，私達が間違った場所で基盤を探し求めているからである。これも4章に詳述されていたように，基盤という観念が念頭に置かれなくてはならない。ビジネスの基盤は本質的に道徳的である。なぜなら，それらは人間生活の原初状態に根ざしており，継続的成長にとっての駆動因それ自体だからである。そして，ビジネスと倫理学によって用いられる抽象的諸原則は，これらの具体的諸条件によって課される要求についての漠然とした知覚を明確にするための試みである。

　フリーマンが非常に手際よく示しているように，私達は物語を語り，比喩的説明に携わっている。さらに，これもまた彼が非常にうまく要約しているように，この努力のプラグマティックな次元，私達のメタファーと言説の貨幣価値は，どのようにそれらが私達が生きることを可能にしているかのなかに見出されるべきであり，その証明はその生きることのなかにある。しかし，おそらく，このことは，ローティ主義者のバックグラウンドからは余りにも隔たっている。例えば，フリーマンは次のように指摘している。プラグマティストの立脚点では，ステークホルダーの考えは，どのように私達が行ない生活しうるか，どのようにさまざまな制度的調整を試みうるか，さらに私達が「労働」と呼ぶようになったものをめぐってほとんど組み立てられている私達の生活の一領域を私達がどのようにしてなし，かつ組織しうるか，についてのある語りの一部である，と。しかし，経験上，貨幣価値を有する私達の語

りは，どのように私達が行ないかつ生活しうるかについての主張にとどまらず，私達がどのように生きる**べき**かについての主張でもあるように思える。なぜならば，私達が逃れようもなく関連づけられている現実を伴う私達の認識論的・存在論的単一体は，中核に価値を負荷されているからであり，さらにさまざまな語りは，もしも私達が実存の価値負荷性に責任を負い，かつ応答すべきならば，私達が生きるべき方法をとらえようとする試みであるからである。

ロールズの立場では，ロールズはしばしば多元的な立場を補強するために使われているけれども，多元主義はまたもや違ったパースペクティヴからではなく，それ自身のやり方で抑圧される。例えば，そして再度，多元主義に関するフリーマンの著作とその関心を引用すると，フリーマンは以下のような主張の中でロールズを多岐に渡って用いる根拠を要約している。すなわち，「『合理的な多元主義』を創造することはロールズ主義者の偽らざる計画であり，その全体的な要点は多元的な世界観が存在することを確保することである。ロールズの議論は『公正としての正義』が述べているように，リベラルな社会のみがこのような合理的な多元主義を可能にする，ということである」[41]。

ロールズの立場は，社会内での自分自身の地位に関して無知のヴェールを通して活動していく孤立した，前社会的な諸個人によって形成される抽象的な正義についての自己‐利害‐主導の諸原則に根ざしている。それは個人の優越を強調し，社会の諸特徴は，ある特定の属性をあからさまにしていく諸個人自身の集合的決定から主として派生する。少なくとも『正義論』における彼の立場は，ばらばらの諸個人が，存在論的に，その統合体に先立つという原子論を含んでいると見られうるのに対して，「公正としての正義」においては，ロールズはコミュニタリアンの批判に照らして自身の立場を再解釈している。ここで彼は次のように論じる。すなわち，原初状態において熟考する「人工的エージェント」の概念は，自我についての特定の実質的な概念を含まない装置であり[42]，人工的ないし抽象的自己は人についての形而上学的な概念を含んではいない[43]。しかし，この修正された立場でさえ，具体的な諸関係および／あるいは役割から抽象化された自己は，本来的に機能する自己と

して考えられ，そしてこのような「自己」は意思決定者でありうると想定されている。ロールズの立場では，決定する自我は，その歴史的属性，目的ならびに帰属から孤立した奇妙に無時間的な自己である。これは，ベンハビブが客観的に一般化された他者と具体的な他者を区別する際に，彼女が異議を唱えている自我観である。[44] ベンハビブが発展についての彼女自身のコンテクストから示唆しているように，ロールズの自己は「全く自己ではない」[45]。

解釈者によっては，「初期ロールズ」への批判を帳消しにする「後期ロールズ」として見られている『政治的リベラリズム』[46]において，ロールズは，無知のヴェールと非歴史的な性質を伴う意思決定者の原初状態は当該著作に一貫する自身の議論の基礎であると主張して，彼のこれまでの立脚点を維持している。[47] 抽象的自己についてのロールズの必要条件は「公正としての正義」で提示されたものと同じにとどまっている。したがって，彼の立場へのある種の新しいねじれにもかかわらず，彼の理論についての中核的な批判は残る。ドナルドソンは，社会契約理論は歴史的事実を提示しそこねている，と論じる当該理論への批判に概して異議を唱える際に重要な指摘をする。すなわち，社会契約理論は歴史的な先行条件を引き出そうと意図しているのではなく，その論理的な前提条件であるがゆえに，これらの批判は的外れである，と。[48] ロールズへの現在の批判は，まさに論理的な前提条件が必要とされる意思決定する自己を見失った，ということである。

そのうえ，この論争から明らかになっている枠組みは，奇妙にも無時間的で，かつ合理的に構築された枠組みである。そして，それは現実－生活の実存の偶然性から離れて押しつけられ，かつ諸々のタイプのアイデンティティ内およびその間で歴史的に変化する条件から孤立させられているのである。[49]『正義論』でロールズは，「私達の」直観を通じてのこれらの原則の形成について語っているけれども，「公正としての正義」では，またもや彼は，ある種の反論に照らして，その主張を修正する。後者では，ロールズはある種の理念的含意——それは西欧リベラル・デモクラシーのそれである——があることを明らかにし，現在「市民」と呼ばれるエージェントの基本的な価値は，[50]基本的な直観からでなく重なり合うコンセンサスから引き出されるというこ

とを認める。しかし，西欧リベラル・デモクラシーは，いかなる熟慮の上での判断も存在しないような多元主義を包含しているように思える。その熟慮の上での判断とは，ロールズが主張しているように，「私達は政治的・経済的利益を求める際の計数器として天賦の才能という運や社会状況の不確実性をくじく正義の概念を探求[51]」せねばならない，ということである。さらに，妊娠中絶問題での立場に関係なく，理にかなっていること，それ自体が，妊娠第1期で妊娠中絶を選ぶ女性の権利の認知を要求する，というのは少々教条主義的であるように思えよう。[52]

　したがって，この枠組みの形成は，原子論的な自己‐利害主導の個人主義への偏向からなされている一方で，奇妙にも非多元論的である。人々は普遍的に受容可能な社会的規範に照らして，自分達のやり方を推論する可能性を持っている本質的に合理的な存在である。社会構造はある意味，抽象的な諸原則の中に仮定されており，社会的な推論は概して特定のケースへのルールの適用である。それゆえ，人が有しているものは，無時間的な枠組みを形作る合理的に意思決定する無時間的な原子論的自己であり，そこでは多元論的な差異は同様に，共通に同意された抽象的原則の背後に置き去りにされてきた。ロールズにとっては，自我は現在に固定されており，その現在において自我は，将来の不確実性から創発する複雑性と多元性を無視する決定をなすために，その過去と離れて機能するのである。ロールズの立場は，その現代的な装飾にもかかわらず，なおもトップ‐ダウン式の推論と原子論的個人主義に関わる伝統的な問題に捕えられており，その両者は多元主義への道，とりわけ根深い諸文化の衝突の際に求められる多元的な開放性への道を阻んでいるのである。

　ここで強調されたように，自律と連帯は，自己性とコミュニティ両方の中心に内部化されているコミュニティ生活のダイナミクスの顕現である。そして，公正——自我への自己‐利害‐主導の外部的賦課としてでなく，他者のパースペクティヴの内部化としての——は，自己の成長とコミュニティの成長の一部である。しかし，明記されるべきは，この正義観は，どのようにして正義が諸原則において明確に言い表されるべきかに関して諸観点の多元性

を考慮し，かつ私達の豊かではあるが漠然としている本源的な正義の感覚を明確に言い表す多くの抽象的なやり方の有効性を考慮するものである。現実とその要求への私達の本源的な認識論的・存在論的紐帯は，プラグマティズムにおいて理解されているように，さらなる多元主義へと至るのであり，その逆ではない。

統合的社会契約理論

　プラグマティックな前提が，相対主義なしでの多元主義を考えていることを本書は何度も強調してきた。経営倫理学において相対主義に陥らない多元主義というテーマは，実証的研究と規範的研究の連結を進めるというテーマと同じく，トーマス・ドナルドソンとトーマス・ダンフィーの統合的社会契約理論の展開における彼らの独創的業績の背後にある駆動力である。以下の議論は前者のテーマに焦点を合わせる。というのは，それがプラグマティックな立場に関係するからである。[53]
　ドナルドソンとダンフィーは，多元主義とそれが含む「道徳的な自由空間」は，道徳的合理性の制約された性質からもたらされる道徳的不透明性を縮減するミクロ契約の多様性に具現化される，と理解している。さらに，彼らは，道徳的合理性の制約された性質を，事実を評価するにあたっての人間の限界，道徳的真実を捕捉するための倫理理論の限られた能力，および経済システムと実践の人為的性質からもたらされるものと見ている。ミクロ契約は，特定のタイプの経済的相互作用を統治する道徳規範に関わる協定ないしは共有された理解を表現する。経済的相互作用の諸規範をより正確に明示するためのこの自由は，今度は，特定のミクロ契約に関係なく，すべての契約者が同意するマクロ社会契約によって保証される。所与のコミュニティにとって，ミクロ契約がインフォームド・コンセントに基づいており退出の権利を認めるときに，規範は権威あるものとなる。
　彼らが述べているように，この点でマクロ契約は道徳的自由空間を許容す

るが,いかなる限界も設定しない。もしも誰かがここで立ち止まるなら,もたらされるものは文化的相対主義である。したがって,マクロ契約者は,ミクロコミュニティ相対的ではない限界を権威づけねばならない。マクロ社会契約は,その契約と一致する優先順位に基づくルールの使用によって,さまざまなミクロ社会契約間でのコンフリクトを調停し解決するための手段をも含んでいる。それゆえ,マクロ社会契約は道徳的拘束を設定し,ミクロ社会契約に道徳的正当性を与える。2つの契約は相伴って相対主義に陥ることのない多元主義を考えている。

　マクロ契約によって定められた限界は,ハイパー規範にまとめられる。それは,下位レベルの道徳規範を評価する際に指針として役立つところの人間存在にとっての非常に根本的な諸原則を課する規範,と定義される。ドナルドソンとダンフィーは,ハイパー規範の認識論的基礎に関わる根本的な疑問については,その基礎をハイパー規範を認知するプロセスにとって不必要なものと見て,なんら明示的で特定的な立場をとらない。彼らは,マルキ・ド・サドないし奴隷制度への広範な支持のような例を引いて,行き渡った態度あるいは実践の根拠や特定の哲学が自動的にハイパー規範に客体化されうるわけではないが,ハイパー規範を確立するためには,さまざまなパースペクティヴや源泉からの実質的な根拠がなければならないと強調する。彼らは,今日,普遍的な規範をめぐっての主要な競争者を,権利に関わる言葉の中に投げ込まれている,と見る。ハイパー規範の包括的リストを認識し解釈するという課題は,提案されたリストが完全なものであると決めるいかなる方法もないので,終わりのないままと考えられる。そのうえ,ハイパー規範についての私達の理解は通時的に変化し,リストの変化をもたらす。

　これらの洞察は,統合的社会契約理論によって直接的に示されていない問題への推論を通じて,プラグマティズムによって提供される哲学的パースペクティヴの中に一体化されうる。第1に,社会契約についての理解と権利に焦点を合わせることの重要性の双方は,以下の条件のもとでプラグマティックなパースペクティヴの中にその位置を占める。その条件とは,原初的な社会契約への埋め込みが人間存在の「自然状態」としてとられること。そして,

権利がこの埋め込みのゆえに，生まれつき関係的なものと理解されることである。この2点は統合的社会契約理論の主張をゆがめることなく，当該理論の存在論的な根拠を与えるものとして認められうるものと思われる。

　第2に，プラグマティックなパースペクティヴはハイパー規範への認識論的な基礎を提供し，かつ実際上要求しもする。プラグマティックなパースペクティヴからは，ハイパー規範は抽象的な合理性にではなく，コミュニティの生活における私達の埋め込みについての定義しにくい原初的な感覚に基礎を置く。前に論じたように，その最も深い意味において，人間の条件についての要求は，諸々のコミュニティからなるコミュニティ——多くの自己閉鎖的なコミュニティを含んでいるという意味においてでなく，他のすべてのコミュニティがそのうえに設立されねばならず，また，それに対して開放的でなければならない基礎的なコミュニティであるという意味において——と理解することができる。それは総称的な人間，すなわち人間としての人間のレベルである。しかし，総称的な人間も，その総称的なコミュニティ的相互関連性も，それらがそれら自身を明らかにする特定のコンテクストから抽象化しては存在しない。道徳的に正当なコミュニティとしての文化・党派・企業等々は，ハイパー規範の中に統合されている原初的な特徴を，さまざまなミクロ社会的協定を通じて明らかにするであろう。人間存在としての人間存在のダイナミクスの中に埋め込まれたハイパー規範は外郭を提供する。その外郭の中で多様な文化や制度はそれら自身の関係的な活動様式を切り出すであろう。人間としての人間たるある者は，総称的な意味においては，原初的なコミュニティのダイナミクスに参入も退出もできないけれども，そのある者はコンテクスト特定的に定められた関係基盤に参入ないし退出することを選択できる。というのは，これらは自己性の全き性質の本質的部分であるからである。

　諸原則の明確な表現と多様な哲学や宗教に関する洞察は，人間存在のこれらの基本的な様式に対する漠然とした人間の調整をはっきり言い表そうと試みる方法である。したがって，それらの重なり合いは，これらのハイパー規範を位置づけるのに役立つ。しかしながら，どれほど省察されたリストとい

えども包括的ではないだろうし，かつそのリストは進化し続けるだろう。なぜなら，どんなリストもこのような明確な表現からはみ出す原初的な道徳的調整からの抽象化であるからである。これらのハイパー規範はそれら自体，具体的な経験の十全性から現れ出た道徳的仮説である。さらにハイパー規範は，それらの基底にあり，またそれらからはみ出す，そしてそれらの継続的な発展の究極的な指針であるとらえどころのない道徳的意味と「適合する」ために絶え間なく検証され，かつ／あるいは変更されねばならない。前章で展開されたように，ビジネス取引を行なうにあたって約束を守り，契約を尊重し，真実を語るといったことは，人間の習慣に一貫して埋め込まれている「プラグマティックな命法」に根ざしている。

　プラグマティックなパースペクティヴから統合的社会契約理論を見ることはまた，一般的には道徳的合理性の制約性にとって，経済的コンテクストにおいては道徳的合理性が強く制約されているという主張にとって含意を有する。前述し，またここで少々拡張したように，ドナルドソンとダンフィーは，3つの方向からくるものとして制約性を理解する。第1に，人間は倫理的コンテクストに関連した細目すべてを理解し吸収するには限られた能力しか持っていない。第2に，道徳理論は道徳的真実を把握し，コモンセンスに基づく道徳的確信と選好を説明するには限られた力しか有していない。彼らは以下のようにそのディレンマを要約している。

　　確かに，誰一人として，道徳理論は定着している道徳的確信に照らして全体的にテストされるべきであるとは論じてこなかった。実際，理論が発展させられるのは，人々がしばしば逆のこと（すなわち，理論によって共通の確信をテストすること）をなそうとするからである。しかし，ほとんど普遍的に共有され，強固に信じられている道徳的確信のいくつかに直面して，ある正しい理論が吹き飛ばされるのは想像するだに難しい，とほとんどの道徳理論家は思っている。[55]

　これら最初の2つの要点は，著者達が道徳的不確実性の「撹乱的効果」と見るものを含んでいる。プラグマティズムは実際上それら両者を統合する。つまり，プラグマティズムは道徳的不確実性を撹乱的なものとはみなさないかわりに，実験的手法の継続的な活力の重要な要素の1つと見る。不確実性

を認識するにあたっての失敗はその撹乱要因である。なぜならば，これは硬直性と沈滞に導くからである。特定の状況で，私達はすべての要因を決して操作的に把握しえない。道徳的次元はいつも常識的な道具ないし常識的な道徳的知覚対象——それらによって私達は道徳的次元をはっきりと言い表そうと試みるのであるが——をはみ出してしまう。さらに，これらの常識的な道徳的知覚対象は，今度は抽象化——それによって道徳理論はその知覚対象を一元論的な一連の原則を通じて理解可能なものにしようと試みるのであるが——をはみ出してしまう。常に，これらのさまざまなレベル間でのダイナミックな実験的相互作用がなければならない。その1つは，より抽象的なレベルのもので，より具体的なレベルから現れ出るものとして，さらにより具体的なレベルに照らして変更可能であり，またそれによって検証可能でもあるものとして理解される。他の方向からは，より抽象的なレベルはより原初的なレベルで働いているものを評価し，時には再考することによって，あるはっきりと言い表された焦点を私達に提供する。このことは全く循環論法ないし循環ではなく，科学的研究の自己修正的手法の一例であり，第三者的な観察者たる知識理論の徹底的な拒絶である。

　制約性の問題にかかわって，ドナルドソンとダンフィーが指摘する第3点は，一般に道徳的合理性と区別することにおいて，経済的道徳的合理性は，経済システムおよび実践の人為的性質のゆえに強く制約されているということである。これは，まさに現在の立場から逸脱する。ドナルドソンとダンフィーによれば，経済システムは家族のような自然の産物というよりもむしろゲームのような人工物であると理解される。しかし，交換と交渉は，人間存在の自然状態としてのコミュニティの真のダイナミクスの中に組み入れられる。経済システムは，多かれ少なかれ，自然な人間の取引から特定の目的のために発展させられてきた精巧なシステムであるが，このようなシステムは当然，人間存在のダイナミクスに根ざしている。他方，家族は主として自然の産物であるのに対して，家族のルール——それらは経済システムのルールより複雑さの程度において遥かに低いが——は，世界中で全くさまざまであり，実際，アメリカ合衆国内でさえそうである。例えば，世界のある部分では，家

族は一夫多妻によって構成される。誰が家族のメンバーと考えられるかは，同性愛者の権利論争における重要な問題の1つである。いかなる状況が，ある家族に離婚訴訟を通じて家族関係の性質を変えることを認めるかについては州毎に大きく異なる。

　経済システムに関わる道徳的合理性はより高度に制約されていると思えるが，それはそのシステムが自然なものに対立するものとして人為的であるゆえではなく，その人為的諸次元が遥かに複雑であり，家族生活に関わるそれらの次元を遥かに超える多様な要素を含み，かつ経済システムがより合わされている便宜主義の網の目のもつれをほぐすのがしばしば困難な道徳的知覚を含んでいるからである。したがって，プラグマティックなパースペクティヴからは，ビジネスにおける道徳的合理性は，このような合理性が制約された合理性の初めの2つの特徴をよりはっきりと明らかにするゆえに，多くの他の領域においてよりもより強く制約されている。初めの2つの特徴がよりはっきりと明らかになることは，そこに含まれる不確実性を増加させるが，この増加した不確実性はおそらく，ビジネスに関わる道徳的諸問題とディレンマを取り扱う際の実験的手法ならびに具体的な調整の決定的な役割をよりはっきりと悟らせる。

ビジネス価値の自然の起源

　経済システムの人為的な性質についてのこのプラグマティックな否定は，フレデリックによって提示されるビジネスの基盤についての新奇で包括的な理解の関係からその立場を見ることによって支持を得る。[57] フレデリックは以下のような主張を展開する。すなわち，ビジネスの本来の価値，節倹すること，成長そしてシステム的統合——彼の第1の価値群は，「節倹するという価値」ないし資源の倹約的で効率的な使用をサポートする諸価値についての一般的カテゴリーのもとに列挙されている——は，熱力学の第1および第2法則に根ざしている。この価値群は今度は他2つの価値群のセットと関連づ

けられる。その2つは「生態系に配慮すること」と「勢力拡張」についてのそれぞれのカテゴリーに一致している。節倹すること，生態系に配慮すること，勢力拡張という3つの価値群のセットの二者間および三者間での緊張とコンフリクトは進化論的に不可避なものと見られる。フレデリックはそれを以下のようにまとめている。「これは次のことを言っているのに等しい。それは，人間が生活の糧を獲得し，配分し，勢力を行使し，互いにコミュニティ的な関係を確立する際に依拠する諸価値は，部分的には自然に，そして部分的には社会文化的プロセスにしっかりと結びつけられる[58]」。

　フレデリックは，コミュニティは3つの生態学的プロセス——多様性，連鎖，そして連続状態の中で生じるホメオスタティックな更新ないし変化のプロセス——の作用の進化論的な結果であると主張する。これら3つの価値はおおむねプラグマティズムによって理解されているような個人性の諸特徴，一般化された他者，そしてコミュニティを成り立たせるダイナミクス内での継続的調整に例えられる。しかし，節倹すること，成長およびシステム統合は，コミュニティそれ自身が存在単位として見られるときには，特定のコミュニティの性格ともみなされうる。

　このことは，節倹するという価値と生態系に配慮するという価値の相互関係に関わるフレデリックの主張のいくつかにぴったりと適合するように思える。彼はその二者間の密接な相互関係に言及している。それは，節倹することは「生態学的なコンテクストを欠いていては生じえないし，生じもしない，かつ生じたこともない」。なぜならば，そのコンテクストは「生命のために必要とされるエネルギーを節倹することの源である」という主張に要約される[59]。フレデリックは，しかしながら，この密接な相互関係を超えていく。彼は，幾人かの生態学者が，生態学的プロセスの真の実体は所与の生態系内での生命単位間で生じている経済的取引のパターン以上のものでは全くない，と言っているのを強調する。「このような見方は，節倹することと生態系に配慮することが1つのプロセスの異なる側面にすぎない，と言うのに全く等しい[60]」。再度，彼は，生態学的な網の目（しかしながら，それらがどんなに小さくとも大きくとも）が，節倹するプロセスよりも**比較**的広い生命の範囲にそれらの

影響力を行使する，と主張する。[61] その区別は，ある種のシステムが観察されるコンテクストの範囲にしたがった関数的なものであるように思える。あるコンテクストにおいて生態系に配慮するシステムであるところのものは，別のコンテクストにおいては節倹するシステムとして役立つかもしれない。節倹する価値と生態系に配慮する価値間の区別は，それゆえ，1つおよび全く同一の継続的プロセスに焦点を当てる2つの方法を表現しているように思える。

　フレデリックの立場を彼が意図したよりもおそらく少々コンテクスト主義的なやり方で見ると，彼が論じているプロセスの「客観性」は妥協的なものだという異議が生じるかもしれない。しかしながら，プラグマティックなパースペクティヴからはこれは全く妥当しない。というのは，すべての抽象的で明確な表現はありのままの豊富さに対するある視座に立った解明の眼差しだからであり，そこで見られているものは部分的には，見る者がこの豊富さから掬い取るために用いている網に依存しているからである。例えば，光についての波動理論と量子論は同じ位「客観的」である。なぜなら，それらは全く豊富すぎて，ある1つの概念的な網によっては不毛にされてしまうような実在している状況を解釈するための多様なコンテクストを示しているからである。同様に，ハイゼンベルクの電子の振舞いについての理解も同じ位「客観的」である。というのは，その立場の理論的構成要素は，電子の速度を確定するというコンテクストを選ぶ観測者は，それによって電子の位置を決定できないことになるし，その位置を確定するというコンテクストを選ぶと，それによって速度を決定できなくなる，というものだからである。

　フレデリックは，人間を含む生態学的なコミュニティは，示差的な群を創り出す遺伝子に基づいたプロセスのみならず，コミュニティ全体を構成する連鎖と多様性の統合的部分としての象徴－文化的構成要素をも表示している，と指摘する。プラグマティズムはこの主張に同意するであろうが，このような立場を発展させることにおいてもう1つの構成要素を付け加える。それは，すなわち，人間のコミュニティに含まれている諸自我の性質である。コミュニティに固有の同一のダイナミクスは，コミュニティのダイナミクスの中で

現れ出る諸自我においても固有である。コミュニティと同じく，諸自我は「主我」次元の多様性，「客我」次元の連鎖，そしてその二者間での継続的調整の連続性によって構成されるものと理解されうる。そして，コミュニティと同じく，自我は，節倹するあるいは生態系に配慮するパースペクティヴからは，それ自身，多様性ないし創造性，連鎖ないし順応性，そしてホメオスタティックな更新ないし調節についての諸価値によって構成される単一体ないし「小コミュニティ」として見られうる。そのうえ，「主我」という極は，まさに個人がコミュニティのダイナミクスの中で節倹する単位と見られうるように，自我のダイナミクスのコンテクスト中での節倹する単位と見られうる。これらが諸々の人間の中で現れ出るように，自然のダイナミクスは，有機体の活動およびその象徴‐文化的な生活全体に浸透するのみならず，自我の真の性質をも構成する。諸自己とコミュニティの適切な関係づけ，および実際にそれらの自由は，自我の「主我」と「客我」の次元の間，自我とコミュニティの他の次元の間の適切なバランスを要求する。そのうえ，このバランスは，コンフリクトを相互促進的な調整へと変える継続的な問題解決プロセスによって維持される。

　フレデリックは自分の立場は還元主義的ではないと論じており，さらにこの見方は，おそらくある種の理論的な弁護を創発の概念へのプラグマティックな焦点によって獲得する。コンテクスト上の相互作用は，創発的な特性への高まりを与えると理解されてきたし，この創発のプロセスは自然の中で相互作用するコンテクストすべての特徴である。ミードが明らかにしているように，「私は2つないしそれ以上の異なるシステムにおいて，後のシステムにおける事物の存在が初期のシステムないし，それが属する諸システムの中でその性格を変えるような事物の存在として創発を定義した」[62]。後のシステムによって初期システムが充当されることは，初期システムを再構造化する。初期の何ものかに還元されるのとは全く違って，後のものは初期のものに加えるだけでなく，それを変容させてきた。ミードはこの調整プロセスを「社会性」，「同時にいくつかの事物であるための能力」[63]と呼ぶ。社会性は，古いものの中で新奇なものが生じることと，新しいものへと高める再組織との間の

移行段階ないし調整局面であり，その移行期間において創発は，同時に古いものでも新しいものでもある。ミードが強調するように「もしも創発が現実の一特徴であるならば，創発が生じる以前の秩序だった宇宙と新来のものを伴った関係以後の秩序だった宇宙との間にあるこの調整の局面は，1つの現実の特徴でもあるに違いない」。

それゆえ，人間生活のコミュニティ的なダイナミクスは，自然のすべてに浸透しており，したがってミードは社会性ないしは同時にいくつかの事物であるための能力を闡明するものとして全体として宇宙の行動を特徴づける。彼は以下のように例示している。「創発する生命は，創発する速度が総体の性格をまさに変えるように世界の性格を変える」。そのうえ，動く客体が総体として増加することは社会性の一例である。なぜなら「もしも私達が潜在的な経験の領域において，総体においてこれらの増加を保つならば，私達は2つの異なるシステムにおけるように動体を取り扱わねばならない。というのは，動く客体はそれ自身の時間と空間を有しており，総体はその動きに依存し，その時間，空間，そして総体はそれが動いていくことに関して，そのシステムの時間・空間・総体とは異なっているからである」。

もしも創発が全体としての宇宙の特徴であるならば，それは当然，自然の中でのシステムのレベル間の関係にも同様に当てはまる。物理的ないし物質化学的なもの，生命的なもの，そして人間は3つの異なるシステムのレベルに分けることができる。物理的ないし物質化学的システムは生命を含むというほどのものではない。生物システムは本質的に精神や自我を含まない。これらのシステムの2つ以上を共にすることが，還元不可能な創発の特性へと高める。2つ以上のシステムに属するものとして人間は，すべての還元主義の様式を無効にする創発的な性質を具体化する。現在のプラグマティックなパースペクティヴからは，精神と自我の出現は，自然を通じて作動している社会性の中で創発する人間生命の浸透的性質と見ることができる。自我の本質的部分である社会性の独自性は，他者の態度を受け入れ，それによって自身の態度に他者の役割を一体化する有機体の能力の中にある。自我の創発は，密接不可分に精神の創発と，このことが一体化するシンボリックな行動に結

びつけられる。そして,そのすべてが人間のコミュニティの独自性の構成要素となる。

　プラグマティックなパースペクティヴによって提示されている社会化する調整のモデルは,フレデリックによって提示されている熱力学の法則についてのモデルとは異なっており,そして実際,本書の範囲を超えているある種の根深い哲学的差異を指摘する。フレデリックは,物理学理論の中で叙述されるものとしての熱力学の法則という科学的な出発点でもって始め,これらの法則が人間行動に取り入れられる方法へと移る。プラグマティズムは,自我の創発という道徳的な出発点でもって始め[69],ここから具体的に豊かでダイナミックなものとして一般に宇宙の作動を広く理解することへと移っていく。その具体的で豊かなダイナミックの上に,物理学の派生的で抽象的な内容が,目的に関係のないものを除外しつつ予測と制御を可能にするというやり方で,宇宙の作動を理解するためのパースペクティヴの網を投じるのである。プラグマティズムによって提示される社会化する調整の哲学的モデルは,フレデリックによって提示される熱力学の法則についての物理学的モデルとは異なる一方で,それぞれはビジネスにとっての自然の基盤を与え,各々のモデルは他方によって提示される倫理的なビジネス活動についての洞察を打ち消すというよりも強化するものと考えられる[70]。

　本章は,経営倫理学における現在のパースペクティヴが,プラグマティズムの哲学的フレームワークの中心的諸特徴を具体化するか,あるいは容易にその諸特徴と順応しうるし,したがってプラグマティズムは企業の性質に対するこれらのパースペクティヴのための十分に発達した理論的支えを提供しうるということを示そうと試みてきた。そのうえ,プラグマティックな哲学によって提示されているようなシステム論的な現在の世界観の外形の中で,これらのパースペクティヴを理解することは探求の方法にとって多産な領域を開拓する。そしてその方法の中で,これらの理論それぞれの強さが他のものに付加的なサポートを与えることができる。このことを念頭において,次章では企業についてのプラグマティックな理論へと向かうことにしよう。

1. フェミニスト理論はその例外である。
2.「フェミニスト哲学」という言葉は、もし余りにも文字通りにとられるならば、誤った方向に導きうるし、それなりに軋轢を生じうる。より反対すべき「男性的な思考方法」に対して「女性的な思考方法」の方が、より良く対抗するように思われる。しかし、その運動がとらえようと意図しているものは、一般に人間の思考の性質のより良い理解であり、公平な知性の理解と同じ位、人間の思考の理解を超えて得られるものである。
3. Carol Gilligan, *In A Different Voice* (Cambridge, Mass.: Harvard University Press, 1982).
4. Alan Gewirth, *The Community of Rights* (Chicago: University of Chicago Press, 1996).
5. Ibid., pp.1-2.
6. Ibid., p.2.
7. Ibid.
8. Ibid., p.3.
9. Ibid., pp.2-3.
10. ミードのプラグマティックな立場に根ざす権利論の創造的な発展の詳細については、Beth Singer, *Operative Rights* (Albany, N. Y.: SUNY 1993) を参照されたい。
11. G. H. Mead, *Movements of Thought in the Nineteenth Century,* ed. by Merritt Moore (Chicago: University of Chicago Press, 1936), pp.375-377.
12. John Dewey, "Authority and Social Change", in *The Later Works, 1925－1953)*, ed. Jo Ann Boydston, vol.11 (Carbondale and Edwardsville: University of Southern Illinois Press, 1987), p.133.
13. この点は、以前の諸章で、さらに3章では詳細に論じられている。
14. Thomas Donaldson, *Corporations and Morality* (Englewood Cliffs, N. J.: Prentice-Hall), p.41. 原著ではイタリック。
15. 例えば、一方に義務に関する知的な「外部」感覚で病気の配偶者の世話をする人を、もう一方に世話をすることの内部化、すなわちその人に合わせた関係のゆえに病気の配偶者の世話をする人を思い描いて見よ。
16. Ibid., p.199.
17. これまでで、「自然権」がプラグマティックな思考によって再構成されたものとして明らかであるはずだが、それは伝統的な概念そして／あるいは伝統的な自然権理論の問題に同化されえない。もしも、自然権が伝統的なやり方でのみ考えられるならば、ここで用いられているような言葉は、単純で陽気で寛大な意味で受けとめられるに違いない。
18. このことは、その概念がそれ以前に言及されてきたとしても当てはまる。F. Abrams, "Management's Responsibilities in a Complex World," *Harvard Business Review,* 24, no. 3, (1951) pp.29-34; *Committee for Economic Development, Social Responsibilities of Business Corporations* (New York: CED, 1971).
19. R. Edward Freeman, *Strategic Management: A Stakeholder Approach* (Boston: Pitman, 1984).
20. William Frederick, "Social Issues in Management: Coming of Age or Prematurely Gray?" Paper presented to the Doctoral Consortium of the Social Issues in Management Division. The Academy of Management, Las Vegas, Nev., 1992, p.5.
21. Archie Carroll, *Business and Society: Ethics and Stakeholder Management,* 3rd ed. (Cincinnati, OH: Southwestern, 1996), p.74.

22. R. Edward Freeman & Daniel R. Gilbert, *Corporate Strategy and the Search for Ethics* (Englewood Cliffs, N. J.: Prentice-Hall, 1989).

23. Andrew C. Wicks, Daniel R. Gilbert, Jr., and R. Edward Freeman, "A Feminist Reinterpretation of Stakeholder Concept," *Business Ethics Quarterly*, 4, no.4 (October 1994), p.479. Peter French, "The Corporation as a Moral Person," American Philosophical Quarterly, 3 (1979), pp.207-215. も参照のこと。

24. Ibid.

25. Ibid.; and R. E. Freeman and Daniel R. Gilbert, "Business Ethics and Society: A Critical Agenda," *Business & Society*, 31, pp.9-17.

26. Wicks, Gilbert, and Freeman, "A Feminist Reinterpretation of Stakeholder Concept," pp.476-477.

27. Ibid., pp.479-493.

28. Ibid., p.493. 括弧内の語句は筆者による。

29. Ibid.

30. R. Edward Freeman, "The Politics of Stakeholder Theory: Some Future Directions," *Business Ethics Quarterly*, 4, no.4, (October 1994), p.419.

31. Ibid.

32. Kenneth Goodpaster, "Business Ethics and Stakeholder Analysis," *Business Ethics Quarterly*, 1, no.1 (1991), pp.53-73. 彼は、ひとは（倫理なしでのビジネスをもたらす）戦略的ステークホルダー総合か、（ビジネスなしでの倫理をもたらす）多元信託的ステークホルダー総合かのいずれかを有する、とみなしている。グッドパスターは、「ある信託関係を取り巻く第三者への」非信託的な道徳的義務を創造することによってこれに答える。フリーマンは以下のように主張する。「グッドパスターが理解しそこねているのは、道徳的免除が実際には功利主義的な見えざる策略の手において要求され、かつ正当化されるということである」（R. Edward Freeman, "The Politics of Stakeholder Theory," p.411）。私達はもっともだと思うが、フリーマンは、その「パラドクス」は、ひとが倫理の言説とビジネスの言説を分離しうるとする暗黙裏の分離命題の結果である、と論じる（Ibid., pp.409-413）。

33. Kenneth E. Goodpaster and Thomas E. Holloran, "In Defense of a Paradox," *Business Ethics Quarterly*, 4, no.4 (October 1994), pp.423-429.

34. Thomas Nagel, *The View from Nowhere* (New York: Oxford, 1986), quoted in *ibid.*, p.428.

35. Freeman, "The Politics of Stakeholder Theory," pp.414-418.

36. Thomas Donaldson and Lee E. Preston, "The Stakeholder Theory of the Corporation: Concepts, Evidence, Implications," *The Academy of Management Review*, 20, no.1 (1995), pp.82-85.

37. このパースペクティヴからは、未成年者は、彼／彼女らが潜在的な義務とそれらを実現しうる潜在能力を有するがゆえに、権利を有する。権利は、義務の賦課なくして人間でない動物にも拡張されうる。なぜならば、これらの権利は、コミュニティ・プロセスの全き性質に埋め込まれているのでなくて、コミュニティ・プロセスの決定の結果であるからである。

38. Donaldson and Preston, "The Stakeholder Theory," pp.82-85.

39. Freeman, "The Politics of Stakeholder Theory," p.415.

40. Ibid., pp.418-419.

41. Ibid., p.420, Fn.19.

42. John Rawls, "Justice as Fairness: Political Not Metaphysical," *Philosophy and Pub-

lic Affairs, 14 (1985), p.239n.
43. Ibid., p.238.
44. 1章を参照のこと。
45. Seyla Benhabib, "The Generalized and the Concrete Other", in *Women and Moral Theory,* ed. Eva F. Kitty and Diana T. Meyers (Totowa, N. J.: Rowman and Littlefield, 1987), p.167.
46. John Rawls, *Political Liberalism* (New York: Columbia University Press, 1993).
47. Ibid.; 例えば, pp.22-28; 208; 242n を参照のこと。
48. Donaldson, *Corporations and Morality,* p.41.
49. 正義の制定者は、ある所与の時にある所与の原則の組み合わせの実施が実行しうるかどうかを決定しうるが、ロールズは、私達が実行可能性のテストのために必要とされるすべての知識を現在、有していないと想像するのは困難である、と考える。Rawls, *A Theory of Justice* (Cambridge, Mass: Harvard University Press, 1971), p.137 を参照のこと。
50. Rawls, "Justice as Fairness," pp.223-251.
51. Rawls, *A Theory of Justice,* p.15. In *Political Liberalism,* pp.147-148. ロールズは、重なり合うコンセンサスは、意図や利害において相争っている諸個人や諸国家間の妥協的立場としての「暫定協定」と彼が呼ぶものとは全く異なっている、と考えている。しかしながら、この区別は議論の的になっている点に関しては適切ではない。
52. *Political Liberalism,* pp.243-244, fn 32.
53. Thomas Donaldson and Thomas Dunfee, "Toward a Unified Conception of Business Ethics: Integrative Social Contracts Theory," *Academy of Management Review,* 19, no.2 (April, 1994), pp.252-284. In "Integrative Social Contracts Theory: A Communitarian Conception of Economic Ethics," *Economics and Philosophy* 2, (1995), pp.85-112. ここで、彼らはより最近の論点に関係なくその立場を展開している。
54. 当該理論は明示的にはそれ自体としてそれらを展開してはいないが、これらは絶対的なものであると通常想定されている。
55. これは、私達自身の歴史や文化の濃密さと私達皆が共有しているより希薄な生活との間にマイケル・ウォルツァーがなしている区別におおよそ類似している。*Thick and Thin: Moral Argument at Home and Abroad* (Notre Dame, Ind.: University of Notre Dame, 1994).
56. Donaldson and Dunfee, "Toward a Unified Conception of Business Ethics," p.257.
57. William Frederick, *Values, Nature and Culture in the American Corporation* (New York and Oxford, Oxford University Press, 1995).
58. Ibid., p.14.
59. Ibid., p.151.
60. Ibid., p.152.
61. Ibid., p.151.
62. G. H. Mead, *The Philosophy of the Present,* ed. Arthur Murphy (La Salle, Ill.: Open Court, 1959), p.69.
63. Ibid., p.70.
64. Ibid., p.47.
65. Ibid., p.49.
66. Ibid., p.65.
67. Ibid., p.52.
68. Ibid., p.86.

69. より低次の動物が，ある程度，それら自身の行動に他のものの役割を組み入れうるのに対して，このことは，ミードが（シンボリックな行動から区別されるものとして）ジェスチャー的な行動と呼ぶものに基づいている。さらに，それは，シンボリックなものへと還元不可能な創発であり，この著作で用いられている道徳的な出発点としての個我の創発に付随するものである。

70. このように，例えば，フレデリックとプラグマティズムは，拡大と成長の間に（さまざまな術語においてではあるが）等しく区別をする。そして両方の立場とも，節倹する機能の道徳的な正当性を強調するのに対して，第一義的なビジネスの価値としての利潤という考えを否定する。勢力‐拡張の危険——現在の議論の焦点ではないが，フレデリックによって展開された第3の価値群——は，適切なバランスを維持するための手段としての発展的な調整とコミュニケーションへのプラグマティックな関心において類似のものを見出す。相互に関心が持たれる数多くの問題点について比較して展開することは，この著作の範囲を超えるが，比較のための多くの論点は，この著作で展開されたプラグマティックな立場とフレデリックの著作で彼によって展開された立場両方を精査する者には明らかになるだろう。

11
企業のプラグマティックな理論

　企業のプラグマティックな理論の諸要素はここまでの諸章の多くを通じて満たされている。しかしながら，本章は，その諸要素がプラグマティックなパースペクティヴから企業の性質を理解するにあたってさらなる光を投げかけうるように，プラグマティズムのある種の諸特徴に焦点を当てる，あるいはそれらを強調しようと意図している。
　古典的経済理論によれば，企業は純粋に経済的目的のために形成された装置である。企業はもっぱら市場を通して社会に関係し，市場取引はその全存在かつ存在理由をなす。企業は自発的組織であるとみなされ，そのなかに人々が投資家，従業員等々として経済的利己主義のために束ねられる。生み出された富の大部分は，株主や資本の所有者，その貢献に応じて賃金や給与を受け取る企業の従業員，そしてその組織への貸付に対して利子を受け取る債権者に向かう。
　しかしながら，企業は市場においてその全存在および存在理由を得ることはない。実際，市場は社会的コンテクストからの抽象化であり，このコンテクストの一側面としてのみ存在しているので，企業はそのようにできないのである。同様に，その市場での機能においてのみ理解されるものとしての企業は，その社会的コンテクスト，およびそのコンテクストが包含する多元的な諸関係ならびに諸責任からの1つの抽象化である。この孤立させられた機能はそれ自身の生命を帯びること，企業と市場にそれらの存在と目的両方を与えている社会的コンテクストから外れることを認められてきたし，そのプロセスにおいて企業はそれ自体の存在の十全性の一側面という条件で1つの目的を与えられてきた。

このプロセスで失われてきたものは，社会的コミュニティの一部として本来備わっている企業の道徳的な性質である。そのコミュニティに企業は密接不可分に結びつけられており，そのなかで多様な「他者」に関係し，影響を与え，さらにはそのコミュニティが今度は相互的な関係において企業に影響を与える，のであるが。したがって，ある意味で，本章は企業にとってある種の新しい目的を見出そうとする試みではなく，ある具体的状況の識別可能な側面にそれ自体の独立した存在を与えそこなった結果として無視されてきた，企業に本来備わっている社会的・道徳的目的を回復しようとする試みであると言える。経済的目的のためにのみ存在するものとして企業を理解することは，デューイが，具体性置き違いの誤謬と呼ぶものから派生している。その誤謬は，ある存在が抽象化されたコンテクストとは独立して，その存在がその経験の十全性から抽象化されてきたことに帰せしめられる。

　本書を通じて見てきたように，企業は経済的制度であるのみならず社会的・道徳的制度でもある。企業は社会から孤立できないし，実際，それが埋め込まれており，それにその全き存在を付与する多元的関係によって構成される。これらの多元的関係は人間存在に固有の多元的関係の一部である。企業はその主要な役割として，これらの関係が埋め込まれている多様な環境——社会的，文化的ならびに自然的——を豊かにすることを有している。財やサービスの生産は主に人間存在を開花させるためのものであり，このコンテクストにおいてのみ，企業の生産はその具体的な存在理由を獲得する。

　もしもある企業が，人々が購買意欲を持ち有益であると思うモノを生産するという意味で正しいことをなし，それを非常に効率的に行なったために，人々が生産されたモノを購入しえたとし，能力があってよく動機づけられた労働力を雇用し維持したならば，その企業は利潤でもって報いられる。その言葉の最良の意味において，利潤は人間存在の増進のために財やサービスを生産することにおいて「良い仕事」をしたことに対する報酬である。それゆえ，企業の1つの主要な目的は社会の物質的な福利に寄与する財やサービスを生産することである。しかし，これは企業の唯一の目的ではない。企業組織は，その従業員に意義ある生活経験を与え，研究開発を通じて社会を改善しうる

新しい製品や技術を開発し，その環境を改善する活動を継続し，かつ環境を傷つける活動を停止し，企業が業務している国の法律にしたがうことにおいて良き市民であり，社会を最も悩ませている社会問題のいくつかを解決するべく社会に手を差し伸べるためにも存在する。したがって，企業は，真に多目的的な組織であり，その目的の多くはその性質において非経済的である。

　要約すると，経済的成長は具体的な成長の区別しうる側面であり，具体的成長の全体論的な性質の中にその存在理由ならびに機能を有している。覚えておいてもらいたいのだが，具体的成長は経済的富であれ何であれ，何物かの単なる蓄積ないし増加ということでは理解されえない。むしろ，成長は人間存在が埋め込まれているコンテクストの統合と拡張をもたらすべく，経験の継続的な再構築を含む。それは1つのプロセスであり，それによって自己とコミュニティが，多様な環境と，より十分で，より豊かで，より包括的で，より複雑な相互作用を成し遂げるのであり，そのなかにそれらが関係的に埋め込まれているのである。企業がそのなかで機能するコミュニティに対する関係において，企業は一般的な他者とダイナミックな関係にある個別的な極であり，この相互作用がコミュニティの活力になる。究極的には，企業の責任はコミュニティの福利に対して負うものである。というのは，企業が埋め込まれている多様な関係は，同時にコミュニティの生活に本来備わっている多様な関係であるからである。

より広いコミュニティにおける企業

　企業の社会的責任の観念を発展させようと試みてきた社会的責任論者は，企業が一部をなすより広いコミュニティと企業の相互関連性を手にいれようと試みてきた。しかしながら，この試みは，おそらくその分野を特徴づけるために用いられるタイトルそのもの──「ビジネスと社会」ないし「ビジネスとその環境」──によって予想できるように，概して経済理論と同一の原子論的個人主義に依拠したままであった。[1]「ビジネスと社会」というタイ

トルは，2つの分離可能で孤立して存在できる実体，つまりビジネスと社会が存在し，企業はそれが影響を与える社会に対してその義務を考慮せねばならない自律的な単位である，ということを含意している。ソロモンは次のように指摘する。すなわち，ビジネスの社会的責任に関する伝統的な議論は「私が不十分なものとして攻撃している原子論的個人主義のまさに一部[2]」であると。ビジネスの社会的責任についての全体的な観念は，その分野のまさに始まりから問題に満ちており，社会的応答，社会的パフォーマンス，さらにはビジネスの倫理的義務についてのそれに続くすべての言語は，この基本的な問題をずっと引き継いでいる。これらの企業と社会についての思考方法は暗黙裏に原子論的仮説を包含している。

その分野にとってのより適切なタイトルは「社会**の中の**ビジネス」である。これは，ビジネスがその一部であり，またビジネスが社会を特徴づけるたくさんの意味や価値を提供しているという，社会に対するビジネスの関係的な性質を反映している。継続的なコミュニティのダイナミクスの中での個別的な極としての企業は，それが総体的な社会経験に加わる創造的な次元を有する独特な活動の中心にまさにとどまるように，全体としての社会のパースペクティヴを引き受けねばならないし，社会の規準と権威を包含せねばならない。企業は社会の分離不可能な側面であり，それらの責任は社会的存在としてのその全き性質に本来備わっているものである。

10章は初期の定義の原子論的な性格にもかかわらず，ステークホルダー理論がその真の性格の中に，コミュニティの相互的なダイナミクスを包含する企業についての関係的な見方を具体化していることを指摘した。そして，その理論の力は，企業がそのなかで存在している諸関係の多元性と多様性，ならびにさまざまな側面でこれらの関係を豊かにするための手段としての企業の多目的的な性質をふまえて，経営意思決定を行なうことに焦点を当てていることにある。

ここでのコンテクストは，ステークホルダーの**その**リストの限界を画するためのさまざまな試みについての批判のみならず，その理論が何ないし誰がステークホルダーであるのか否かを定義しえない，という当該理論への批判

がなぜお門違いであるのかを説明することにもなろう。というのは，つまるところ，これらの関係はコミュニティの福利に寄与するさまざまな関係的ネットワークの本質的部分として，コミュニティ中に拡散されているからである。特定の全体状況において特定のステークホルダーの要求に与えられるべき「ウエイト」をはっきりさせる際に，結局のところ決定されているところのものは，機械的に釣り合わされうるステークホルダー間の諸関係のリストではなく，むしろコミュニティの福利それ自体に不可欠な相互関係的なネットワークであり，背景としてのコミュニティの福利は，特定の状況の中で，さまざまなステークホルダーに与えられるべき相対的「ウエイト」についての特定の評価の構成要素となっている。

したがって，実践的なレベルだけでなく，理論的に必要なものとしても，ステークホルダーについての包括的なリストは何一つ存在しえない。そのかわりに，コミュニティの福利の背景から，最も関連のあるステークホルダーが，特定のコンテクストの中で特定の考慮を払われうる。何がステークホルダーの要求として重要となるかはコンテクスト依存的であり，ある決定は特定の問題とされるコンテクストの輪郭の中で業務している意思決定者の全体論的な道徳的ビジョンとしてのみ善でありうる。なすべき道徳的に正しい事柄は何かを決定するための既成の公式がありえないということと同様，ステークホルダーの要求をウエイトづけするための既成の公式もありえない。

企業の多元的目的は，経済的福利の指標としての利潤追求の中で，しばしば見失われてきた。それは，経営者が利潤を極大化するように，もしくは株主のためにできうるだけ最も高い収益率を稼得するように鼓舞されるからである。企業についてのこのような限られた見方は，人間存在の十全性の中での企業の役割から企業を分断することによってのみ生じえたのである。さらに，この単一目的的な利潤の追求は本末転倒である。利潤は継続的な企業活動に不可欠である一方で，企業活動の副産物であり，企業が首尾良く機能している1つの目印として役立つだろう。企業は経済的な福利を明らかにしえるかもしれないし，企業が埋め込まれている多元的な関係を無視することによって，株主のために大なる利潤を創造し富を蓄積するかもしれないが，企

業はこのようなやり方では成長しも繁栄しもできない。企業の経済的目的がその存在の第一義的なものとなるとき，このことがその全き存在を企業に与えている社会的コンテクストから人為的に企業を孤立させ，企業が埋め込まれている諸関係を停滞させる。そして，最終的には社会との逆機能的な関係へと導く。

それゆえ，ビジネスはもっぱら経済的目的のためだけに存在するのではない。経済的福利はビジネスの関わる具体的な福利の中の1つの——しかし1つにしかすぎない——構成要素である。そして，この経済的福利は，企業の多元的な役割が継続するのを可能にする程度にまでは不可欠であるが，それ自体のために追求される経済的福利は企業を不健全にし，事実はそれどころか企業を深刻な病いに陥らせる。簡潔に言えば，利潤は繁栄するビジネスを構築するための手段であり，この繁栄はビジネスが埋め込まれている多様な環境の繁栄を含んでいる。

フレデリックは，利潤は原初的なビジネスの価値ではなく，むしろ節倹することから派生したものであり，節倹することは成長とシステマティックな統合とともに，3つの原初的なビジネスの価値をなすという議論を提示する[3]。物理的世界の性質，とりわけ熱力学の第1および第2法則に根ざすこれら3つの原初的価値は，企業を含むすべての生命体にとって本質的なものである[4]。彼は，節倹するという活動における改善抜きでの，業務の規模ないし範囲の単なる増加としての拡大と，首尾良く節倹することの現れとしての成長を区別する。もちろん，人間のレベルでは，行動は部分的には自然に，そして部分的には社会文化的プロセスに根をおろしている。

10章は，個我の全き性質へのこれらのダイナミクスのプラグマティックな統合と，創発の概念の決定的な役割を論じた。コミュニティ内で個我を構成する反省的な行動は，生命体の成長の概念に創発的な道徳的次元をもたらすと理解される。人間レベルでは，生命体の成長は実存の道徳‐美的側面の意味と強化を伴う継続的な経験の注入を含む。ビジネスはこの人間の成長の1つの特徴として現れ出るという意味において，道徳的基盤に埋め込まれて現れ出る。人間の成長の1つの次元として，さらにその関係的な性質を通じて

それに固有に結びつけられるものとして，ビジネスの成長はその節倹する活動を通じてだけでなく，それが埋め込まれている関係基盤を豊かにする多くの活動を通じて明らかになる。これが，フレデリックが節倹するという価値と生態系に配慮するという価値の間の密接不可分な相互関係を理解することにおいてとらえた見方である。

利潤それ自体を目的と見誤って追求することは，狭い関心という言葉だけではとらえられない。なぜならば，利潤は従業員自身が直接の受益者でないときでも，従業員によって単一目的的なやり方で追求されるかもしれないからである。この追求は，企業が経済的実体にすぎないという見方をもたらしてきたあるタイプの考え方に基づいている。実際，利潤が，企業と企業がその一部であるコミュニティの全体的な繁栄を促進することの副産物であるとしたら，大なる利潤だけを実現するものでさえ，狭い利己主義的なやり方で行為してはいない。それゆえ，利潤それ自体は善でも悪でもないが，それが現れ出る機能の性質によって良くも悪くもなる。

加えて，利己主義は軽蔑されるべきものではなく，利潤以外の何ものかが軽蔑されるべきである。利己主義とコミュニティの利害関係は分かち難く結びつけられており，必要とされるべきはこの関連づけられる２つの次元の適切なバランスであると理解されてきた。適切なバランスの導きのもとに追求される利己主義は，一時にまた同時にコミュニティの利益でもある。自己愛はさまざまな性質をとりうる。利己主義は，個人的な次元が他者というもう一方を支配するときには自分勝手（という自己愛）になる。これは他者にとって，かつ繁栄するコミュニティを育成する適切なバランスにとって破壊的であるのみならず，自分勝手な行動にしたがう全き自己にとっても破壊的である。というのは，コミュニティと同様，自己は，個人とその内部の性質を構成する共通の他者という両極のバランスのとれた密接な関連を通じて繁栄するからである。このような見方は，個人に対してと同様に制度的行動にも当てはまる。自分勝手に対置される啓蒙された利己主義をもたらすこの適切なバランスは，企業生活において理念的に作用するものとして，それ自体がコミュニティである企業の性質に目を向けることによって理解されうる。それ

ゆえ，以下の議論は，企業をそれが埋め込まれているより大きなコミュニティ内での個的な極として見ることから，継続的なコミュニカティブな調整のダイナミクスによって構成されるコミュニティそれ自体として企業を見ることへと移行することにする。

コミュニティとしての企業

　今，述べたように，企業はしばしば，特に古典的経済理論では，人々が経済的利己主義のゆえに集まる自発的組織と理解される。しかしながら，このような見方は，繰り返すと原子論的な単位として個人を理解することに基づいている。そして，その個人はある種の共通の目的のために，同様の他の諸個人と結びつくのである。当該諸個人は，利己主義的な理由のために同一の組織の一部であるという必要がある場合を除いて，いかなる他の関係も持たない。しかしながら，プラグマティックなパースペクティヴからは，企業はコミュニティであり，諸個人はある程度，企業組織の構成員であるゆえにその現在ある状態になっているのであり，これに対して組織はその一部になることを選択する人々がいるゆえにそうなっている。組織は効果的に作用するにはある種の順応性を必要とし，この意味において，一般化された他者を有さねばならないが，同時に組織はその能力を増大させ維持するためには，その秩序の中で組織のために働く，たぐいない個人からの創造的なインプットを必要とする。

　これらの諸個人とそのスキルや能力は，企業目的を達成するにあたってある種の機械的な様式では調整されない。このような機械主義的な企業観は，企業で働く人々がその本質的な人間性を犠牲にしないという考えと一致しない。経済的な意味において，単にもう１つの生産要素として従業員を扱う経営者は，コミュニティの不可欠な部分である道徳的存在としてこれらの人々を扱わない。そのうえ，機械的なやり方で人々を扱うことは，能率的ないしは有効的な組織につながらない。この概念は以下の引用に首尾良く要約され

ている。

　企業を能率的ないし非能率的にするものは，一連の滑らかな機械的作業ではなく，そこで働き，それから転じて企業によって形成され特徴づけられる多くの人々の労働の相互関係，調整と競争心，チーム・スピリットとモラールである。それゆえに，また，企業を駆動するものは「利潤動機」と呼ばれるある種神秘的な抽象物ではない。その駆動因は従業員の集合的意思と野心であり，そのほとんどは明示的な意味で利潤のために働いてはいない。ある企業の従業員はあるコミュニティの一部であるために，かつ自分達の職務を遂行するために，そして他者からの尊敬と自尊心を得るために自分達がなさねばならないことを行なう。どのように企業が作動するか（そして作動しないか）を理解することは，フローチャートの論理や面倒な機械の組織的作用を理解することではなく，コミュニティの社会心理学と社会学を理解することである。[5]

　企業内の従業員は機械に似た様式で働く同質的な集団としてまずは理解されたが，企業の内部業務を，個人的な利己主義の追求のための競技場に似たものとして，そして個人的に定義されるものとして理解することへの転回があった。[6] これに付随するものは，合意に基づくものとしての組織理解から強制によるそれへの変化であった。これが明確に示すものは，徹頭徹尾作用している原子論的仮説である。そのオルタナティヴはまたもや，今や組織の強制的コントロールのもとでの，一方での集合的全体の順応性と他方での個人的利己主義である。

　プラグマティズムと同じく，脱構築主義者の理論は滑らかに動く機械のような組織の観念を拒絶する。それは，同様に，理念的な目標と全然別の組織内での全体的な合意は，その真の福利を脅かすものであると認める。[7] しかし，脱構築はプラグマティズムと同様に企業のダイナミクスの関係的な構成要素へと向かうのであるが，それぞれの哲学は全く違ったやり方でそれを行なう。プラグマティズムがコミュニティの多元論的な特徴やコミュニティの成長のダイナミクスの中での多様性とコンフリクトの重要性へ目を向けるのに対して，脱構築は「創造的な混乱の優越[8]」と呼ばれてきたものに目を向ける。そして，プラグマティズムがコミュニティの意味——そこにおいては，最大級の異議を唱える声でさえ，その同じ声が調整と和解を求めつつ継続的なコミュ

ニティ生活のダイナミクスに参入する——に目を向けるのに対して，脱構築は組織にとってそれらを維持するためのエンパワーメントとディスエンパワーメント間のダイナミックな緊張に目を向ける。力の緊張および創造的混乱か，コミュニカティブな相互作用における諸々の声からなる多元論的なコミュニティか，という枠組みにおける企業のダイナミクスの理解は，伝統的企業理論固有の抽象的合理性，機械的順応性，そして他の近代主義的見方をともに拒絶する結果として，脱構築とプラグマティズムによってそれぞれ提示された全く異なる最終的産物である。大ざっぱに言えば，その相異なるアプローチは「力の政治学」対「コミュニティの政治学」を表している。

　エドウィン・ハートマンは，ある企業組織において，メンバーがある種の声を上げることによってある種のプロセスを与えることは，労働の場でもそれ以外の場でも道徳性を保証することはないと指摘した。良きコミュニティは協力，相互支援ならびに一般的な道徳的進歩を創り出すぐいの議論を奨励せねばならない。[9] 伝統的なコミュニティについてのプラグマティックな理解の具体化としての「コミュニティの政治学」は，まさにその本性によって，良きコミュニティとしてハートマンが叙述するところのものである。このコミュニティとしての企業観は，道徳的エージェントとしての企業の性質に関わる次なる問題にとって意義を有する。

道徳的エージェンシー

　道徳的エージェンシーの問題は，道徳的責任と道徳的説明責任が，どのように企業組織に関係するかを扱わねばならない。企業はどんな意味でその個々のメンバーとは別の道徳的エージェントと考えられうるのか，そしてそれゆえに，組織的実体として道徳的に責任を負わされるのか。あるいは，企業が道徳的に応答しうると考えることにおいて，私達は，単に企業内の諸個人が応答しうるとみなしているのか。企業は法のもとで人と考えられており，自然人と同じある種の権利を有している。企業は告訴でき，かつされうるし，

所有権を有し，ビジネスを行ない，契約を締結し，協定を結ぶ。それらは出版の自由を有し，不合理な捜索や押収から保護されている。企業は国家——そのなかで企業はその設立が認められている——の市民と考えられる。そして，それらは法律ないし規制を侵害した際には，政府によって罰金を課せられたり裁判に訴えられたりされうる。法は，多くの側面において個人と同じように企業を扱うゆえに，このことが企業が道徳的責任を伴う道徳的エージェントでもあることを意味するのだろうか。

通常，道徳的行為は，故意かつ意図的になされ，選択を含む行為であると考えられる。当該行為は強制されるものではないが，自由にかつ熟慮の上でなされる。強制された行為，ないしそこに少しのあるいは何一つ選択が含まれない行為について何ものかに道徳的に責任があるとみなすのは，ばかげているだろう。私達は，もしも人々が自分達の精神能力をコントロールしておらず，意識的な選択をできなくする一時的な状況にあったならば，その人々を道徳的責任から免責しもする。[10]これらの条件を前提とすれば，企業がその行為について道徳的に責任があるとはみなされえない，というのはある人達にとっては明らかであるように思える。しかしながら，企業を道徳的実体として理解できないという見方は，通常，諸個人の集合からなる機械的な構造としての企業観と関連づけられる。

例えば，企業の道徳的エージェンシーに関する見方を強く拒絶する議論において，そして企業責任を企業内のある種の諸個人の責任に還元する議論において，企業は機械に例えられる。[11]その議論を続けると，もしも複雑な機械が手におえなくなって，コミュニティを破壊したとすると，道徳的に非道な行為を指示したことについてある種，非を認めないことと機械への憤りが存在するだろう。このような道徳的な熱情は機械の操作者と設計者に向けられるだろう。彼／彼女ら——そして機械ではなく——が道徳的に責任を負う。[12]この一般的見解のもとでは，単一の集合的実体として企業について知的に語ることは難しい。私達が組織目標と呼ぶものは，組織行動の潜在的結果であり，それは少なくともそこに参与する諸個人にとっての目標である。私達が意図について語るとき，参与する諸個人の意図に訴えることなく組織の意図

について語れるとは思えない。[13]

　公式組織もその公式的な地位において行為するその代表者も，どんなたぐいの道徳的誠実をも期待されえないし，されるべきではないというより強い議論でさえ提示されてきた。その構造のゆえに，企業は単一目的的な目標を追求するよう拘束されており，定義上，道徳性を真剣に受けとめることはできない。決定は，組織目標の観点で組織のためになされ，決定をする諸個人の個人的関心ないし信念に基づいてなされるのではない。マネジメントによってなされる決定は，組織のために定められてきた諸目標を自分達の倫理的前提と受けとめねばならない。マネジメントは道徳的原則から自分達の倫理的前提を引き出すことはできない。組織の行為は，通常の道徳原則に一致するとは期待されえない。企業の決定は合理的な効率性の標準にしたがうが，個人の行為自体は通常の道徳性の標準にしたがう。それゆえ，会社で働いているときの個人にとってと，家庭で友人や隣人に囲まれているときの個人にとってのダブル・スタンダードが存在する。[14]

　ここには，ダブル・スタンダードというだけでなく，ある意味で二様の人間が存在していると考えられる。一般に流布している道徳的次元の中での存在に関わる企業から離れている1人の人間，そして，企業の構成員として，効率という単一の目標にしたがって働く1人の人間である。しかし，これは2人の「分離してはいるが平等な」人間ではない。むしろ，私達が有しているのは，生活に関して道徳的-美的に意味づけ豊かにする諸次元に埋め込まれている，1つの具体的な人間存在と，コミュニティ生活内でのその社会的ダイナミクスの十全性から切断されて，企業の架空の抽象化の中で「効率」という単一の指針にしたがって働く1つの架空の抽象的個人とである。そのうえ，効率という全体概念は，良くても漠然としている。効率そのものは存在しなくて，ある種の目標を達成することにおいて効率がある。あるものは利潤を生み出すことにおいて効率的でありうるし，あるものはコミュニティの福利に寄与することにおいて効率的でありうる，という具合である。企業の効率性は全く全体論的であり，効率的な企業は，企業が埋め込まれている多様な関係から派生する多様な目標を適切に統合する全体論的な目標を満た

すために機能するものである。

　ダブル・スタンダードという考えは，ケネス・グッドパスターとジョン・マシューズ[15]によって攻撃されてきた。彼らは，企業は道徳心を持ちうるし持つべきであると論じる。——つまり，企業のような組織的エージェントは，道徳的に責任的であることにおいて通常の人間以上でも以下でもないであろう。このような主張を裏打ちすることにおいて，彼らは企業行動について2つのキー・コンセプトを定義し適用する。この内の1つは合理性である。道徳的観点をとることは，普通，衝動的でない合理的意思決定に起因する諸特徴，代替案とその結果を精密に示すことにおける配慮，目標と目的についての明快さ，そして細部への注意を含んでいる。もう1つのキー・コンセプトは尊重であり，ある者の決定ならびに政策の他者に対する影響への意識と関心として定義される。

　道徳的企ての原理は，それゆえ，組織に合理性と尊重を企てるための手段として主張される。個人の私的な考えや努力と企業の制度的努力の間に，いかなる明確な境界線もありえない。後者は，前者の上に構築されうるし，されるべきである。道徳的企ての原理は，私達が企業やそれ以外の組織に対してなすたぐいの道徳的要求を概念化するのに役立ち，それらの要求と私達が自分達自身に対してなす要求とを調和させる見通しを提供する。このようにして，個人の道徳的責任と企業のそれの間のダブル・スタンダードは克服されうる[16]。

　このことをさらに敷衍して，フレンチは，企業は実際，十分に訓練を積んだ道徳的な人でありうるし，通常の振舞いにおいて道徳的な人に授けられているどんな特権，権利，義務をも保有している，と論じる。道徳的責任は，約束，契約，協定，雇用，付与，そして任命を通じて創造される。フレンチは，企業の道徳性の基礎を企業内部の意思決定構造（CID）に求める。そして，CID構造は企業の意図の根拠にお墨付きを与えるのに必要な工夫であると主張する。企業は，方針，ルールや意思決定手続を有し，それらすべてがともに考慮される際には，道徳的エージェントたる地位を企業に与える。企業の行為が，確定された企業の方針の実施と一致している場合，企業なりの理由

があってなされたものとして，また，企業の信念と結びつけられた企業の欲求に起因するものとして——言い替えれば，企業として意図的にということであるが——叙述するのが適当である。[17]

　ドナルドソンはこれに対して以下のような明示的な条件を付言する。すなわち，企業は方針とルールの構造をコントロールできねばならない。言い替えれば，企業は内部の衝動や外部の強制から自由に，方針や業務規則を展開する自由を持たねばならない。彼はまた企業の道徳的エージェンシーのための第2の一般的条件として次のようなことを考える。企業はそれがなすことに関して単なる原因だけでなく，理由を持たねばならないし，その理由のいくつかは企業が道徳的エージェントと考えられるために道徳的なものでなくてはならない。[18]

　企業の道徳的エージェンシーに関するプラグマティックな議論は，2つのパースペクティヴからきている。1つは，企業が埋め込まれているより広いコミュニティのダイナミクスの中にある個別的な次元として，企業を見ることからのものである。そして2番目は，企業を継続的な社会化する調整の中で創造性と順応性の両極を具体化するコミュニティそれ自体として見ることからのものである。

　企業は，特別な目的のために社会によって創造され，その決定に関して社会に応答しうるエージェントとして理解されうる。それは社会において一定の役割を果たすために創り出されてきたし，これらの役割が十分に果たされる限り，機能することを認められており，そしてこれらの役割は全く多様である。もしも，企業がその経済的責任を果たさなければ，市場は破産を宣言するように企業に強いるだろう。もしも，その社会的役割が十分に果たされなければ，政府は公共の利益において企業を規制するだろう。企業はそのエージェンシーと結びつけられた責任と，それが社会において演じるよう期待される役割とを有している。これらの責任は，コミュニティ全体によって企業に与えられてきた権利と相互に関連づけられる。

　人ではないものによって保有されている権利は，それら自体においては義務を伴わないというのが10章で明らかにされた論点である。例えば，もし権

利が牛や樹木に拡張されるとしても，このことが牛や樹木の一部に義務を課しはしない。しかし，企業は本質的に全く社会的であり，その権利は社会的プロセスの結果としてだけでなく，その継続的ダイナミクスの本質的部分としてそのプロセスの中に埋め込まれているものとして現れ出る。人と同様に企業はコミュニティのダイナミクスの新奇で創造的な側面を表現し，そして，企業の権利は義務を伴う。このゆえに，人の権利と同じく，企業の権利は，果たすことを道徳的に拘束される義務を企業にもたらす。したがって，企業のために働いている諸個人の責任について単に語るよりもむしろ，実体としての企業に道徳的責任があるとするのが適切であろう。企業は，たとえそれが生物学的な意味において道徳的な人でないとしても，その行為に関して道徳的に責任を持ち，応答することができる。なぜなら，企業はコミュニティ生活のダイナミクスの中では道徳的な人だからである。企業が道徳的エージェンシーであるとするさらなる理由は，それをコミュニティ生活のダイナミクスを具体化している1つのコミュニティそれ自体として見ることによって見出されうる。

　プラグマティズムによれば，個人は，コミュニティの中で分離可能なはっきり区別できる要素でも，コミュニティの原子論的な構成単位でもない。むしろ，個人はコミュニティ内での創造的な調整の誘因——その調整はそのプロセスの中で作用する両極を創造的に変化させる——を表象する。社会や制度を変容させる全き知性は，それ自体これらの制度によって影響される。個人の知性の作用，とりわけ個人が用いる知的活動に関わる特定の習慣は，個人が投げ込まれている文化的，教育的，そしてその他の制度的実践の産物である。この意味において，個人的知性でさえ，社会的知性である。そして，コミュニティ内で作用する歴史的に基礎づけられた知性であり，かつその制度に具体化されたものとしての社会的知性，さらに単なる個人の知性の総計でなく，むしろ質的に独特で総合された全体としての社会的知性は，それにもかかわらず，個人の知性と分離できるものではない。個人の知性と社会的知性の間には親密な機能的交換があり，この交換は継続的な調整のプロセスに基づいている。

コミュニティと同様に，企業の知性，目的，そして道徳的性根は，個人の知性，目的ならびに道徳的性根のインプットなくしてはありえない。しかし，企業のそれは質的に独特であり，独特なやり方で統一されていて，ある個人のインプットにも個人のインプットの集合にも還元できない。少なくとも原理的には，非道徳的な集合的行為が，道徳的な原初的諸行為が混じり合った結果であることがある。したがって，このことが企業の行為や方針の道徳上の評価を，企業行為においてある役割を演じる企業内の諸個人の道徳上の評価と別のものにする。[19]

　フレンチによる議論は，道徳的責任の潜在的な焦点として企業方針に言及する。これはもっともな議論である。なぜなら，妥当な状況下で企業によってとられるべき行為のコースを表わす方針はコミュニティの知恵を表わしているものであり，またその方針はその創発的な独自性においてコミュニティの産物であるからである。ドナルドソンが示唆するように，1つのコミュニティとして，企業は自らがなすことの単なる原因だけでなく，なすにあたっての道徳的根拠を有していると想定するのは理にかなっていると思える。コミュニカティブな調整の結果は，因果関係に還元不可能であり，むしろこのような結果の形成に寄与するインプットの独特な創発的レベルのものである。企業の道徳的根拠は，順応的調整のダイナミクスの中で提示される根拠から現れ出るものであり，かつそれに依存するのであって，その根拠に還元可能でもそれによって因果的に創られるのでもない。そのうえ，コミュニティとして，企業はドナルドソンのさらなる要件を満たしている。その要件とは，企業はその方針と業務ルールの展開において，ある程度の自由度を持っているということである。コミュニティの共通目標は，それ自体の継続的な進化をコントロールするという目標の中にこそあると見られてきた。それゆえ，企業は自らの行為に根拠を与える自由に展開された合理的意思決定構造にしたがって合理的に行為し，企業は方針の道徳的側面とこれらの方針からもたらされる行為に関して道徳的に責任を負うことができると想定されうるのである。

　企業の道徳的地位についての論争は，それが企業行動をコントロールする

ことに関わるとき，深刻な含みを持っている。もし，企業が本質的に道徳と無関係な実体で，いかなる意味でもそれ自身の権利において道徳的エージェントではないと見られるならば，また，それがある種機械論な意味で，独立した諸個人の行為を調整するための手段でしかないと見られるならば，道徳的目的に関する限り方向づけは外部からのものでなくてはならない。それゆえ，法ならびに政治的プロセスが，この方向づけのための適切な源泉とみなされる。もし，企業が社会を傷つける力を有する大規模な機械に類似するものであれば，それらは外部からコントロールされねばならない。もし，それらが，例えば，単に利潤を発生させる機械であるとしたら，それらは道徳的に受け入れられうるやり方でその活動を遂行するように規制されねばならない。

しかしながら，もし企業がある意味で道徳的エージェントとして見られるとすれば，別の実行に関する見方がもたらされる。その際には，道徳的圧力が以下のように組織内に広まることになろう。方針ならびに意思決定に企業のエージェントとして関わる各個人が，企業の行為ならびに方針と企業内での意思決定における自分達自身の参加とを道徳的観点から考慮することになるだろう，ということである。グッドパスターとマシューズが提起しているように，彼／彼女らは企業の行為と方針に合理性と尊重を投映することができる。

したがって，個人の責任は，たとえ企業が道徳的エージェントと考えられるとしてもなお重要であるが，このような責任はコミュニティとしての企業のコンテクストの中で考慮されねばならない。もし，企業が道徳的エージェントであると考えられるとすれば，企業の権利と責任の性質についての探求をなすことができる。しかし，道徳的エージェンシーについて焦点を当てることは，個人の責任を無視することを私達に許すものではない。道徳的責任が全体論的な実体としての企業に帰せられるだろうが，何事かを企業にもたらすために，また必要とされるなら変化をもたらすためには，この責任は企業内の諸個人によって引き受けられねばならない。コミュニティのダイナミクスと新奇なパースペクティヴに関するその継続的調整なくしては，いかなる創発的なコミュニティの能力も存在しない。

大規模で複雑な組織では，余りにもしばしばこのような責任が回避されている。方針を実施するラインの末端かその近くにいる人々は，自分達がその問題において全くないし何一つ選択肢を持っていないと信じている。彼／彼女らは自分達の命令を受け取り，そして彼／彼女らに開かれている選択は限られている。これらの人々は行為ないし実践を提案しなかったのである。彼／彼女らは企業方針ないし上位者の命令に単にしたがっているだけである。逆に，企業階層の頂点にいる人々，企業の主要方針に責任を負う人々は以下のことを主張しうる。すなわち，自分達は自らが提案する方針の詳細な結果を見ることはないし，それらの実施から全く引き離されている，ということをである。彼／彼女らは，方針を受け取る末端にいる人々が被ってきた特定の被害を引き起こそうと自分たちが意図したわけでは決してなかったと主張するかもしれない。したがって，命令の連鎖の両端で，人々は企業の方針と行為に関しての道徳的責任を回避することができる。

個人についての非関係的な見方は，全体の役割を軽んじて個人を強調するか，個人の役割を軽んじて集合的全体としての集団を強調するか，のいずれかの立場に導く。もし，企業がその構成員たる個人の集まりにすぎないと見られるならば，企業の責任は避けられうる。他方，企業が個人の自由を棄却する集団的全体と見られるならば，個人の責任は回避されうる。しかしながら，コミュニティのダイナミクスの中で，このような回避ルートは存在しなくなってきた。道徳的な企業を発展させるためには，諸個人は，彼／彼女らが行なうよう雇用されている職務に自分達自身，道徳的に責任を負わねばならないし，他者に対してもそれぞれの職務を行なうことに関して道徳的に責任を負わねばならない。もし，企業がコミュニティとして理解されるならば，道徳的責任の文化が，道徳的な運営が組織中に制度化される中で創造されうる。これがなされるところでは，個人部分での道徳的行為と組織部分での集合的行為の結果である道徳的行為の間に，より一層の一貫性が存在するのではなかろうか。このような企業は，組織を構成する諸個人の誠実さの合計以上の道徳的誠実さを有するだろう。組織それ自体は，それがその責任を受け入れ，その方針と行為の道徳的次元を認識することにおいて道徳的であると

言われうる。

　もし，諸企業とそれらの相互関係が，力そして／あるいは競争よりもコミュニティの視点から理解されるならば，さらにあらゆるコミュニティ生活の豊かさの中で，当該生活の継続的成長過程を方向づけるのに役立つような共通目標において相互に協力するものと理解されるとすれば，企業間の関係のみならず，企業と公共政策間の関係もドラスチックに再考される。したがって，公共政策過程は企業の独立と力に対して侵害行為をなす外部的介入ではなくなり，継続的で自己管理的なコミュニティの成長のための最も実りある道を提供することをねらった協力的な実験的探求に関わるコミュニティの努力の本質的部分となる。

　1．この論点は以下の著作において詳細に展開されている。Sandra B. Rosenthal and Rogene A. Buchholz, "Business and Society: What's in a Name?" *The International Journal of Organizational Analysis,* 5, no.2, (1997), pp.180-201.
　2．Robert C. Solomon, *Ethics and Excellence: Cooperation and Integrity in Business* (New York: Oxford University Press, 1992), p.149.
　3．他の問題に関係するフレデリックの立場をより詳細に見ようとする場合には，10章を参照されたい。
　4．これらが，「節倹するという価値」に関する一般的カテゴリー，ないしは諸資源の倹約的かつ効率的な使用をサポートする諸価値のもとに掲げられた彼の第1の価値群をなす。これらは，転じて「生態系に配慮する」および「勢力拡張」の各カテゴリーにあてはまる他の2つの価値群と相互に関連づけられる。節倹する，生態系に配慮する，そして勢力拡張の3つの価値群の二者間および三者間の緊張と対立は，進化論的に不可避であるとみなされる。10章におけるフレデリックの立場に関するこれまでの議論を参照されたい。
　5．Robert C. Solomon, *Ethics and Excellence,* p.150.
　6．S. P. Robbins, *Organizational Behavior* (Englewood Cliffs, N. J.: Prentice-Hall, 1991).
　7．例えば，John Hassard, "Postmodernism and Organizational Analysis: an Overview," in *Postmodernism and Organizations,* ed. John Hassard and Martin Parker (London: Sage Publications, 1993), pp.20-22. を参照されたい。
　8．K. Gergen, "Organizational Theory in the Postmodern Era." Paper presented at Rethinking Organization Conference, University of Lancaster, 1989, p.26.
　9．Edwin Hartman, *Organizational Ethics and the Good Life.* The Ruffin Series in Business Ethics, ed. R. Edward Freeman (New York: Oxford University Press, 1996), pp.174-176.
　10．Richard T. De George, *Business Ethics,* 2nd ed. (New York: Macmillan, 1986), p.83.
　11．John R. Danley, "Corporate Moral Agency: The Case for Anthropological Bigotry," in *Business Ethics: Readings and Cases in Corporate Morality,* ed. W. Michael Hoffman and Jennifer Mills Moore (New York: McGraw-Hill, 1984), p.173.
　12．Ibid., p.178.

13. Michael Keeley, "Organizations as Non-Persons," in *Ethical Issues in Business: A Philosophical Approach,* ed. Thomas Donaldson and Patricia H. Werhane. 2nd ed. (Englewood Cliffs, N. J.: Prentice-Hall, 1983), pp.120-125.

14. John Ladd, "Morality and the Ideal of Rationality in Formal Organizations," in *Ethical Issues in Business: A Philosophical Approach,* ed. Thomas Donaldson and Patricia H. Werhane. 2nd ed. (Englewood Cliffs, N. J.: Prentice-Hall, 1983), pp.125-136.

15. Kenneth E. Goodpaster and John B. Matthews, Sr., "Can a Corporation Have a Conscience?," in *Business Ethics: Readings and Cases in Corporate Morality,* ed. Michael Hoffman and Jennifer Mills Moore (New York: McGraw-Hill, 1984), pp.150-162.

16. Ibid.

17. Peter A. French, "Corporate Moral Agency," *Business Ethics: Readings and Cases in Corporate Morality,* ed. Hoffman and Moore, pp.163-171.

18. Thomas Donaldson, *Corporations and Morality* (Englewood Cliffs, N.J.:Prentice-Hall, 1982), p.30.

19. Patricia H. Werhane, *Persons, Rights, and Corporations* (Englewood Cliffs, N. J.: Prentice-Hall, 1985), p.56.

12
コーポレート・リーダーシップ

　コミュニティとして企業を理解することは，コミュニティ・リーダーシップの重要さへと至る。しかしながら，ヴァン・フリートとユクルは，実証的諸研究を注意深く調査した上で，何十年にも渡るリーダーシップ研究の結果として，私達は単に混乱した見解の集積を押しつけられていると示唆し[1]，他の学者による類似の結論の確認に力を貸していると主張した[2]。おそらく，その問題の重大さは，ジェイムズ・マグレガー・バーンズによる以下のような主張において最も良く述べられている。すなわち，リーダーシップを理解するにあたっての「強力な近代の哲学的伝統，理論的および経験的集積，指導的概念，さらには考え抜かれた実践的経験がないので，私達はその真の基礎を欠いている[3]」。バーンズの著作は重要な経験的ならびに理論的次元を統合しているが，彼が「リーダーシップ学派」と呼ぶものを発展させるのに必要とされる「強力な近代の哲学的伝統[4]」はまだ現れてはいない。一方で，ずっと昔からの暗黙裏の哲学的基礎は，現在の文献に現れているリーダーシップに関する新しい理解にとっては不十分である。

　手中の問題に最も関連のあるずっと昔からの暗黙裏の哲学的仮説は，またもや，原子論的な個人観であり，それは結局は受動的な「傍観者」理論に根ざしていて，そこでは，リアリティは分離可能で孤立させうる単位とみなされている。この仮説を保持すると，個人が社会ないしコミュニティの基本的な構成単位であり，社会はそれを構成する諸個人の総和以上のものではない。したがって，最も深いレベルで，人間は相互に，かつ自分達が生活し，その存在を有しているコミュニティから分離している。

　ここから直接に流れ出るのは，ある個人は，外的な関係において全体とし

てのコミュニティに対峙するという見方である。リーダーは，フォロワーの集団を集合的に構成する分離した他の個人の集合に対峙する1人の分離した個人である。このようにして，リーダーとフォロワーが存在する。バーンズはこの観点の含意を以下のようにうまく表明している。「リーダーシップ研究の最も深刻な失敗の1つは，リーダーシップについての文献とフォロワーシップについての文献のまたさき状態であった」[5]。

リーダーとフォロワーのこのまたさき状態，そしてそれが基づいている暗黙裏の原子論的個人主義は，長年に渡って企てられてきたリーダーシップに関する数多くの周知の経験的研究の中に証明される。実際，経験的研究に見出されるものは，大部分，調査されるべき一群の問題ないし疑問を研究者が体系化するやり方の結果であり，——そして，研究者がこれらの疑問を体系化するそのやり方は哲学的仮説によって方向づけられており，その仮説は概して研究者によって漠然とかつ暗黙裏にだけ保持されているが，それにもかかわらず，そしてしばしばそのゆえに研究を体系化するにあたって強力に方向を決定づける力をもっている。

このことは，リーダーシップ研究の歴史に少々目を向けることによって理解することができる。レヴィンとリピットは，彼らの初期のリーダーシップ調査において，民主的対専制的リーダーという用語でリーダーシップ活動を理解しようと試みた[6]。専制的リーダーはトップ-ダウン過程の中で活動に携わり，すべての決定を行ない，すべての活動を指示する。民主的リーダーは調整者として振舞い，重要な問題を扱う際には多数決に基づいた意思決定を利用する。ここでは，リーダーは，グループの諸個人の意思と欲求を総計しつつも，グループの構成員に対して，いまだ外的な関係に立脚している。

1970年代の中心的な研究は相互作用の重要性を強調したが，この相互作用は，その相互作用の中で本質的には不変のままにとどまるリーダーとフォロワーの異なっており，かつ本質的にふたたびに裂かれた諸性質間の外部的な結びつきとして実際は理解された[7]。成果はパーソナルな個人の目標に強く結びつけられているので，これらの目標が他のやり方で達成されうるとしても，その場合には，個人は高水準の生産者ではないであろう，というもう1つの

研究[8]において提示されている主張に，自分達自身の別個の目標を追求するという個人観が明確に示されている。このゆえに，リーダーの主要な役割は，このような独特な結びつきをもたらすことである[9]。しかし，別の研究[10]は，集団が個人の集合であり，それが今度は集合の中に個人を吸収し，それによって再度，集合的全体としての集団に個人を対抗させるということを明確に示すようなやり方で，集団に対するリーダーの関係と個人に対するリーダーの関係とをはっきりと区別する。このことと一致して当該研究によれば，固有の集団内，集団外状況が発生する。

1980年代および90年代のリーダーシップ研究は，原子論的個人主義という吟味されていない仮説に指針を求める見方から，ますます距離をおくことをはっきりさせてきた。この研究は，リーダーシップのダイナミクスを理解するうえで，かなり有益であったが，しかしながら，これらの表出している洞察を補強する新しい包括的な哲学的基礎を明示的に定式化することはなかった。例えば，1983年という初期の研究[11]は，リーダーシップの重要な課題として役割形成の機能に目を向けることによって，明示的な個人的賞罰ないしはアウトプット・コントロールから距離をおいている。簡潔に論じられるであろうように，このような役割取得は，個人と集団間の本質的に内的でダイナミックな関係としてそれ自体最も良く理解されうる。要約すると，この役割取得はコミュニティについての新しい理解のパースペクティヴから最も良く見られうるし，それは長い哲学的伝統によって提供される別の言葉では十分に取り扱われえない。

変革型リーダーシップの概念に広く基づいている関心は，バーンズによる研究でたどることができる[12]。長年，このリーダーシップ理解は，かなりの批判を受けてきた。変革型リーダーシップの主導的な提唱者の1人であるバスは，最近の論文で，その立場に向けられたさまざまな型の攻撃を一般的に論じた[13]。バスが述べる特筆される比較的簡潔なたぐいの論難は，1990年代半ばに発行されたビジネス・エシックス・クォータリー掲載の批判的論文の中に見ることができる[14]。

バスは彼の論文で，変革型リーダーシップに対するさまざまな批判は，実

際は，真正の変革型リーダーシップに対するものよりもむしろ「疑似的変革型リーダーシップ」の倫理学に対する批判であり，変革型リーダーシップの真の概念は，疑似的な変革型リーダーシップが否定している倫理的理念を具体化している，とある種徹底的に論じる。提起された異議に関する調査に鑑みて，変革型リーダーシップの文献を詳しく読むことは，彼の意見を裏づけると思われる。批判のほとんどは，変革型リーダーシップの提案者によって発表された理念を批判する言葉で表現されているのと同時に，実際，その批判は，その提案者がリーダーシップをゆがめて見ているということを攻撃していて，そこでそれらはそれら自体を攻撃しようとしており，かつ攻撃している。

　継続的な論争を研究することから明らかになるのは，変革型リーダーシップを論難する者が，個人の自由と権利が1人のリーダーのある種の共通善の考えのために犠牲にされるという「メルティング・ポット」コンテクストを受け入れているものと変革型リーダーシップの概念を見ている，ということである。他方，変革型リーダーシップの提案者は，多様性と権利は共通善のコンテクスト内に位置づけられる必要があり，この考えを拒絶することは，対立する党派の総集合以外の何ものもないということを提示することであり，その集合は個人の自由ないし自律の促進のためには全く不十分である，と論じる。しかし，双方とも，変革型リーダーシップの批判者が指摘するたぐいのリーダーシップないし共通善を受け入れようとはしないし，いずれの側も多元主義が引き起こす多様性とコンフリクトの決定的な役割を拒絶しようともしない。

　しかしながら，この論争を持ち出す目的は細部に引き込むことではなく，いわんや一方の肩を持つことではなく，双方が——正しかろうと間違っていようと——他方を見る極端さを明確に否定することにおいて，プラグマティックな枠組みが効果的であることを例証するために，その論争を用いるためである。実際，その論争を支配しているコンテクストを明らかにし，その主張と反論をパースペクティヴの中に入れるために必要とされるものは，まさにバーンズが入手できないものとして慨嘆しているものであると思われる。それは，リーダーシップを理解するための「全き基礎」を提示しうる指導的概

念を伴う現在の哲学的フレームワークである。本書で提示されている哲学的フレームワーク——それは，リーダーシップに関するプラグマティックな理解を補強し，それに浸透し，それをより豊かにする——は，変革型リーダーシップの妥当性に関する疑問，そして／あるいはそれが「実際に」何を主張しているのかについての疑問を解決しえないが，そのフレームワークはおそらく継続的な論争に関わっていたり，関わっていなかったりする問題やオルタナティヴを明らかにするのに役立ちうる。ここでの問題は，実際，8章で論じられたサンデルの共和主義的パースペクティヴとセイゴフのリベラルなパースペクティヴ間のコンフリクトにおいて生じている問題の反響音である。そして，そこでの状況に類似して，この論争は外見上だけの溝を示している。そして，その溝を超えてプラグマティズムは，今回は「参加的リーダーシップ」の概念を通じて，その底に横たわる架橋の輪郭を際立たせる鋭い光を投げかけることができる。

　この用語は，文献に見られるさまざまなリーダーシップの特徴が，自己とコミュニティのダイナミクスに関する新しい哲学的理解に関係するように，その諸特徴をとらえることを意図している。それらの特徴の1つは継続的な現在の調査を包含しうる。実際，参加的リーダーシップはある程度は，全体として人間性の中に育成される必要がある人間の諸次元を統合すると考えられるだろう。リーダーはフォロワーの集団から「離れて立つ」のでも，集団のアイデアのオーガナイザーでもなく，むしろリーダーシップは本質的に集団とのダイナミックな相互作用であり，両者はこの相互作用のゆえに継続的な変革プロセスの中にある。この全体的な理解は，自己とコミュニティを構成するプロセス的な相互作用を支持して非関係的な自己の拒絶を求める。ベニスは自己の理解に関係してリーダーシップの問題を次のように要約する。「アメリカの文化的伝統は栄光を個人に惜しみなく与えるように，人格，達成そして人間生活の目的を定義する」。過度の個人主義に基づく「『自己』の賛美」が存在する。ベニスは続ける。「私達は個人主義の反対物，すなわちコミュニティ・集合的目標・公的な奉仕の感覚を喪失するという危機の中にいる」。[15]

　リーダーシップの重要な任務としての役割形成の概念——それはこれまで

に過度の個人主義からの初期の暗黙裏の離脱を特徴づけるべく示された——は，コミュニティの調整において作用する創造性と順応性のダイナミクスの中に概念的根拠を与えられうる。社会集団の例として，ミードの野球チームの例を少々変えて用いると，ある参加者は組織された単位として他のプレイヤーの態度を仮定せねばならない。そして，この組織は個々の参加者の反応をコントロールする。参加者自身の行為の各々は，さまざまな態度からなる組織が当該プレイヤー自身の反応をコントロールする限りにおいて，当該プレイヤー以外の「チームのメンバー全員」によって決められる。しかし，各状況は独特なものであり，個々のプレイヤーは，彼／彼女ら自身の独特な反応に基づくグループ・ダイナミクスの中に流れ込む。そして，その反応は今度は継続的な集団のダイナミクスを形作る。

　社会の中での新奇性は諸個人によって創始されるが，このような始まりは，諸個人が他者や自らがその一部となっている歴史的に状況づけられた社会的制度とつながっているゆえに起こりうる。ベニスとナヌスによって強調されているように，リーダーシップの建設的な創造性は，現在が過去からの一般的な遺産によって特徴づけられてきた，という現在についての意識から生じる。このような相互依存は，リーダーシップが理解の形を同時に創造し，変更し，あるいは再構築する，そして継続的な伝統を守るような方法でそれを行なう，という彼らの主張に簡潔に表明されている。プラグマティズムの核にあるこの新奇性と継続性の相互関係は，個人の独自性とコミュニティの規範および標準が，継続的交換において一方が他方を除いては存在しえない2つの相互に関係した要素であるのはどのようにしてなのか，を理解するための概念的なツールを提供する。

　これら2つの次元の分離できない相互作用のゆえに，「全体」にとっての目標は影響を被る諸個人への帰結を無視することによっては追求されえないし，個人の目標も全体に関して機能するという見通しを除いては十分に追求されえない。さらに，これまで強調されてきたように，個人とグループ間でのコミュニティの調整プロセスの究極的「目標」は成長ないし発展であり，最終的な完成ではない。ベニスやナヌスがリーダーシップに関する彼らの議論で

強調するように，この継続的進化は実験的手法に基づいた問題発見[18]，見直し，ないしは再構築という継続的な創造性を含んでいる[19]。そのうえ，リーダーシップは，完全な権力に対立するものとして，継続的なプロセスに含まれるコンフリクトを招き，実際に要求する。このことはバーンズによって以下の表明の中で強調されている。「リーダーはどんなに調和を公言しようとコンフリクトを避けない。彼／彼女らはそれに直面し，それを利用し，そして最後はそれを統合する[20]」。共通の目標をめぐって一体化することは，多様性が消滅するという考えを奨励しない。むしろ，以前に強調されたように，多様性は継続的な再構築的な成長にとっての材料を提供し，究極の「理想」は，まさにその継続的な再構築的な成長のコミュニティによるコントロールである。

さらに，強調されねばならないことは，真正のリーダーシップの創造性が本質的には二方向的なものである，ということである。リーダーは変化させるのみならず変化させられる。ジェイムズは，1章で記したように彼の観察の中で次のようにこのことをとらえている。「偉大な人間の影響力は，全く独自の特異なやり方でコミュニティを変える。これに対して今度はコミュニティがその人間を創り直す[21]」。バーンズは以下のごとく強調する。リーダーシップの最高のレベル「変革するリーダーシップ」において，リーダーとリードされるものは両者とも変革される[22]。彼は，近代の最良の例として，マハトマ・ガンジーの生涯をあげる。「ガンジーはインド人何百万人もの希望と要求を立ちあがらせ高めた。そして，彼の人生と人格はそのプロセスの中で増進された[23]」。

マネジャーに相対するものとしてのリーダーの本性として，文献がいかなるものを特徴づけるかへの取り組みの中で，その区別にあたって決定的なものとして，さまざまな名のもとに，イノベーションと創造性に関わる特質が提出される。マネジャーに相対するものとしてリーダーは「反応的であるかわりに能動的であり，アイデアに反応するかわりにアイデアを形作り」，「何が望ましくて可能であり欠かせないものかについて人々が考えるやり方」を変えるものとして理解される[24]。また，適切にも以下のように述べられてきた。「すべてのリーダーは，人々を新たな場へと導く説得力のあるビジョンを創造

する能力と，そのビジョンを現実に転換する能力を有している」[25]。これらの言明は，リーダーシップの道徳的次元と，人間存在に浸透し，かつ調整の双極的なダイナミクスを反映する価値の次元についてのプラグマティックな理解とに導く。このアプローチは，一般に人間活動の倫理的次元に関する新しい理解と，したがって，倫理的リーダーシップについて語ることが何を意味するかについての新しい理解とを提供する。

　ザレズニックが強調するように，「リーダーが懸命に果たそうとする役割は，さまざまな目標や期待を打ち立てることのみならず，気分や欲求を変えることにもある」[26]。同様に，それは理念のみならず，理念によって再統合されている動機，欲求ないしは価値づけを形成し変更する能力である。バーンズは，業務型リーダーシップに相対するものとしての変革型リーダーシップとしてその能力を特徴づける。前者は，別々のやり方で進んでいる諸々の個人ないしグループの別々の利害を援助するべく交渉する存在である[27]。リーダーシップが，望みうるものと望むこと，価値あるものと価値づけること両者の変革をもたらさない限り，包含される諸個人の再統合はもたらされえないし，理念すなわちビジョンが説得力のある力を及ぼすことができたり，ある種の活力を示すことはできない。さらにまた，この変革はリーダーと継続的なダイナミクスに導かれる者双方を含む。リーダーシップの最高のレベルへのこの移動——それはバーンズが本来備わっている道徳として特徴づけているものである——は，業務型リーダーシップの彼の特徴づけに言外に含まれた原子論的個人主義から，コミュニティの相互作用についての新しいダイナミックな理解への移動を要求する。

　参加的リーダーシップにおける再構築的成長は，今度はそこに含まれる諸個人の創造性の一層の発展の助けになる。それゆえにその継続的な過程を拡張し，しばしば変化させる。この活動的で創造的な次元の発展なくして，いかなる現実的な道徳的自由も存在しない。したがって「エンパワーするリーダーシップ」という最も高いレベルから「統制するリーダーシップ」および「志気をかき立てるリーダーシップ」の段階とリサ・ニュートンが呼ぶものを区別することの中で，彼女はエンパワーするリーダーシップは，個人の「十

全な道徳的エージェンシー」を鼓舞するということを強調する。統制するリーダーシップは「服従する人々の集団」に導き，志気をかき立てるリーダーシップは，報酬・教訓を通じて，そして最も重要なことには，例えば，誰かがなりたいと望んでいる「開かれた目に見える生活によって」「行動家にだけでなく信者」へと導く。[28]しかし，リーダーが何を信じるかにおいて，信念がすべてのケースを網羅しないであろうゆえに，このことは十分ではない。したがって，エンパワーするリーダーシップは，行動家と信者を別個に考えることへと導かねばならないし，彼／彼女ら自身で理にかなった責任ある評価と選択をすることができるように，端的に言えば，自由な道徳的エージェンシーであるように導かねばならない。リーダーシップは，リーダーがコミュニカティブな変革に関与するプロセスにおける主要なプレイヤーであるような関与のプロセスを包含する。「高み」からイデオロギーを押しつけるどころか，リーダーシップとそれが伝えるビジョンの感覚は，継続的な再構築的な成長のための基盤としての特定のコンテクストの中で作用する対立する要求への深い適合から生じ，かつその適合を他者に鼓舞する。このようにして，リーダーシップはこのような建設的変化の方向に影響を与えうる自由な道徳的エージェントの発展を奨励する。

　このようなダイナミックな参加的プロセスを包含するコミュニティは，危険な罠やねじれた衝突から決して免れてはいない。再組織化し秩序づける知性の能力，真正の可能性の創造力に満ちた把握，モティベーションの活力，人間存在の「感じられる」諸次元への感受性――それらすべては，継続的な建設的成長にとって必要とされる――を欠いているとき，対立する要求は和解不可能な派閥争いに導く。しかし，理想的には，これらのコンフリクトは一層の成長のための材料を与えるためにも用いられうる。現在の問題に答えるであろう，そして自我とコミュニティの継続的な成長のための手段を提供するであろうものは，質的な豊かさすべてにおいて人間の状況に適合するよう調整された創造性，感受性，想像力，道徳意識を伴う人間の知性であり，改善のためにそこに含まれる潜在能力である。このようなわけで，全体的な人間存在の使用は，その次元すべてにおいて継続的な建設的ダイナミクスに

とって不可欠である。そして，このことは今度は全人格的教育を要求する。それゆえに，ガードナーは「知性も能力もそれだけでは，私達の社会におけるリーダーシップの地位にとって中心的ではありえない」[29]と述べた。ベニスがリーダーシップにとっての教育の立場をうまく要約しているように，教育プロセスはマネジャーを訓練することには熟達しているが「リーダーシップに求められる**創造的で深い人間的プロセス**からは，かけ離れている。必要とされるのは，マネジメント教育ではなくリーダーシップ教育である」[30]。

さらに必要とされているのは一般社会の教育である。というのは，継続的なコミュニティの発展のダイナミクスは，機能する集合的知性を要求するからである。セルズニックはリーダーシップを主に教育に基づいて見る。なぜならば，それは「人間や集団を，中立的で技術的な単位から特定の性格，感受性，コミットメントを有する参加者に変えることを含む」[31]からである。ニュートンは，リーダーシップの志気を高めるレベル——それはコミットする信奉者を引き起こす——とリーダーシップのエンパワーするレベル——それは自律を提供する——の違いは，リーダーによって与えられる教育のタイプの違いを含むことを強調した[32]。参加的リーダーシップは，リーダーを作る特質を強めることによって諸個人を変える。そして，これらの特質は信奉者へとではなくて，強化されたコミュニティのダイナミクスへと導く。適切に理解されるならば，教育それ自体は親方を模倣する徒弟のプロセスではない。むしろ，教育は教師と生徒双方の地平を広げ豊かにする積極的関与のプロセスを含む。

それゆえ，それ自体をコミュニティ**として**維持するべく，真のコミュニティは万人の教育を求め，同様に，教育プロセスを全人格的教育に関わるものとして理解することを求める。このことが今度は，教育が根本的に情報の伝達などではなく，経験的探求のスキルの発展であることを示す。教育は実験的探求のスキル——そのスキルは特定の題目の十分な研究のためだけでなく，自我，価値ならびにコミュニティの制度と実践の相互に関係する継続的な再構築と拡張の可能性のためにも必要とされる——を与えねばならない。このようにして，全人格教育は自我の成長とコミュニティの成長に導く。なぜな

らば，それは受動的にリーダーについていくよりもむしろ関わるための開放性をコミュニティの中で発展させるからである。

プラグマティズムにとっては，適切な教育方法は事実上，自由への道である。私達は受動的に反応するよりも，知的に参加し独立的に考える程度に応じて自由である。なぜならば，その時，外的要因でない私達が，私達の反応の性質を決定するからである。私達は，私達の活動が知的省察の結果によって導かれるとき，自由である。そのとき，私達は，私達を責めたてる外部要因によって，私達自身をあれこれ受動的に押しやられるものとはせず，知的な探求を通じて私達にもたらされるものを獲得することができ，それを再構成することができる。さらに，私達は私達独自の創造性によってもたらされたデータの独自の総合に基づいて私達の活動を指し示す。

考えることを学ぶなかで，同時に，私達は自由な道徳的存在であることを学んでいく。自由は道徳的責任を含むが，道徳的責任は伝承された厳密なルール，規制，原則を学習し，それにしたがうことを含まない。むしろ，道徳的責任は，道徳的問題を認識するための能力と，価値的経験の再統合をもたらすという目的で道徳状況を再構築するべく実験的手法を用いるための能力を含む。真正の意味における自由な道徳的存在であるために，私達は経験の「感じられた」次元に対する，そして本質的に多様な価値に根ざす人間存在の活力の感覚に対する深い調和をも養わねばならない。価値づけと価値ある主張を形成するのが，この活力を拡張し発展させることの目標である。

このプロセスは，人間存在に浸透している美的次元への感受性と，デューイが統合的全体としての経験の質的な性格と呼ぶものを経験することへの感受性とを要求する。7章で論じられたように，美的次元の強化は，それ自体，実験的探求の手法から分離されえない。というのは，統一され統合された全体としての経験の質的な性格は，それ自体の過去に関する感覚と，その内的統合と充足を成就するために創造的に組織化し秩序づける動きの感覚を含むからである。目標指向的で実験的な活動を通じて経験を統合することを学ぶなかで，人は同時にその美的次元を強化する。そして，美的次元の強化は他の諸次元を強化する。なぜなら，美的次元は情動的次元を含み，情動的次元

は態度と見解の統一体に入り込むからである。

　歴史感覚もまた重要である。しかし，またもや妥当な歴史認識は受動的な再生でなく，過去によって与えられた可能性に鑑みて，未来を指向しての創造的で想像力に満ちた現在の再構成を含む。想像力と知性の創造的な働きは，それが気まぐれでなく，ダイナミックな過去が変化する現在に埋め込まれてきたリアルな可能性をとらえるという生産的なやり方でのみ，経験を拡張し再統合することができる。このように人間は生活の伝統——それでもって彼／彼女らは企てられた未来に鑑みて創造的に自分の位置を確認する——の使用を通じて現在の中で生活することを学ばねばならない。

　このように方法に対してプラグマティックに焦点を当てることは，内容を無視することではない。むしろ方法は，人間がさらされている，さまざまに変化し，量において莫大な内容を処理するための拠り糸を提供する。考えることを学ぶことは，過去の事実・概念・偉大な思考を記憶するために学ぶのではない。むしろ，証拠の収集・評価・解釈を通じて，さらに物事を生じさせる原因とそれにしたがう結果の関係を理解することを通じて，問題に答えるために学ぶのである。経験を意義あるものでみたし，実存の美的-道徳的次元を強化するのが学習である。したがって，デューイが価値の発展において不可欠なものとするアートとしての経験は，まさに継続的な経験の過程における実験的方法の芸術的な機能である。あるいは，逆に，最良の状態で機能する実験的方法は経験のアートである。そして実験的探求のスキルの発展は，このうえない厳密さを要求する。

　このプロセスにおいて，理論が実践のために犠牲にされることはなく，むしろ理論が実践を統合する。さらに，理性の働きはそっくりそのままの状態における人間から孤立させられえない。教育プロセスの究極目標は継続的な自己管理的な成長のための能力の発展である。そして，現在のプラグマティックな理解によれば，成長は自己・コミュニティ・両者間の関係の地平を広げることに導くようなやり方で，問題のある状況を再統合することを含む。このように，成長は，そしてこのゆえに適切な教育それ自体は，固有の道徳的・美的性質を有している。さらに，自己の成長とコミュニティの成長は手を携

えていく。教育プロセスは，生徒と教師が等しく継続的なコミュニティ・プロセスの一部として自分達自身を理解することを求める。

そのさまざまな次元すべてにおいて，創造性はコミュニティのコンテクスト内で機能し，今度はそれがそのなかで機能するコミュニティを変化させ豊かにするであろう。したがって，創造性が現れ出るコンテクスト，次に，このような創造性から強化されるであろうコンテクストは，つまるところ全体としてコミュニティである。このように，適切な教育プロセスは，社会的変化を導くための手段でありうるし，社会的変化は，今度は，教育プロセスにとって豊かなコンテクストを提供しうる。結局，教育プロセスは教室のコンテクストに限定されえない。なぜならば，広い意味で教育プロセスは個人の生活に行き渡っているからである。

全人格的教育というこの理解は，真のコミュニティにおける生活のための教育を提供する。なぜならば，それは新しいものと古いもの，不安定なものと安定したもの，新奇なものと連続的なもの，創造性と順応性，そして自己と他者の間の継続的な調整のための道具を提供するからである。さらに，この教育プロセスについての理解は，高度に多元的なものを含む，あるコミュニティを特徴づけねばならない共通の「目的」を養う。なぜならば，それが継続的な自己管理的成長についての普遍化された理想を成就するからである。あらゆる点で，これらのコミュニティのダイナミクスは，人間存在の具体性——それは自己・コミュニティ・諸価値の再構築の真の可能性に根ざしている——を「徹底的に深く探求すること」によって，実体のない閉鎖性の区分を人が「超越する」ことを求める。

ベニスとナヌスはリーダーとマネジャーの違いをはっきりさせることにおいて，マネジャーとリーダーの間の「最も明らかな違いの１つ」は，マネジャーが組織の物理的資源を処理するのに対して，リーダーは組織の情動的・精神的資源を，さらにその価値，コミットメント，志気を動かすということを強調している。[35] 参加的リーダーシップは，それが継続的成長のプロセスの中で，すべての次元のうち，精神的・価値負荷的次元を利用し，そしてそれをより高いレベルに引き上げるゆえに，まさしくリーダーシップの最高の形である。

それゆえ，適切に理解された教育は，それ自体全く道徳的である。というのは，それはこの成長プロセスに参与する能力を函養するからである。そして，継続的な成長を生じさせる個人とコミュニティ間のダイナミックな相互作用を具体化し，かつ育むものとしての参加的リーダーシップは，性質上，本質的に道徳的である。参加的リーダーシップは，人間の真の生活プロセスにさまざまな程度で本来備わっているリーダーシップの諸性質を増進させるよう備えられた継続的教育プロセスとして理解することができる。継続的な自己管理的成長のプロセスを通じて，企業，コミュニティ，市民を等しく繁栄させることに導くのは，人間存在の具体的な豊かさに本来備わっているこれらの諸性質の促進である。

1. David D. Van Fleet and A. Yukl, "A Century of Leadership Research," in *Papers Dedicated to the Development Modern Management* (1986), reprinted in *Contemporary Issues in Leadership,* ed. William E. Rosenbach and Robert L. Taylor, 2nd ed. (Boulder, Colo.: Westview Press, 1989), pp.65-90. を参照のこと。

2. 例えば，Bernard M. Bass, *Leadership and Performance Beyond Expectations* (New York: Free Press, 1985) を参照のこと。

3. James MacGregor Burns, *Leadership* (New York: Harper & Row, 1978), p.2.

4. ここで，以下のことを明らかにしておかないと用語に混乱が起こるだろう。「近代」という語によって，バーンズは「現代」と同じことを明らかに意味している。しかし，哲学史では，近代と現代は区別されており，本書はその区別にしたがっている。

5. Burns, *Leadership,* p.3.

6. K. Lewin and R. Lippitt, "An Experimental Approach to the Study of Autocracy and Democracy: A Preliminary Note," *Sociometry,* 1 (1938) pp.292-300.

7. F. E. Fiedler and M. M. Chemers, *Leadership and Effective Management* (Glenview, Ill.: Scott, Foresman, 1974).

8. R. J. House, "A Path-Goal Theory of Leader Effectiveness," *Administrative Science Quarterly,* 16 (1971), pp.321-338.

9. M. G. Evans による以下の2つの研究も参照のこと。"The Effects of Supervisory Behavior on the Path-Goal Relationship," *Organizational Behavior and Human Performance,* (1970), pp.277-298; and "Leadership and Motivation: A Core Concept," *Academy of Management Journal,* 13 (1970), pp.91-102.

10. G. Braen and W. Schiemann, "Leader-Member Agreement: A Vertical Dyad Linkage Approach," *Journal of Applied Psychology,* 63 (1978), pp.206-212.

11. G. R. Jones, "Forms of Control of Leader Behavior," *Journal of Management,* 9 (1983), pp.159-172.

12. Burns, *Leadership.*

13. Bernard Bass, "The Ethics of Transformational Leadership," *Kellogg Leadership Studies Project* (October 1997), pp.89-119.

14. Michael Keeley, "The Trouble With Transformational Leadership," *Business Ethics Quarterly*, 5, no.1, (1995), pp.67–96.
15. Warren Bennis, *Why Leaders Can't Lead* (San Francisco and Oxford: Jossey-Bass, 1990), pp.71–72.
16. Warren Bennis and Burt Nanus, *Leaders: The Strategies for Taking Charge* (New York: Harper and Row, 1985), pp.97–99.
17. Ibid., p.42.
18. Bennis and Nanus, *Leaders*, p.41.
19. Ibid., p.206.
20. Burns, *Leadership*, p.39.
21. William James, "Great Men and Their Environment," in *The Will to Believe and Other Essays, The Works of William James*, ed. Frederick Burkhardt (Cambridge, Mass.: Harvard University Press, 1979), pp.170–171.
22. Burns, *Leadership*, p.20.
23. Ibid.
24. Abraham Zaleznik," Managers and Leaders: Are they Differnt?" *Harvard Business Review*, (May-June 1977), p.71. を参照のこと。
25. Warren Bennis," Managing the Dream," *Training* (May 1990), p.44.
26. Zaleznik, "Managers and Leaders," p.71.
27. Burns, *Leadership*, p.425.
28. Lisa Newton, "Moral Leadership in Business: The Role of Structure," *Business and Professional Ethics Journal*, 5 (1986), pp.74–90.
29. John Gardner, *Excellence: Can We Be Equal and Excellent Too?* (New York: Harper & Row, 1961), p.120.
30. Bennis and Nanus, *Leaders*, pp.219–220. 強調（ゴチック体）は引用者による。
31. Philip Selznic, *Lerdership in Administration: A Sociological Interpretation* (New York: Harper and Row, 1957), p.17.
32. Newton, "Moral Leadership in Business," pp.77–78.
33. デューイは、アートとファイン・アートを同一視しない。
34. もしも、経験のアートが科学的方法の巧妙な適用であるならば、科学の反映において、ひとは、そのさまざまな様相がより明示的になりそのために区別しやすくなるという意味で、「如実に現れている」ものをこの方法に見出しうる。しかしながら、美的経験において、ひとは、違った意味で「如実に現れている」ものをこの方法に見出しうる。というのは、美的経験においては、その方法がそのもっとも強化された具体的な統一ないしは融合の中に見出されるであろうからである。これが、まさに、ファイン・アートと美的経験に関するデューイの理解の中に見出されるべきところのものである。
35. Bennis and Nanus, *Leaders*, p.92.

訳者あとがき

　本書は, Sandra B. Rosenthal and Rogene A. Buchholz, *Rethinking Business Ethics : A Pragmatic Approach,* Oxford University Press, 2000, xiv+204pp. の全訳である（ただし，索引に関しては，本文中の見出しや非常に一般的な語句が項目になっている場合などについて，訳者の判断で一部を割愛して訳出したことをお断りしておく）。

　原著者のローゼンソールは，ロヨラ大学（ニューオーリンズ）の哲学担当の教授であり，原著書の著者紹介によると，アメリカのプラグマティズムとその関連領域について9冊の著書と150編以上の論文を公表している。ブックホルツは，同大学の経営学部で経営倫理学を担当しており，レジェンドル-スール（Legendre-Soule）教授の地位にあり，企業ならびに公共政策，経営倫理学，そして環境論の分野で10冊の著書と75編以上の論文を公表しているとのことである。

　本書は，序文と3部12章からなっているが，原著書のどこにも分担執筆箇所についての記述は見られない。したがって，各章を，その内容からいずれが主として担当したかを推測できるとしても，本書は2人の純然たる共同執筆と考えざるをえない。

　さて，本書が扱っている経営倫理学は，日本でも，すでにこの分野を直接的に研究するための学会が2つ（経営哲学会・経営倫理学会）設立され，活発な活動が行なわれているように，経営学領域に限定してもますます重要視されているテーマである。もちろん，日本においては，1960年代における公害問題という企業の反社会的行動に端を発して，企業の社会的責任問題が経営学研究者の間でも盛んに論じられ，アメリカ合衆国においても同時期に，コンシュマーリズムの高まりとともに，同系列の問題がクローズ・アップされたように，この種の問題をめぐる研究の歴史は決して短いわけではない。

しかし，特に1990年代になって深刻に取り上げられるようになった地球環境問題が，反法律的行為と特徴づけうるかつての公害問題とは，それが，企業本来の目的とされる生産活動に必然的に伴う問題であるがゆえに，性質上，より困難性を際立たせているのもまた否定できない。現代企業はその活動を遂行するうえで，本質的にアンビヴァレントな問題への対応を迫られているのである。

　このアンビヴァレントという言葉は，現代世界の有様を特徴づける際に頻繁に用いられる言葉でもあり，そのような矛盾する状況の中で，人間は，日々，意思決定していかざるをえない。企業行動ともちろん結びついてはいるが，環境問題の深刻化とともに環境倫理学の展開が要請され，遺伝子工学をはじめとする生命科学の発展とともに生命倫理学の確立が云々されていることからもこのことは明らかであろう。

　伝統的に倫理学は，そのようなアンビヴァレントな状況における人間の行動を問題関心としてきた。経営学における社会的責任論のコンテクストと強力な関連を有しながらも，経営倫理学が応用倫理学の一分野として，独立して多大な注目を集めるようになってきた理由の1つがここにあると思われる。

　しかしながら，経営倫理学関連の文献が内外を問わず，数多見受けられるようになった今日でも，倫理学の基礎にしっかりと根ざしつつ，正面から経営に対する倫理学的考察を施した書物がそれほど多いとは言えない。本書においてもレファランスとして重要視されている，ディジョージによる『ビジネス・エシックス』という，邦訳（永安幸正・山田經三監訳，明石書店，1995年）で700ページを超える大部の書物でさえ，このような要請に十分に応えているとは言えないと思われる。むしろ，「実践的」であることを標榜して，経営者に直接的な指針を与えようとする，言わばマニュアル的な著作も少なくないのが現状と言わざるをえない。

　そのようななかにあって，本書は，例外的なものの1つと言えよう。著者達は，アメリカのプラグマティズムの伝統（それは，パース，ジェイムズ，デューイ，ルイス，ミードらによって形作られたものであるが）にのっとって，ローティらのネオ・プラグマティズムを批判的に検討するなかから練り

上げたプラグマティックなパースペクティヴでもって，経営倫理問題に真正面から取り組んでいる。したがって，本書は，経営に直截的に適用できる倫理的指針を与えようとするものではない。そのような経営倫理についてのハウ・ツーを期待された読者は少なからず落胆されることであろう。

さらに，本書を一読された読者の方はすぐ気づかれるだろうが，その議論の流れは決してすっきりしているとは言えないし，繰り返しと思われる部分も少なくなく，決して読みやすいものとは言えない。これは訳者の語学力の不足にのみ起因するものではないと思われる。むしろ，問題の性質がそのような論じ方を否応なしに要求しているのであり，そここで引っかかりつつ著者達の思考の流れを追っていくことによって，倫理と経営が相互に埋め込まれた「世界」に人が向かい合う際のパースペクティヴが，読者自身の中に形作られていくことを本書はねらっていると言えよう。そのようなパースペクティヴの獲得は，直截的なハウ・ツーよりも，むしろより実践的なものにもなると考えられる。

さて，ここでこの翻訳のプロセスについて述べておきたい。本書の訳者に名を連ねているのは，岩田，石田，藤井の３名であるが，このうち岩田は，経営学における近代組織論の創始者と言えるバーナードの道徳的リーダーシップ論と主にデューイによるアメリカのプラグマティズムの研究をもとに，経営倫理学の考察を続けている。この翻訳の提案は，岩田によってなされたものである。その提案に石田と藤井が賛同し共訳することになった。奥付記載の担当部分の通り，序と第１部「今日における経営倫理学の概念的枠組み（１〜４章）」を岩田が，第２部「多様な道徳的環境の中のビジネス（５〜９章）」を石田が，第３部「企業の性質（10〜12章）」を藤井が，それぞれ担当した。

３名は下訳を持ち寄り，全編に渡って読み合わせを行なったうえで，完成稿を作成した。各々の分担部分においては，専門用語についてはできる限り訳語を統一するように配慮したが，一読されれば明らかなように，訳文の文体の統一や複数の分担部分に渡る訳語について完全な統一を行なったわけではない。もちろん，文脈に応じて訳語を変える必要があるという当然の理由もあるわけだが，訳者それぞれのバック・ボーンや考え方の相異をむしろ重

視したわけである。特に，哲学的なコンテクストの中にある語については，このような事情が色濃く出ている。例えば，self, the self, selfhood といった頻出する語であるが，これらについてどのような訳語を当てるべきであろうか。それぞれ，一応，自己，自我，個我と訳してみようとしたが，コンテクストによって，また担当者によってどうしても画一的な訳ではしっくりしない，ということが読み合わせの過程では生じた。そのような場合は，あえて統一はしなかったということである。もちろん，明らかな読み誤りもあるであろう。しかしながら，前述した本書の特徴に鑑みれば，翻訳の正確さは，著者の思考のプロセスを追っていく上において，もっとも優越すべき要求事項ではないようにも思える。しかし，このことに甘えるつもりは決してない。大方の読者のご叱正を期待する次第である。

　末筆ながら，翻訳権取得の交渉や編集において非常にお世話になった前野隆さんをはじめとする文眞堂の方々にお礼を申し上げたい。

　　2001年5月

　　　　　　　　　　　　　　　　　　　　　　　訳者を代表して
　　　　　　　　　　　　　　　　　　　　　　　藤　井　一　弘

事項索引

あ
アフリカ系アメリカ人 106

い
意識（性） 51,67
意思決定 34-37,131
一般化された他者 10,11-12,15
意図 5
意味 51,67-68,74
因果分析 48

え
エコロジー（生態学） 107-110,212
エンジニアリング 131-133

お
汚染 95,100

か
開放性 72,75
快楽 93-94
会話 72
科学革命 49
科学技術
　科学技術と科学的方法 121-122
　科学技術と価値 125,126-127,178
　科学技術としての経験 121
　科学技術の規範 123-124
　科学技術の定義 120
　自律的なものとしての科学技術 124
　先進的な科学技術 124-125,127
　善でも悪でもないものとしての科学技術 123
科学技術的決定論 124
科学的管理法 136
科学的方法 45-54,121-122
価値 121,148-152,239注4,252
　科学技術に具現されている価値 125,127,178
　価値と自然環境の中のビジネス 113-117,211-216
　価値と道徳的推論の性質 23-31,36-38
　絶対的価値 23,37,170
　本来的価値 116
　価値−事実の区別も参照せよ
価値づけの経験 24-30,36
価値判断 44,45
価値評価　価値を参照せよ
カテゴリー・ミステイク 123,143
カルヴァン主義 88
環境
　環境と企業 198
　環境と成長 97-101
環境全体論 119注14
環境倫理（学） 94-96,103-118
カントの理論 3,5,7,105,201

き
機械過程 129-130,132-133
機械仕掛けの時計 140注2
企業 128-129,131,132
　企業と公共政策 151-153
　多目的的組織としての企業 223
規則 5,6,7,30,32,34-35,36,172
基礎づけ主義 63-64,66,72,79
規範と経験の分離 43-62
教育 250-251,252-254
共生的関係 44
競争 153-157
享楽主義 93
近代的（な）世界観 46-47,48,56,99,191
勤務時間 138

く
具体性置き違いの誤謬 222

事項索引　261

具体的（な）成長　97-98, 99, 174, 223
グリーン・マーケティング　100

け

経験
　科学技術的なものとしての経験　121, 122
　経験と意味構造　52
　経験と価値　24-30, 37
　経験とネオプラグマティズム　66-69, 76-81
　実験的なものとしての経験　53-54, 121, 127-128
　道徳的経験　31
　美的経験　255
経験論的倫理学　規範と経験の分離を参照せよ
経済システム　156-157, 173-174, 211
経済成長　96-101, 174
契約　187, 188-189, 198-199
　社会契約（理）論を参照せよ
権威　13
権威の原理　21注5, 190
言語　64-65, 68-72
権利　3, 4, 171-172, 187-192, 218, 234-235

こ

行為　27, 30, 35, 53
広告　93, 100
公正（さ）　145, 179-180, 203-206
「公正としての正義」（ロールズ）　203, 204
行動　69
公平　114
功利主義　3, 4
合理性　17, 36, 74, 79, 233
効率　125, 136, 145, 232
個人（個体）　9-12, 38
　個人とコミュニティ　10, 12-21, 35, 162-163, 168, 235
　個人とコミュニティとしての企業　228
　個人と自己（自我）　162-163, 189-190, 194
　個人とフェミニストの哲学　186
　個人におけるリーダーシップ　241-243
　個人の責任　237
　個体と価値　116-117
　個体と集合全体　168-169
　断片化した個人　126

コミュニティ
　グローバル・コミュニティ　168-171, 175, 177
　コミュニティと教育　250-251, 252-254
　コミュニティと権利の相互関係　187-192
　コミュニティと公共政策的環境　146, 147, 149, 154, 162, 164-165
　コミュニティと個人　10, 12-21, 35, 168
　コミュニティとしての企業　228-230
　コミュニティとステークホルダー理論　196-198
　コミュニティと創造性　253
　コミュニティ内の実行可能性　40
　コミュニティに関するフレデリックの立場　212, 213-214
　より広いコミュニティにおける企業　223-228
コミュニティの政治学　230
雇用　100
コンテクスト的状況　57

さ

最初期の現実　158-159
再構成　15
裁定　169, 175, 176, 180
参加的リーダーシップ　245-246, 248, 254

し

自己（自我）　9-12, 122, 171
　自我に関するプラグマティックな考え　110-111
　自己と個体主義　163
　自己に関するアレンの見解　181注6
　自己に関するローティの見解　73
　自己（自我）の成長　15, 38-39
自己充足　93
事実　17-18, 45-46, 59-60
事実-価値の区別　45-46, 59-60, 191
　事実-価値の区別と規範的探究　55-57
　事実-価値の区別と経験的探究　46-54
市場経済　146-157
自然　23, 47, 48, 55, 95, 97, 109-110, 112-113
持続可能な成長　95
下地としてのコミュニティ　170-171
実験的方法　26, 36, 39, 59, 64, 69, 70, 75, 128, 133-134

実行可能性　19, 36, 39-40, 69-70, 71
資本主義　89, 90-91, 129, 132, 156
社会契約（理）論　9, 204, 206-211
社会主義　132
社会的責任　223
社会的知性　14, 15, 235
社会変化　157-162
社会変化の神話的／叙事詩的循環　157-162
自由　12, 164, 165, 189, 251
習慣　30-31, 34, 35
宗教　102注4, 112-113
従業員
　　従業員とコミュニティとしての企業　228-229
宗教改革　90
集産主義　10
私有財産制　130
十分に達成された成長　116
自由労働　137
主観主義　37
宿命　88
種差別　106
順応　13
消費　91-94, 96-97, 99-100
職人　135
所有権　200　私有財産制も参照せよ
新奇性　12-14, 18, 246
人種差別　106
信用　93
真理　65, 70

す

ステークホルダー・モデル　143, 192-200, 224-225
ステークホルダーのパラドクス　197

せ

性格　30, 34
生活の質　95, 97
正義　3, 4, 105, 145, 203-206
生産　90, 91-92, 94, 96-97, 100, 222
生態系　109
成長　30, 112, 223, 226-227
　　経済成長　96-101, 174
　　自我の成長　15, 38-39, 226

社会的成長　15-16
　　十分に達成された成長　116
政府　142-143, 145, 164
生物中心主義の倫理（学）　107-110, 114
責任　5, 40, 223, 230-238, 251
絶対的価値　23, 37, 170
絶対的他者　171
専制的リーダー　242
全体論　109, 119注14, 119注16
専門化　135

そ

相互浸透システム理論　144
創造性（力）　14, 50-51, 253
想像力　30-31, 36, 74
相対主義　37, 170

た

多元主義　3-8, 20, 164, 171-172, 200-206
確かな価値　26
直ちに得られる満足　93
脱構築主義者の理論　229
多様性　38, 75, 126, 172, 177
断片化　126

ち

知覚　30, 50, 52
知識　20, 23, 46, 50, 64, 68
知性　14, 15, 235
着想　122
賃金労働　137-138

つ

通約不可能なパースペクティヴ　18

て

定言的命法　5, 7, 105
抵抗　68, 71
ディープ・エコロジー　107-110
デカルト的二元論　47
適応　17-20
テクノストラクチャー　131
哲学　65, 76 83, 105
伝統　8, 32

事項索引　263

と

同化　168
統合の原理　118注8
道徳性　35, 41, 43, 145
道徳的意思決定　34-37
道徳的エージェンシー　230-239
道徳的拡張主義　106-107, 109-110
道徳的規則　規則を参照せよ
道徳的経験　31
道徳的原則　33
道徳的行為　27, 30, 35
道徳的推論　34, 35-36
道徳的責任　5, 40, 230-235, 251
道徳的絶対主義　37, 170
道徳的相対主義　37, 170
道徳的多元主義　6-8
道徳的多様性　38, 75
道徳的知覚　30
動物　106-107, 108-109, 220注69
徳　172-173
富　88-89, 98

に

人間中心主義　105, 110, 113, 114
認識論　47

ね

ネオプラグマティズム　63-83

は

パースペクティヴ　12-16, 18-20, 37, 70
廃棄物　94, 100
背景となる国際的な機関　175
ハイゼンベルクの原理　49
排他　126
ハイパー規範　207-209
派閥主義　16
パラレルな関係　44
反基礎づけ主義　64-66
反省　64, 77

ひ

ビジネス

ビジネスと価値　113-117
標準化　126
平等主義　3

ふ

フェミニスト哲学　185-187, 194-195, 198
物心二元論　47
普遍的なコミュニティ　170-171
プラグマティックな命法　178-179
プラグマティズム
　プラグマティズムと科学的方法　53
　プラグマティズムと価値　24
　プラグマティズムと教育　251
　プラグマティズムと公共政策　148, 149-150, 162-166
　プラグマティズムと事実 - 価値の区別　46-49, 56, 59, 60
　プラグマティズムと市場経済　148, 149-150
　プラグマティズムと理性　17
プロテスタントの倫理　87-92
文化の存続　168

へ

「べき」の主張　45, 56
変革型リーダーシップ　243-245, 247, 248
偏向　54

ほ

ボキャブラリー　71
本来的な価値　116

ま

マクロ契約　207

み

「見えざる手」　158
ミクロ契約　206-207
民主的リーダー　242

も

目標　14-15, 146-147, 246
問題をはらんだ価値　26

ゆ

有機体 - 環境の相互作用　53, 66-67
有資格性　106-107, 109-110

り

利己主義（自己利害）　109, 227, 228-229
利潤　91, 173, 225-226, 227
理知的な創造力　50
リベラリズム　163-164
理論的統合　44
倫理（学）
　環境倫理（学）　94-96, 103-118
　生物中心主義の倫理（学）　107-110
　「道徳」の下欄も参照されたい
倫理学の諸理論　3-8, 32-33
倫理的全体論　109

ろ

労働倫理　88, 90-92
ロシア　160

わ

賄賂　179-180

人名索引

A

Allen, George,（ジョージ・アレン） 181注6
Aristotle（アリストテレス） 105
Ayres, C.E.,（C.E.エアー） 102注4

B

Bass, Bernard,（バーナード・バス） 243
Bell, Daniel,（ダニエル・ベル） 93
Benhabib, Seyla,（セイラ・ベンハビブ） 10-11, 204
Bennis, Warren,（ウォーレン・ベニス） 245, 246, 250, 253
Bentham, Jeremy,（ジェレミ・ベンサム） 3, 7, 105
Burns, James MacGregor,（ジェイムズ・マグレガー・バーンズ） 241, 242, 243-248

C

Carroll, Archie,（アーチー・キャロル） 193
Charvet, John,（ジョン・シャルベ） 188

D

De George, Richard T.,（リチャード・T.ディジョージ） 169, 175
Derry Robin,（ロビン・デリー） 7
Dewey, John,（ジョン・デューイ） 13, 27, 29, 31, 34, 38-41, 50, 51, 66, 72, 112, 113, 116, 125, 127, 179, 190, 222, 251, 252
Donaldson, Thomas,（トーマス・ドナルドソン） 4, 44, 143, 171, 191, 204, 206-211, 234, 236
Dunfee, Thomas,（トーマス・ダンフィー） 44, 206-211

F

Frederick, William,（ウィリアム・フレデリック） 60, 177, 180, 211-216, 226, 227
Freeman, R. Edward,（エドワード・R.フリーマン） 175, 193-197, 199-203
French, Peter A.,（ピーター・A.フレンチ） 233-234, 236

G

Galbraith, John Kenneth,（ジョン・ケネス・ガルブレイス） 131
Gandhi, Mahatma,（マハトマ・ガンジー） 247
Gardner, John,（ジョン・ガードナー） 250
Gewirth, Alan,（アラン・ゲヴァース） 187-188
Gilbert, Daniel R., Jr.,（ダニエル・R.ギルバートJr.） 175, 194, 195
Goodpaster, Kenneth,（ケネス・グッドパスター） 197, 233, 237
Gorbachev, Mikhail,（ミハイル・ゴルバチョフ） 160
Green, Ronald M.,（ロナルド・M.グリーン） 7

H

Hartman, Edwin,（エドウィン・ハートマン） 230
Holloran, Thomas,（トーマス・ホロラン） 197

J

James, William,（ウィリアム・ジェイムズ） 14, 51, 52, 81, 113, 119注10, 247

K

Kluckhohn, Clyde,（クライド・クラックホン） 92
Kohlberg, Lawrence,（ローレンス・コールバーグ） 145
Kuhn, Thomas,（トーマス・クーン） 17-18, 157

L

Lewin, K., (K.レヴィン) 242
Lewis, C. I., (C.I.ルイス) 179
Lindblom, Charles E., (チャールズ・E.リンドブロム) 155
Lippitt, R., (R.リピット) 242
Locke, John, (ジョン・ロック) 9

M

MacIntyre, Alasdair, (アラスデア・マッキンタイア) 33,105,162,188
Matthews, John, (ジョン・マシューズ) 233,237
McMahon, Christopher, (クリストファー・マクマホン) 139
Mead, George Herbert, (ジョージ・ハーバート・ミード) 10,11,67,69,189,214-215,246
Mill, John Stuart, (ジョン・スチュアート・ミル) 3,105
Moore, G. E., (G.E.ムーア) 56
Mumford, Lewis, (ルイス・マンフォード) 140 注2

N

Nanus, Burt, (バート・ナヌス) 247,253
Newton, Lisa, (リサ・ニュートン) 248
Nozick, Robert, (ロバート・ノージック) 3,105

P

Peirce, Charles Sanders, (チャールズ・サンダース・パース) 39,52,70
Post, James E., (ジェイムズ・E.ポスト) 144
Preston, Lee, (リー・プレストン) 143-144,176-177

R

Ralston, Holmes, (ホームス・ラルストン) 108
Rawls, John, (ジョン・ロールズ) 3,9,105,190,201-205
Rorty, Richard, (リチャード・ローティ) 63-65,70-75,78,190,201-202
Ryle, Gilbert, (ギルバート・ライル) 123

S

Sagoff, Mark, (マーク・セイゴフ) 146-149,155,162-165,168,245
Sandel, Michael J., (マイケル・J.サンデル) 137-139,162-165,188,245
Selznic, Philip, (フィリップ・セルズニック) 250
Solomon, Robert C., (ロバート・C.ソロモン) 172-173,174
Starik, Mark, (マーク・スタリック) 198
Stephens, C. W., (C.W.スティーブンズ) 44
Steward, Ira, (アイラ・スチュワード) 138

T

Tawney, Richard H., (リチャード・H.トーニー) 102注4
Taylor, Charles, (チャールズ・テイラー) 188
Trevino, Linda, (リンダ・トレヴィノ) 44
Thomson, Judith, (ジュディス・トムソン) 188

V

Van Fleet, David D., (デビッド・D.ヴァンフリート) 241
Veblen, Thorstein, (ソースタイン・ヴェブレン) 129-131,132-133
Velasquez, Manuel, (マニュエル・ベラスケス) 4
Victor, B., (B.ビクター) 44

W

Walzer, Michael, (マイケル・ウォルツァー) 188,219注55
Weaver, Gary, (ゲアリー・ウィヴァー) 44
Weber, Max, (マックス・ウェーバー) 88,89
Werhane, Patricia, (パトリシア・ワーヘイン) 4,59
Westra, Laura, (ローラ・ウエストラ) 118注8,119注16
Wicks, Andrew C., (アンドリュー・C.ウィックス) 194,195
Windsor, Duane, (デュアン・ウィンザー) 176-177

Y

Yeltsin, Boris,（ボリス・エリツィン） 160
Yukl, A.,（A.ユクル） 241

Z

Zaleznik, Abraham,（アブラハム・ザレズニック） 248

訳者略歴（担当部分順）

岩田　浩（いわた　ひろし）
　1960年大阪府生まれ。関西大学大学院商学研究科博士課程単位取得（商学修士）。現在，大阪産業大学経営学部助教授。序，第1・2・3・4章担当。

石田　秀雄（いしだ　ひでお）
　1958年東京都生まれ。東北大学大学院経済学研究科博士課程中途退学（経済学修士）。大阪教育大学大学院教育学研究科修了（教育学修士）。現在，大阪教育大学教育学部助教授。第5・6・7・8・9章担当。

藤井　一弘（ふじい　かずひろ）
　1958年兵庫県生まれ。関西大学大学院商学研究科博士課程単位取得（商学修士）。現在，甲子園大学経営情報学部助教授。第10・11・12章担当。

経営倫理学の新構想
──プラグマティズムからの提言──

2001年10月30日　第1版第1刷発行　　　　　　　　検印省略

著　者	S．B．ローゼンソール
	R．A．ブックホルツ
訳　者	岩　田　　　浩
	石　田　秀　雄
	藤　井　一　弘
発行者	前　野　眞太郎
	東京都新宿区早稲田鶴巻町533
発行所	株式会社　文　眞　堂

電　話　03（3202）8480
ＦＡＸ　03（3203）2638
http://www.bunshin-do.co.jp
郵便番号（162-0041）振替00120-2-96472

組版・オービット　印刷・平河工業社　製本・イマヰ製本所
©2001
定価はカバー裏に表示してあります
ISBN4-8309-4394-7　C3034